씨울재단 연구서

# 다석 유영모의
# 철학과 사상

THE PHILOSOPHY OF
YU YOUNGMO

박재순 지음

한울
아카데미

## 차례

책을 펴내며  8

**여는 글 유영모 연구의 토대와 실마리** ___ 11
  1. 한국 근현대와 유영모의 사상  11
  2. 유영모 연구의 계기  12
  3. 다석 사상의 연구 자료에 대한 비판적 검토  15
  4. 연구의 동향  21

**제1장 신선 같은 삶: 빈탕한데 맞혀 놀이**〔與空配享〕___ 27
  1. 신선 같은 삶과 사상  29
  2. 신선처럼 자유롭게  35
  3. 죽음을 넘는 자유의 길: 빈탕한데 맞혀 놀이  40

**제2장 '나'를 불사르는 생각: 데카르트와 유영모** ___ 47
  1. 사람은 생각하는 존재  49
  2. 존재 행위로서의 생각  55
  3. 신통(神通)과 영감  62

**제3장 생명 사상** ___ 69

    1. 생명의 본성과 진실 71

    2. 생명의 때 75

    3. 생명의 전체성 78

    4. 생명의 자유: 맘대로 하고 몸대로 되게 82

**제4장 민중 이해** ___ 87

    1. 배경과 역사 89

    2. 민의 눈으로 민을 보다 94

    3. 민이 주다〔民主〕 102

**제5장 서양의 이성 철학에 대한 반성과 유영모의 철학** ___ 107

    1. 서양 철학의 문제와 반성 109

    2. 유영모의 철학 120

**제6장 천지인 합일 사상** ___ 131

    1. 천지인 합일 체험과 귀일 사상 133

    2. 천지인 합일 철학 138

    3. 모름지기와 천지인 합일의 실천 148

**제7장 존재와 삶의 중심 잡기: 가온 찍기 ___ 153**

1. 가온 찍기: 이제, 여기 나의 삶 속에서 영원한 생명의 중심을 찍기  155
2. 가온 찍기와 알맞은 삶  159
3. 가온 찍기 무등(無等) 세상  166

**제8장 한글 철학 I: 한글과 십자가의 만남 ___ 175**

1. 한글로 철학하기  177
2. 한글의 구조와 철학  185
3. 고디(곧음) 철학  192
4. 한글과 십자가의 만남  202

**제9장 한글 철학 II: 우리말과 글에 담긴 철학 ___ 209**

1. 우리말과 글에 대한 풀이와 의미 부여  211
2. 때의 철학  219
3. 긋과 끗으로 나타낸 인간 이해  229

**제10장 동서 문명의 만남 속에서 형성된 철학 ___ 245**

1. 동서 정신문화의 창조적 만남과 유영모의 철학  247
2. 서구 문화의 주체적 수용과 세계 평화 철학  251
3. 유영모 · 함석헌과 한국 철학  255

**제11장 참된 주체와 참된 전체** ___ 263

  1. 기축 시대의 영성과 유영모의 철학 265
  2. '나'의 깊이에서 만난 '전체 하나'의 절대자 268
  3. '나'와 절대자의 소통과 사귐 273
  4. 한국 현대 철학으로서 유영모 철학의 의미와 위치 277

**마치는 글 새 문명의 실현을 위한 주체와 회통의 철학** ___ 279

  1. 한국 주체 철학 280
  2. 동서 사상을 회통한 세계 철학 283
  3. 낡은 문명의 극복과 새 문명의 실현 287


각 장의 주   300
참고문헌   314

## 책을 펴내며

　이 책은 지난 5년 동안 유영모의 철학과 사상에 대해 필자가 연구하고 성찰한 내용을 다듬은 것이다. 이미 발표된 글도 일부 포함되어 있지만 새로 보완하고 다듬는 과정을 거쳤고 전체의 틀과 순서를 바꾸면서 글을 수정했다. 특히 제8장 「한글 철학 I: 한글과 십자가의 만남」과 제9장 「한글 철학 II: 우리말과 글에 담긴 철학」은 새로 썼는데 시간과 주체가 통합된 다석의 철학을 확인할 수 있다.

　다석은 동서고금의 철학과 사상을 회통(會通)시킨 20세기의 한국 철학자로 동양의 종교 사상, 서양의 기독교 사상, 서구 근대 이성 철학에 두루 통하는 사상가라는 점에서 독보적이다. 그의 제자 함석헌을 제외하고는 그만큼 동서고금의 사상에 회통한 사상가는 찾아보기 어렵다.

　다석의 사상에는 철학과 종교, 이성과 영성이 통합되어 있다. 서양에서는 철학의 전통이 2,000년 이상 이어져왔기 때문에 철학이란 말이 낯설지 않고 포괄적인 의미로 쓰인다. 그러나 한국에서는 철학의 전통이 짧고 철학을 지나치게 좁게 이해하는 경향이 있다. 철학이라는 단어만으로는 다석 사상의 내용을 나타내기 어려울 듯해 책 제목을 '다석 유영모의 철학과 사상'이라고 지었다.

이성과 물질의 빛이 닿지 않는 어둠 속에서 생각과 얼(魂)의 깊은 세계로 이끄는 다석의 철학이 산업자본과 과학기술이 지배하는 물질문명의 번쩍거림 속에서 얼마나 사람들의 관심을 끌지 모르겠다. 그러나 생각과 얼에 깊이가 없으면 물질문명의 주인으로 살 수 없다. 어쩌면 프리초프 카프라(Fritjof Capra)가 말했듯이 물질문명의 휘황찬란함은 저물어가는 물질문명의 저녁노을 같은 것인지 모른다. 오늘의 번쩍거리는 물질문명에 만족하지 못하는 사람들, 돈과 기술을 넘어서는 새 문명을 기다리는 사람들은 다석의 철학에서 위로와 힘을 얻을 것이다.

이 책을 펴내는 데 격려와 지원을 아끼지 않은 재단법인 씨올 안재웅 이사장과 김원호 전 이사장께 고마운 마음을 전한다. 이 책을 짜임새 있고 읽기 쉽게 만들어준 도서출판 한울 편집부에도 감사하다.

2013년 3월
박재순

● 일러두기

유영모는 민중·시민·국민이라는 말 대신에 씨올이라고 함으로써 민중에게 가장 품위 있고 의미 깊은 이름을 부여했다. 씨올은 씨와 알을 나타내는 말이다. 민중을 씨올로 본 것은 민중을 사회적 지위나 소유, 명예나 재주와 기능, 겉모습과 주장으로 보지 말고 속 생명과 정신의 마음속 씨알맹이로 보자는 것이다. 이 글에서는 씨올이라는 말 외에도 민중·국민이라는 말을 함께 쓰려고 한다.

유영모는 '씨알'로 쓰고 드물게 '씨올'로 썼으며 함석헌은 1970년 ≪씨올의 소리≫ 창간 이후 '씨올'로 썼다. 인용문은 원문 그대로 표기하고 보통 '씨올'로 표기한다. 생명과 정신의 알맹이를 나타내는 일반명사로 쓸 경우에는 '씨알맹이'로 썼다.

여는 글
# 유영모 연구의 토대와 실마리

## 1. 한국 근현대와 유영모의 사상

동아시아는 문화적 주체성을 가지고 유불도(儒佛道)의 종교 문화적 바탕에서 서양 문화를 받아들였다. 이것이 세계문명사 속에서 동아시아가 갖는 특징이다. 동아시아와 한국의 현대사는 동서 문명의 만남의 과정이며, 왕조 체제의 봉건질서가 해체되고 민중이 해방되는 민주화 과정이라고 할 수 있다.

조선왕조가 붕괴하고 국가권력과 지배 이념이 쇠퇴했을 때, 그리고 일본의 식민 통치 때 서양 문화 특히 기독교 신앙과 민주 정신이 한국 민중의 삶 속으로 깊이 들어올 수 있었다. 또한 지배 엘리트인 실학자들과 개화파 지식인들의 근대화 시도가 실패하고 아래로부터의 민중 종교운동(동학)이 일어나면서 현대의 역사가 시작되었다. 그렇기 때문에 한국에서는 지식인들의 학문 및 사상 활동과 근현대의 역사가 유리되어 있다. 동서 문명의 만남을 진지하게 성찰한 철학자도, 민주화 운동을 고민한 철학자도 한국에서는 찾아보기 어렵다.

유영모는 한국과 동아시아의 근현대사에 대해 충실하게 사유했던 독보적인 사상가다. 동서 정신문화의 창조적 융합을 추구한 철학자이고 깊은 영성을 지닌 풀뿌리 민주 철학자다. 그는 서양 종교(기독교)와 동양 종교(儒彿道)를 회통시켰다. 회통은 말 그대로 서로 만나서 통하는 것이다. 그는 평생 '동양 문명의 뼈에 서양 문명의 골수를 넣으려' 했고, 동양 정신문화와 서양 정신문화가 서로 대등하고 주체적으로 참여하는 융합을 추구했다.[1]

그는 자기를 깊이 파고듦으로써 자기 속에서 자기를 초월해 전체가 하나로 되는 대동 평화의 세계에 이르려 했다. 또한 햇볕에 그을린 농부의 얼굴에서 노자(老子)가 말한 진인(眞人)의 최고 경지인 화광동진(和光同塵)을 보고, 노동자 농민이 오늘의 예수(Jesus)라고 함으로써 풀뿌리 민주 철학을 제시했다.[2] 동서 정신문화의 창조적 융합과 민주 정신의 깊이를 추구했다는 점에서 유영모는 동서 문명의 만남과 민주화 과정으로 전개된 한국 현대사의 정신과 사명에 가장 충실한 사상가였다.

## 2. 유영모 연구의 계기

필자는 대학생 때 함석헌의 강의를 듣기 시작해 함석헌의 씨올 사상에 대한 관심을 오랜 세월 동안 키워왔다. 씨올 사상은 함석헌의 스승 유영모에게서 시작되었다. 씨올은 씨와 알을 나타내는 말이다. 유영모는 민중을 씨올이라고 함으로써 생태학적·영성적 민중 철학을 제시했다.

씨올은 인간 생명의 본성 속에 깃들어 있는 영원한 신적 생명과 그 생명의 불씨를 나타낸다. 작은 낟알 하나 속에 무궁한 전체 생명을 품고 있는 씨울은 개체와 전체의 일치, 자연 생명, 역사, 신적 영성의 통합을 시사하고 개체의 죽음을 통해 전체 생명이 더욱 풍성해지는 삶의 길을 상징한다.

함석헌은 유영모의 씨울 사상을 이어받아 역사와 사회, 종교와 문명의 차원에서 심화·발전시켰다.[3] 씨울 사상은 함석헌을 통해 세상에 알려졌다.

1975년경 천안에서 함석헌 선생을 모시고 청년 10여 명과 수련회를 가졌다. 어느 날 밤 마당에서 함 선생이 유영모와 이승훈을 스승으로 기리며 그리워하고 고마워하는 말씀을 절절하게 들을 수 있었다. 당시에는 유영모와 이승훈을 잘 알지 못했지만 함석헌의 삶과 정신이 유영모, 이승훈과 깊이 관련되어 있다는 생각이 들었다.

함석헌의 사상을 공부할수록 사상의 깊이와 방대함에 압도될 때가 많았다. 그의 창조적인 언어 세계와 역동적이면서 심오하고 거대한 사상 세계는 감동과 놀라움을 주었다. 그러나 함 선생을 존경하면서도 의심이 생기기 시작했다. 그가 아무리 뛰어난 천재라 해도 한 사람의 머리에서 이렇게 창조적이고 풍부한 언어와 사상 세계가 나올 수는 없다는 생각이 들었다.

그러다가 1980년대 후반에 박영호가 쓴 『씨알: 다석 유영모의 생애와 사상』[4]을 읽고 의문이 풀렸다. 함석헌의 언어·사상 세계가 유영모의 언어·사상 세계와 상당 부분 겹쳐 있고, 함석헌 사상의 많은 부분이 유영모의 정신세계에 뿌리를 두고 있음을 알 수 있었다. 매우 주체적이고 창조적인 사상가였던 두 분의 기질과 성향은 다르다. 유영모가 자신의 내면을 깊이 파고든 철학자라면 함석헌은 유영모에 의해 이룩된 사상과 정신의 깊이를 가지고 역사와 사회의 현실에서 자신의 정신과 철학을 활달하게 펼친 사상가였다.

함석헌의 씨올 사상을 제대로 연구하기 위해서는 유영모의 사상을 먼저 연구해야 한다고 생각했다. 그래서 함석헌 사상을 연구하면서 유영모 사상에도 관심을 가지고 연구하기 시작했다. 2002년경 새길 기독문화원에서 유영모 사상에 대한 강의 10회를 해달라는 요청을 해왔다. 이 강의를 준비하기 위해 유영모에 대한 공부를 본격적으로 시작했다. 열 차례의 강의를 하면서 유영모의 사상에 대해서 좀 더 깊이 그리고 전체적으로 알게 되었다.

2002년 5월 함석헌 기념사업회에서 씨올사상연구회를 창립하고 필자가 초대 회장이 되어 매월 연구발표회를 가졌다. 함석헌 사상 연구를 하면서 유영모와 함석헌을 함께 연구해야 한다는 생각이 절실하게 들었는데 마침 2005년에 다석학회가 창립되어 다석의 연경반(研經班) 강의 속기록을 풀어서 『다석 강의』[5]로 펴냈고 다석학회를 중심으로 매월 『다석 강의』를 연구하는 모임도 생겼다. 필자도 다석학회에 참여해 다석 연구에 힘썼다. 2007년 가을 재단법인 씨올을 창립해 유영모, 함석헌을 함께 연구하고 두 분의 사상과 정신을 널리 알리는 일을 시작했다. 2008년에는 새길기독문화원에서 강의한 내용을 바탕으로 『다석 유영모』[6]를 펴냈다.

이 책은 그동안 쓴 글들을 모은 것이다. 일부는 다른 지면에 이미 발표한 글이다. '한글 철학'에 관한 글은 기존의 글을 대폭 보완해 거의 새로 쓰다시피 했다. 다른 글도 중복되는 부분을 빼고 필요한 부분을 보완했다. 다석의 글은 매우 난해해 전문 연구가조차 이해하지 못하는 부분이 많다. 다석의 글 가운데 풀이가 필요한 경우는 필자가 새김글을 제시했다.

## 3. 다석 사상의 연구 자료에 대한 비판적 검토

다석 사상을 연구하기 위한 기본 자료는 다석 자신에게서 나온 자료다. 다석의 글과 사상이 난해하기 때문에 다석의 글과 자료가 아직 체계적으로 정리되지 않았다. 다석의 글에 주해를 붙여 체계적으로 정리하고 이것을 출판할 때 비로소 다석 사상의 자유로운 연구를 위한 기본적 문헌 자료가 마련된다고 할 수 있다. 여기서 필자는 다석 연구를 위한 문헌 자료의 전체적인 윤곽을 제시하고 가닥을 잡으려고 한다.

다석 연구의 가장 중요한 자료는 『다석 일지』다. 다석은 1955년 4월 26일부터 1974년 10월 18일까지 주로 자신의 삶과 생각을 담은 글을 남겼다. 일지는 1975년 1월 초까지 기록되어 있으나 의미 있는 내용은 1974년 10월 18일까지다. 1982년 9월 김흥호가 '다석 일지'를 상, 중, 하 세 권으로 100부를 복사해 제자들을 중심으로 배포했다. 이 복사본에는 다석의 잡지 기고문, 친필 원고 일부, 김흥호가 펴낸 잡지 ≪사색≫에 실렸던 다석의 강의 내용 요약 등이 실려 있다. 1990년 홍익재 출판사에서 '다석 일지'를 4권으로 나누어 영인본(影印本)으로 보급했다.

『다석 일지』는 다석 사상을 이해하는 데 가장 중요한 자료지만 한문이 많고 한글로 쓴 내용도 매우 난해해 전문 학자들도 이해하기 어려운 경우가 많다. 『다석 일지』의 내용을 이해하기 위해서는 다석의 용어와 개념, 또는 문장을 이해하기 위한 낱말사전이 필요하다. 현재

다석의 제자 박영호가 『다석 일지』를 중심으로 '다석 낱말사전'을 집필 중에 있다.

두 번째 자료는 다석의 강의록이다. 다석은 서울 YMCA 강당에서 1928년부터 1963년까지 35년 동안 성경을 중심으로 동양 고전을 강의했다. 이 가운데 1956년 10월 17일부터 1957년 9월 6일까지 매주 목요일 또는 금요일에 2~3시간씩 했던 강의를 속기사가 기록해 원고로 남겼다. 동서 사상을 넘나들며 깊은 깨달음과 체험을 담아내는 다석의 강의 내용이 어렵기 때문에 속기사의 기록이 완벽하다고 할 수 없다. 다석은 강의할 때 제목이나 시를 종이에 써서 붙여 놓고 강의를 했다고 한다. 강의 원고가 따로 없기 때문에 속기사가 충실히 기록했다고 해도 그 내용이 논리적으로나 내용적으로 완전하다고는 할 수 없다.

『다석 강의』도 매우 중요한 자료지만 강의로서의 한계, 속기사의 한계 때문에 이해하기 어려운 대목이 많다. 이 자료도 세밀한 연구를 통해 주해와 해설이 덧붙여져야 일반 연구자들이 쉽게 접근할 수 있을 것이다.

1971년 8월 12일부터 일주일 동안 광주의 수도 공동체 '동광원'에서 했던 다석의 강의가 녹음되었고 이를 원고화해 박영호가 풀이를 붙여 2010년 『다석 마지막 강의: 육성으로 듣는 동서 회통의 종교 사상』[7]으로 출간했다. 다석은 19차례의 강의에서 『맹자(孟子)』, 『주역(周易)』, 『중용(中庸)』, 『요한복음』, 『로마서』, 죽음, 생활철학 등을 가르쳤다.

세 번째 자료는 잡지 기고문이다. 다석이 기고한 잡지 기고문의 목록은 참고문헌에 제시했다. 다석이 20대 후반에서 60대 중반 사이에 쓴 다양한 글들인데, 다석이 남긴 글 가운데 읽고 이해하기 가장 쉽다. 인터뷰 기사인 "제자 함석헌을 말한다"는 70대일 때의 글이다. 이 가운데 60대 중반에 쓴 「제소리」는 다석 사상을 종합하는 원숙한 내용을 담고 있으나 매우 난해하고 말놀이가 많아서 이해하기 어렵다. 다석 사상의 발전 과정을 연구하거나 전기 사상을 연구하는 데 잡지 기고문은 매우 중요한 자료다.

네 번째 자료는 다석의 말이나 글귀를 모은 어록이다. 김흥호가 1956~1957년에 속기사를 시켜서 다석의 강의를 속기록으로 남긴 내용과 1960~1961년에 주규식이 속기한 내용을 중심으로 1993년 박영호가 홍익재에서 『씨올의 메아리 다석어록: 죽음에 생명을 절망에 희망을』로 펴냈다. 이 내용을 증보해 『다석 유영모 어록: 다석이 남긴 참과 지혜의 말씀』[8]으로 2002년에 다시 펴냈다.

박영호는 1993년판 어록에서 글자를 최소한으로 가감했을 뿐 다석의 말을 그대로 남기려 했다고 말한다. 어록집에서 따져볼 것은 글이 다석의 속기록 원고 또는 『다석 강의』의 내용과 일치하는가이다. 주규식의 노트에서 가져온 부분은 주규식의 노트와 비교하면 될 것이다. 주규식의 속기록 노트는 다른 것이 없으므로 문제될 것이 없다. 혹시 그 시기 다석의 강의를 들은 사람들인 김흥호, 박영호의 필기 노트가 있다면 비교·검토할 수 있을 것이다.

그런데 김흥호가 속기사를 시켜 43회의 강의를 속기록으로 남겼는데 이 속기록 원고로부터 여러 가지 변형된 문헌들이 생겨났다. 앞에서 말한 대로 이 속기록을 기반으로 『다석 강의』가 출간되었다. 그리고 김흥호가 발행한 ≪사색≫에 이 속기록 내용을 200자 원고지 20~30매로 축약해서 '버들푸름 기고문'의 형태로 46회 실었다. 속기사의 속기록은 43회인데 ≪사색≫에 실린 다석의 강의는 46회에 이르는 것으로 보아 속기록 원고가 아닌 자료에서 가져온 것도 있는 듯하다.

≪사색≫에 실린 46회의 강의 가운데 10여 회는 송기득이 속기록에서 요약정리한 것이다. 송기득은 자신의 생각을 삽입한 일은 없고 다석의 사상을 충실히 글로 다듬고 정리했다고 했다. 그러나 송기득은 자신이 이해한 다석의 사상을 분명히 드러내기 위해서 필요한 경우 문장을 만들어 쓰기도 했다고 밝혔다. 실제로 송기득이 정리한 글에서 다석 강의의 속기록 원고나 『다석 강의』에 없는 내용도 자주 발견된다.

예컨대 1956년 11월 22일의 다석 강의를 송기득이 정리한 '긋 끝 나 말씀'에는 "나와 너가 다른 것 아니다. 다 한 나무에 핀 꽃 아닌가. 우리는 다만 그 사람의 긋을 알면 그만이다"라는 구절이 있고 이 내용은 『다석 유영모 어록: 다석이 남긴 참과 지혜의 말씀』의 15쪽에 나오는데 속기록 원고와 『다석 강의』(212~215쪽)에는 나오지 않는다. 또 사람을 '이긋', '제긋', '이제긋'으로 설명하는 문장은 송기득이 정리한 글에만 나오고 속기록 원고와 『다석 강의』(209~212쪽)에는 나오지 않는다. 그 문장은 다음과 같다.

> 영원한 생명이 시간 속에 터져 나온 한순간이 이긋이요, 그것이 공간으로 터져 나와 육체를 쓰고 민족의 한 끄트머리로 나온 것이 이 세상에 터 나온 나라고 하는 제긋이고, 이 육체 속에 정신이 터져 나와 가장 고귀한 점수를 딸 수 있는 가치가 이제긋이다.

이런 내용이 다석의 강의 내용을 왜곡하거나 변질시키는 것 같지는 않다. 오히려 다석이 말하려는 사상을 분명하게 밝혀준다고 볼 수도 있다. 이 부분이 다석 사상을 명료하게 이해하는 데 도움을 주므로 다석 사상을 이해하고 연구하는 데 송기득이 기여했다고 할 수 있다.

그런데 이렇게 변경된 부분들이 모두 송기득에게서 나온 것인지는 확실하지 않다. 다석 사상을 잘 아는 사람이 아니고는 다석의 문장으로 만들어내기 어렵다고 생각되는 부분들이 있기 때문이다. 송기득이 정리한 같은 글에서 '나'를 생명의 끄트머리로 보면서 "땅 밑의 싹이 하늘 높이 태양이 그리워서 그그하고 터 나오는 것을 그린 것이 긋이요, 그것이 터 나와서 끄트머리를 드러낸 것이 끝이요, 끝이 나왔다고 나다"라고 한 것은 다석의 강의를 수십 년 들어 다석 사상을 잘 알았던 김흥호가 가필한 문장으로 추정된다. '그그…'와 같이 의성어이면서 뜻을 담은 말을 다석이 잘 쓰기 때문에 글의 표현이나 내용은 다석다운 것으로 여겨지지만 이 문장들은 속기록이나 『다석 강의』에는 나오지 않는다. 다석의 강의를 직접 듣지 않았고 당시에 다석 사상을 깊이 연구했다고 생각되지 않는 송기득이 이런 문장들을 만들어 넣기는 어려웠다고 생각한다. 송기득이 정리한 글을 ≪사색≫에 실을 때 김흥호가 보완·수정했을 것으로 추정된다. 김흥호가 자신의 필기 노트나 다른 자료에서 따왔거나 다석의 강의를 들으면서 이해하고 정리한 생각을 그렇게 표현한 것일 수 있다. 그러나 다른 경우에는 어디까지 송기득이 다듬었고 어디까지 김흥호가 보완·수정한 것인지 정확히 밝혀내기 어렵다. 철학과 신학을 공부하고 유영모, 함석헌, 안병무 등을 인터뷰하고 정리한 경험이 많았던 송기득이 다석의 강의 내용 가운데 모호하거나 난삽한 부분을 압축해 논리적·개념적으로 정리했고 이것을 다시 김흥호가 보완하고 수정했을 것으로 추정할 뿐이다.

어쨌든 학자들이 다석 사상을 연구할 때 이 부분을 비판적으로 검토할 필요가 있다. 박영호가 펴낸 『다석 유영모 어록: 다석이 남긴 참과

『지혜의 말씀』의 많은 내용은 ≪사색≫에 실린 내용을 발췌한 것이다. 따라서 어록에 실린 내용과 속기록 원고, 『다석 강의』, ≪사색≫을 비교함으로써 다석 자신의 글과 생각을 밝혀낼 수 있을 것이다. 다석 자신의 생각과 글을 밝혀내기 위해서는 김흥호, 박영호, 주규식의 다석 강의를 필기한 노트가 확보된다면 도움이 될 것이다.

다섯 번째 자료는 다석의 경전 번역글이다. 다석은 한국의 전통 종교 경전으로 평가되는 『천부경』을 우리말로 풀었고 그 내용은 『다석 일지』에 수록되어 있다. 또한 『노자』와 『중용』을 완역했는데 『노자』 풀이는 『다석 일지』에 수록되어 있고 『중용』 풀이는 복사본으로 남아 있다.

여섯 번째 자료는 다석의 친필 수고(手稿)다. '다석 일지'를 쓰기 시작한 1955년 4월 이전의 자료는 잡지 기고문을 제외하면 친필 수고뿐이다. 친필 수고는 다석이 남긴 메모, 수첩의 글, 종이에 쓴 글이다. 다석의 친필 수고를 포함한 문적(文籍)은 한국학중앙연구원에 기탁되어 2009년 한국학중앙연구원 장서각에서 자료 목록을 간행했다. 이 자료들을 통해 다석의 초기 내지 전기 사상을 이해하는 데 도움이 되는 실마리나 흔적을 찾을 수 있을 것이다.

일곱 번째 자료는 다석의 글을 풀이하거나 해설한 글이다. 김흥호는 『다석 일지』를 풀이하고 내용을 간추려 『다석 유영모 명상록』(전3권)으로 성천문화재단에서 1998년 출간했고, 전체 내용을 『다석 일지 공부』(전7권)로 솔 출판사에서 2001년 출간했다. 김흥호의 헌신적인 노력으로 『다석 일지』를 이해하는 데 큰 도움을 얻게 되었다. 그러나 김흥호의 『다석 일지』 풀이는 『다석 일지』에 대한 학문적인 차원의 주석적 풀이라기보다는 김흥호가 깨닫고 이해한 내용을 제시한 것이기 때문에 『다석 일지』의 내용을 이해하는 데는 한계가 있다.

박영호는 다석 사상을 대중적으로 소개하는 데 앞장섰고 많은 책을 펴냈다. 다석의 노자, 중용, 장자, 금강경 풀이 등을 출간함으로써 다석 사상을 대중에게 알리는 데 크게 기여했다. 박영호의 책에는 다석의 중용 번역과 노자 번역글이 나오지만 독자가 읽기 쉽게 조금 다듬었기 때문에 원문 그대로는 아니다. 또 박영호의 다석 풀이는 몸에 대한 비판적이고 부정적인 관점을 일관되게 견지하고 있으며 '몸나', '제나', '얼나'를 명확히 구분해 쓰는데 이것은 다석의 글과는 다르다는 것을 연구자들은 염두에 둘 필요가 있다.

## 4. 연구의 동향

### 유영모와 함석헌의 관계

유영모는 1890년 3월 13일에 나서 1981년 2월 3일에 죽고 함석헌은 1901년 3월 13일에 나서 1989년 2월 4일에 죽었다. 평양 고등보통학교 시절 3·1 독립운동에 참여한 함석헌은 남강 이승훈이 설립한 오산학교에 편입해 유영모로부터 배웠다. 그는 1947년에 월남한 후 13년 동안 유영모의 강의를 열심히 들었다. 유영모는 깊은 종교적 영성과 민주정신을 주체적으로 탐구했고 함석헌은 유영모의 정신과 사상을 깊고 넓게 파악해 씨을 사상을 형성했다.

## 유영모 연구의 동향

유영모 연구는 그의 제자인 김흥호와 박영호가 시작했다. 김흥호는 잡지 ≪사색≫을 통해 다석의 사상을 알렸고 『다석 일지』(1955~1975)를 풀이해 『다석 일지 공부』(전7권)[9]를 펴냈다. 그는 2001년 다석의 글을 모은 『제소리』[10]도 펴냈다. 박영호는 1984년에 다석의 전기를 출판하고 1994~1995년까지 ≪문화일보≫에 다석의 사상을 소개하는 글을 1년 이상 연재해 그의 사상을 널리 알렸다. 그 후 많은 저서를 통해 다석 사상을 소개했다.

1990년대부터 김흥호, 박영호가 주축이 되어 '다석사상연구회'를 설립했고 성천문화재단을 중심으로 다석 사상이 소개되고 있다. 2005년에 창립된 다석학회(회장 정양모)는 회원들을 중심으로 매월 『다석 강의』에 대한 연구·발표 모임을 2~3년 동안 가졌고 그 후 지금까지 『다석 일지』의 한글 시 독해 모임을 매월 이어오고 있다.

현재 필자를 포함해 이기상, 이정배, 최인식, 김흡영, 등이 다석 연구에 힘쓰고 있다. 김흥호, 이정배는 다석 사상에 대한 연구논문 10편을 묶어서 『다석 유영모의 동양 사상과 신학』(2002)이라는 논문집을 펴냈다. 영국에서 박명우와 윤정현이, 한국에서는 오정숙이 다석 사상 연구로 박사학위를 받았다. 다석 사상에 관한 석사학위 논문은 20여 편에 이른다.

최근에 나온 연구서는 다음과 같다.

다석의 우리말 철학을 탐구한 『다석과 함께 여는 우리말 철학』(이기상), 다석 사상을 전체적으로 탐구한 『다석 유영모』(박재순), 다석 사상을 쉽게 풀어쓴 『다석 유영모: 우리말과 우리글로 철학한 큰 사상가』

(박영호), 한국 전통종교 사상에 비추어 다석 신학을 연구한 논문집 『없이 계신 하느님, 덜 없는 인간: 다석 신학의 얼과 틀 그리고 쓰임』(이정배), 다석에 대한 글 모음집 『나는 다석을 이렇게 본다』(정양모), 다석의 중용사상을 풀이한 『공자가 사랑한 하느님: 다석 강의로 다시 읽는 중용사상』(박영호), 다석학회에서 펴낸 다석에 대한 문집 『하루를 일생처럼』(정양모), 『다석 류영모의 종교 사상』(김진)[11]

## 함석헌 연구의 동향

안병무, 김용준 등 함석헌의 제자들이 함석헌 사상을 알리기 시작했고 함석헌 전집 20권이 1983~1993년까지 10년에 걸쳐 한길사에서 출판되었다. 그 후 2001년 함석헌 생일 100주년 기념행사를 계기로 함석헌 연구에 힘을 모으게 되었다. 이때 함석헌 사상 연구논문집 『민족의 큰 사상가 함석헌 선생』, 『함석헌 사상을 찾아서』가 출판되었다.[12]

2002년 5월에 씨ᄋᆞᆯ사상연구회가 창립되어 매월 연구발표회를 해왔고 매년 학술대화마당을 열어왔다. 2007년 3월에는 필자를 포함해 김경재, 김영호, 이기상, 이규성, 허우성, 이병창 등이 발표한 19편의 논문을 모은 『씨ᄋᆞᆯ·생명·평화: 함석헌의 철학과 사상』[13]을 펴냈다. 2010년경부터 함석헌 기념사업회 씨ᄋᆞᆯ사상연구원에서 매년 ≪함석헌 연구≫를 내고 있다.

2011년 이만열, 김영호, 정대현을 중심으로 '함석헌 학회'를 만들어 연구발표회를 해오고 있으며 연구논문집 『생각과 실천: 함석헌 사상의 인문학적 조명』[14]을 한길사에서 펴냈다.

그 밖에 다음과 같은 연구서들이 최근에 출판되었다.

『길을 묻다, 간디와 함석헌』(김영호 외), 『함석헌의 종교인식과 생태철학』(김대식), 『함석헌의 철학과 종교세계: 생각없는 세상에 대한 저항』(김대식), 『내게 오는 자 참으로 오라: 함석헌의 종교 시 탐구』(김경재), 『함석헌의 철학과 사상』(박재순) 등이 있다.[15]

김성수, 정지석은 영국에서 함석헌 연구로 박사학위를 받았고 김성수와 이치석이 함석헌의 평전을 펴냈다. 함석헌 사상에 대한 석사학위 논문은 30여 편에 이른다.

### 씨올재단의 창립과 유영모·함석헌 사상 연구

2007년 9월 함석헌 사상 연구자들과 유영모 사상 연구자들이 힘을 모아 씨올재단과 씨올사상연구소를 설립했다. 2008년 여름, 씨올재단 씨올사상연구소 주관의 세계철학대회에 학자 19명이 참여해 이틀에 걸쳐 '유영모·함석헌 사상연구발표회'를 열고 여기서 발표한 논문들을 중심으로 『생각하는 백성이라야 산다: 유영모·함석헌의 사상과 철학』[16]을 출간했다. 2009년 여름에는 일본 교토 포럼의 공공철학 공동연구소의 협력으로 한일철학대화를 마련하고 한일 철학자 25명이 모여 씨올 철학과 공공 철학에 대한 진지한 대화와 토론을 3박 4일의 일정으로 진행했다. 이때 발표된 논문과 토론 내용은 『모색: 씨올 철학과 공공 철학의 대화』[17]로 출간했다.

유영모와 함석헌 사상에 대한 관심이 높아가고 연구자들이 늘고 있지만 아직 연구는 초기 단계에 있고 유영모·함석헌 연구의 학문적 토대는 마련되어 있지 않다. 유영모와 함석헌의 철학과 사상은 체계화되지도 세부적인 연구에 이르지도 못했다. 이들의 사상이 심오하고 방대한네 일목요연하게 정리되지 않아서 전체의 틀과 핵심을 꿰는 논리를 파악하기 어렵다. 특히 유영모의 글은 암호처럼 난해하고 이해할 수 없는 경우가 많아서 연구의 장벽이 되고 있다. 다석 낱말풀이 사전과 함께 다석의 글에 주해를 붙인 다석 전집의 출간이 필요한 실정이다.

### 유영모와 함석헌 사상 연구의 의미

창조적인 사상과 철학은 자유롭고 주체적인 정신에서 나온다. 한국의 사상과 철학은 오랜 세월 중국의 정치와 문화에 눌려 활발하게 발전하지 못했다고 생각한다. 특히 일제 식민 통치와 독재 정권 아래에서 자유롭고 주체적인 인문학적 학문 이론 형성이 이루어질 수 없었다.

서양 철학은 서양의 사회형태 및 시대정신과 긴밀한 관련 속에서 형성되었다. 그러나 한국 근현대사에서 철학과 사상의 형성을 위한 논의는 한국의 역사나 사회와 깊은 관련 없이 진행된 것 같다. 정치와 경제의 바탕은 문화이고 문화의 토대는 철학과 정신이다. 오늘 한국의 정치적·경제적·사회적 혼란은 철학과 정신이 바로 서지 못한 것과 관련이 있다. 사회의 기본이 서려면 사상과 철학이 바로 서야 한다고 생각한다.

유영모와 함석헌 사상의 연구는 민주 사회의 기본을 세우고 학문의 자세와 문화의 기풍을 바로 잡는 데 도움이 될 수 있다. 유영모와 함석헌은 사욕을 부리거나 자리다툼을 하는 일 없이 겸허히 민(民)을 앞세우고 참을 추구했기 때문이다.

제1장

# 신선 같은 삶:
# 빈탕한데 맞혀 놀이[與空配享]

1. 신선 같은 삶과 사상
2. 신선처럼 자유롭게
3. 죽음을 넘는 자유의 길:
   빈탕한데 맞혀 놀이

## 1. 신선 같은 삶과 사상

**만나서 듣다**

1975년 어느 봄날 퀘이커 예배 모임이 끝나고 뜻하지 않게 세검정 너머 다석 선생의 구기동 자택을 찾아가게 되었다. 삼각산 비봉과 보현봉에서 내려오는 맑고 아름다운 계곡물이 만나는 곳에 놓인 돌다리를 건너 울안으로 들어가니 복숭아꽃이 만발해 있었다. 아드님께서 벌을 치셨기 때문에 뒤뜰에 꽃이 많았다.

방에 들어가니 자그마하신 다석 선생이 나오셔서 무릎을 꿇고 앉으시는데 그 모습이 신선(神仙)과 같았다. 머리털과 눈썹은 눈처럼 희고 분을 바른 듯 하얀 얼굴에는 붉은 복숭아 빛이 가득했고 입술은 어린아이처럼 빨갰다.

인상 자체가 너무나 충격적이고 신선 같은 비범한 모습이었기 때문에 깊은 감동을 받았는데 앉자마자 하시는 말씀이 "우리가 몇 사람이지요?"하고는 한 사람 한 사람 수를 세면서 '수' 이야기를 하셨다. "하나란 나누어지지 않는 큰 하나, 모든 것이 비롯되는 것"이라고 말씀하는데 그때까지 나는 그런 말은 들어본 적이 없었고, 수에 그런 의미가 있다는 것을 몰랐다.

내 나이가 스물다섯 살쯤이었고 서울대학교 철학과에서 수학했지만 그런 공부는 한 적이 없었다. 그 밖에 셋에 대한 풀이가 기억에 남는다. "셋은 서는 것이다. 다리가 셋이면 잘 선다." 하나와 셋에 대한 풀이만 지금까지 기억에 남고, 나머지는 다 잊었다.

그리고 다석 선생은 이렇게 말씀하셨다. "삶은 스스로 하는 것이다. 손이 하는 것을 발이 도와서는 안 되고, 발이 하는 것을 손이 도와서는 안 된다. 이렇게 하라는 것이다." 무릎 꿇은 그 자세로 한 다리를 펴더니 다리로만 벌떡 일어나셨다. 나는 몸이 자유롭지 못해서 앉았다 일어나는 것이 참 힘든데 80대 중반의 노인이 무릎을 꿇은 자세에서 한 무릎을 세워서 그대로 일어서는 것을 보고 놀랐다.

이어서 이렇게 말씀하셨다. "있을 것이 있을 곳에 있는 것이 참이고 선이고 아름다움이다. 밥알이 밥그릇 속에 있으면 좋은 것이지만 얼굴에 붙어 있으면 좋지 않다. 똥이 똥통에 있으면 괜찮지만 옷에 묻으면 더럽다."

또한 문명에 대한 걱정을 많이 하셨다. 핵폭탄이 터지지 않을지, 사람들이 이런 식으로 살아서 인류가 존속할 수 있을지 걱정하셨다. 나는 앞뒤 내용을 잘 모르고 "그럼 어떻게 해야 구원받습니까?"라고 물었더니 대답을 안 하셨다. 그래서 나중에 또 여쭈었더니, "저 사람 왜 자꾸 저런 질문을 하느냐"고 나무라셨다. 돌이켜 생각하면 나의 질문은 어리석은 물음이었다. 선불교(仙佛敎)에서는 어리석은 질문을 하면 죽비로 내리친다는데 어리석은 질문을 한 나도 죽비로 맞았어야 했다는 생각이 든다. 이미 이렇게 해야 산다고 알기 쉽고 분명하게 말씀하셨는데 다 듣고 나서 어떻게 해야 되냐고 물어보니 그런 어리석은 사람이 어디 있는가? 인류가 살길이란 다름 아닌 '스스로 하는 것이다'. '남 일 시키지 말고 스스로 하고', '남 도움 받지 말고 스스로' 살아야 한다. 스스로 하면 살 것이다. 또 있을 것이 있을 곳에 있게 하면 이 문명이 망하지 않고 살 것이다.

다석 사상을 공부해보니 다석의 글은 그냥 글이 아니다. 나같이 맘이 작고 낮게 생각하고 낮게 살아가는 사람이 다석의 글을 읽으면 삶이 풍족해지는 것 같다. 그냥 글을 읽는 것만으로 내 몸과 정신이 몇 단계 향상되는 느낌을 갖는다. 다석은 단순한 이론가나 사상가가 아니다. 그의 글에는 그의 정신과 생명이 꽉 차 있어 읽는 것만으로도 우리의 삶과 정신이 고동친다.

다석은 지금 이 순간을 올곧게 사신 분이다. 과거에 집착하거나 매이지 않고 미래에 대해 불안해하거나 망상이나 헛된 생각을 하지 않고 지금 이 순간 이 자리에서 오늘 하루를 온전하게 살았다. 사실은 이것이 사는 길이다. 과거는 지나가서 없는 것이고, 미래는 아직 오지 않은 것인데 과거에 집착하면 할수록 오늘 삶은 낡아지고 죽어간다. 또 오지 않은 미래에 대해 걱정할수록 삶은 힘이 빠진다. 사는 길은 지금 이 순간을 충실하게 사는 것밖에 없다. 이것은 예수, 석가(釋迦), 소크라테스(Socrates)가 다 같이 우리에게 말해준 것이다. 하나님을 만나려 해도 지금 이 순간에 만나야 하고, 나를 찾고 만나도 지금 이 순간에 찾고 만나야 한다. 다석은 늘 오늘 하루, 지금 이 순간에 살았다.

### 몸으로 제사 드리는 삶과 사상

다석 사상의 핵심에는 '몸 제사(祭祀)'가 있다. 성경에 "몸으로 산제사를 드리라"고 했는데 다석은 평생 이 성경 말씀을 몸소 실천했다. 근본주의 신학에 매인 한국의 많은 기독교인들은 성경을 문자 그대로 실천하려고 하지는 않는다. 다석은 기독교의 울타리를 뛰어넘어 다른 여러 종교의 가르침을 말하면서도 특히 성경의 뜻을 생각하며 그 뜻대로 살았다.

다석은 1년 후 죽을 날을 정해놓고 쓰기 시작한 일기[1]에서 '올해는 내가 죽는 해, 나를 크게 제사 지내는 해'라고 썼다. 그는 생사를 넘어, 지식과 논리를 넘어 영의 세계에서 살고자 했다. 나를 불살라서 제사 지냄으로써 내가 사라지는 성숙과 깨달음의 삶을 살고, 내가 없는 자유를 누리고자 했다.

자신을 불살라 제사 지내는 마음으로 살았던 다석은 예수의 십자가 죽음을 믿기만 하면 저절로 구원받을 수 있다는 기독교 속죄론을 미신적이고 주술적이라며 거부했다. 기독교 정통주의자들은 2,000년 전에 예수가 자기를 희생 제물로 바쳐서 인류를 구원했고, 인류를 구원하는 희생 제사는 2,000년 전에 한 번만 일어나고 다시는 일어나지 않는 것으로 생각한다. 다석은 인류의 죄를 속죄하는 희생 제사가 과거에 한 번만 일어나고 지금은 일어나지 않는 것으로 보는 속죄론 교리를 부정한다.

다석은 속죄의 제사가 지금도 계속 이어진다고 보았다. 내 살과 피로, 내 몸으로 속죄의 제사를 드려야 나와 세상을 구원할 수 있다는 것이다. 다석은 이러한 속죄의 진리를 철저하게 믿고 그 속죄의 진리를 몸으로 살았다. 다석은 의인의 깨끗한 피가 세상의 죄와 더러움을 깨끗이 씻는다고 굳게 믿었다.[2]

더 나아가 다석은 '자연상속은(自然相贖殷)'이라고 했다. "먹고 먹히는 자연생명세계가 서로 속죄함으로써 서로 더러움과 죄를 씻어줘 자연생명세계가 융성해진다"는 것이다.* 이것은 자연의 먹이사슬을 제사 드리는 관점에서 본 것으로 자연생명세계를 매우 깊이 본 것이다.

진화론자들은 생존 투쟁과 자연선택(자연도태)을 말한다. 이것은 생명 세계를 개체 중심으로 보고 생명을 현상적으로 보는 이론이다. 여기에는 '혼'과 '영'의 관점이 전혀 없다. 다만 자연 생명계를 현상적으로 보았다.

이와 관련해 동학의 제2대 교주 최해월은 다윈의 진화론보다 훨씬 깊이 보았다. 그는 먹이사슬 구조를 '하늘로써 하늘을 먹임〔以天食天〕'으로 보았다. 먹이사슬 현상을 생존 투쟁으로 본 서양과 달리 해월 선생은 하늘로써 하늘을 먹인 것으로 본 것이다. 배고픈 생명 세계를 먹이는 엄마의 관점, 생명 세계 전체의 관점, 도덕적이고 영적인 관점으로 보았다.

다석은 여기서 한 걸음 더 나아가 희생 제사이자 속죄 행위로 보았다. 동학의 이천식천(以天食天)보다 훨씬 더 깊은 시선이다. 서로 밥이 되어주는 것, 서로 먹이가 되고 희생 제물이 되어 서로를 깨끗하고 힘 있게 하여 새 세계를 이루는 것은 먹이가 되는 개체의 주체적 깊이를 전제하고 그 깊이에서 전체가 하나로 만난다. 내가 먹이가 되고, 희생양이 되어 상대의 밥이 될 뿐 아니라 상대를 깨끗하고 힘 있게, 새롭게 만들어준다는 것이다. 서로 희생 제물이 되어 서로를 변화시킨다고 할

---

* 1955년 4월 29일에 쓴 한시 가운데 "자연상속은(自然相贖殷)"이 나오는데 김흥호는 이 구절을 "자연이 서로 깨끗이 빨아 대속하는 것은 십자가의 그림자 같다"고 풀이했다. 다석학회, 『다석 강의』(현암사, 2006), 568쪽; 김흥호, 『다석 일지 공부』, 제1권(솔, 2001), 27~88쪽.

수 있다. 나를 불살라 제물로 바치는 주체의 깊이에서 나는 자유로운 주체, 전체 하나의 자리에 선 주체가 되고, 상대를 주체로서 새롭고 힘 있게 세운다. 자연 세계는 서로 주체로서 먹이가 되어 상대를 주체로 세운다. 서로 다른 개체의 상생과 희생을 통해 생명 세계는 서로 주체로서 융성한 하나(전체)에 이른다.

다석의 「염통 노래」라는 시를 보면 염통과 허파, 콩팥의 피돌기와 숨 쉬는 것을 전부 제사로 파악했다. 염통을 제사장이라고 했는데 제사장이 하는 일이 무엇인가? 드림(offering)이다. 제사장은 제물을 올리는 사람, '드림 맡은 이'다. 그래서 염통은 '드림을 맡은 이(제사장)'라고 했다.[3] 염통은 사심 없이 자기 안의 묵은 피를 돌리고 깨끗한 피를 온몸에 돌려주는 일을 하는 대제사장이다. 다석은 염통을 포프(pope)라고 했는데 포프는 교황을 뜻하고 염통 뛰는 소리를 나타낸다. 허파는 더러운 피를 태워서 깨끗하게 하는 자리로 제물을 태우는 제단인 것이다. 피돌기는 그 자체가 제사다. 다석은 뚝딱뚝딱 건강하게 뛰는 맥박이 하나님에 대한 찬송이라고 했다. 피돌기가 제사고 예배라는 것이다.

다석은 밥 먹는 것이 진짜 예배라고 했다. 내가 받는 예배가 아니라 내 목구멍을 통해서 하나님께 드리는 예배다. 밥 먹는 것이 곧 제사 지내는 것이다. 그는 금식을 많이 했는데, 금식은 밥이 아니라 제 살과 피를 먹고 사는 것으로 제 살과 피를 태워 그 에너지로 산다고 볼 수 있다.

몸 제사에 대한 다석의 이런 설명은 기독교의 성만찬을 주체적이고 체험적으로 이해했다. 성만찬은 떡과 포도주를 예수의 살과 피로 알고 먹는 의식(儀式)이다. 다석은 성만찬을 종교의식에서 일상생활로 확장했다.[4] 날마다 밥을 먹고 물을 마실 때마다 밥과 물을 예수의 살과 피로 여기고 먹으라는 것이다. 그런데 예수의 살과 피는 지금 세상에 없다. 예수의 살과 피를 어떻게 먹고 마시나? 다석은 2,000년 전 예수의 살과 피가 아니라 지금 여기 나의 살과 피를 먹고 마심으로써 그리스도의 얼 생명으로 살아야 한다고 보았다.

필자는 1987년 『예수운동과 밥상공동체』라는 책에서 예수의 생애와 성만찬을 밥상공동체로 풀이했다. 필자도 다석처럼 성만찬을 종교의식에서 일상생활로 확장했는데 당시 예수의 성만찬을 날마다 밥 먹는 밥상공동체로 해석한 것을 독창적이라 생각하며 뿌듯해했었다. 그러나 다석이 1950년대에 이미 성만찬을 설명했던 것이다. 다석의 사상을 일찍 알았더라면 좀 더 깊은 내용을 담았을 것이다.

## 2. 신선처럼 자유롭게

함석헌은 한민족 종교 문화의 근본 줄기를 신선 사상으로 보았다.[5] 세상의 이해관계와 다툼에서 벗어나 자연 생명 세계와 하나로 녹아드는 신선 사상은 자연 친화적이고 종교적이며 평화적인 사상이다. 한국인은 한반도의 아름다운 자연 속에 살면서 자연스럽게 자연과 하나가 되고 자연 속에 녹아 자연과 한 몸이 되는 길을 추구했다. 그것이 한국 종교 문화의 으뜸이다. 자연 친화적이고 평화적인 신선 사상은 한국인의 예술과 생활 속에 깊이 배어 있다. 기교와 과장 없는 단순 소박한 도자기, 사람과 자연이 함께 녹아든 그림, 풍수지리에 어울리는 집과 정원에서 신선 사상의 흔적을 볼 수 있다.

유영모는 치열하게 생각하고 파고드는 진리 탐구자이면서 초탈한 신선의 모습을 보였다. 민족사학자 문일평이 일제강점기 때 유영모의 집을 다녀간 후 지은 한시에 유영모의 집과 사는 모습을 묘사한 부분이 있다.

> 깎아지른 듯한 바위로 둘러싸인 골에 산장을 찾으니 푸른 뫼 속에 집한 채 서 있고 물 구름 함께 어울려 한 고향이라 숲 속에 꽃은 다시 아름다워라 계곡에 시냇물은 오히려 서늘하고 약초 캐러 다니느라 어둑한 지름길을 뚫었다 씨 소나무는 외딴집을 둘러 지키고 집 부엌에는 맛 좋은 먹거리가 그득하니 상 위에는 우유 토마토의 향기로다.[6]

유영모는 자신의 사는 모습을 이렇게 말했다. "좋은 의식(衣食) 않은 것 우리 집 자랑이요 명리(名利)를 웃보는 게 내 버릇인데 아직껏 바람 물 줄여 씀이 죄받는 듯하여라"[7] 검소하게 먹고 입으며 명예와 이익을 우습게 여기는 유영모는 바람과 물을 아껴 쓰면서도 바람과 물을 쓰는 것이 "죄받는 듯하여라"라고 했다. 자연 속에서 초탈한 삶을 살면서도 자연을 아끼는 다석의 겸허하고 정성스러운 마음가짐을 알 수 있다. 이런 마음자리는 산속에 들어가서 깨달았다고 큰 소리 치는 것 하고는 다르다. 다석은 자연 앞에서 자기를 낮추는, 정성스러운 마음을 가진 신선이다.

나는 1975년 봄에 다석을 뵐 기회가 있었다. 80대 후반의 유영모는 신선처럼 보였다. 하루 한 끼 먹으며 육욕을 버리고 온종일 무릎 꿇고 앉아서 하나님의 말씀만 생각했기 때문에 신선의 몸이 된 듯 했다.

다석은 "척주(脊柱)는 율려(律呂), 몸 거믄고"[8]라고 했다. 율려는 음악과 풍류를 뜻한다. 율은 음의 조율(tuning)을 뜻하고 려는 풍류를 뜻한다. 옛날에는 새 나라를 세우면 법과 제도, 도덕과 풍습을 바로 잡을 뿐 아니라 음악의 기본음(基本音)을 정하고 기본음에 맞추어 악기를 조율하고 가락을 정했다. 당시에는 음을 측정하는 기계장치가 없었으므로 기본음을 정하고 이 음에 따라 악기들을 조율하는 일이 중요했다. 강증산은 죽기 전에 "율려가 세상을 구원할 것이다"라는 말을 남겼다고 한다.

척주가 율려라는 말은 사람의 몸이 중요하고 몸 가운데서도 몸의 중심이 되는, 몸을 꼿꼿하게 세우는 척주가 삶의 근본 바탕임을 나타낸다. 척추를 바로 세워야 삶과 생명의 음악이 나온다. '몸이 율려요, 맘이 거문고라!' 얼마나 깊고 멋진 말인가? 사람들의 몸이 곧고 맘에서 음악이 나오면 나라가 바로 선다. 몸과 맘이 나라의 토대다.

다석은 척주를 율려라고 함으로써 몸을 삶의 기본음으로 보고 맘을 거문고라고 함으로써 맘을 악기로 보았다. 몸과 마음의 예술적 일치를 말한 것이다. 몸과 마음의 중심을 척주로 보고 척주가 곧고 바르게 조율이 될 때 마음에서 아름다운 소리를 낼 수 있다. 법과 도덕, 제도와 풍습만으로는 삶과 영이 완성될 수 없다. 예술이 있어야 삶은 완성되고 구원된다. "인생은 피리와 같다. …… 피리를 부는 이는 신이다."[9] 일상의 삶을 영과 예술로 높인 유영모의 삶은 신선의 삶이고 그의 사상은 '걸림 없는 옹근 삶〔圓融無碍〕'을 추구한 한국의 고유한 신선 사상이다. 그는 신선처럼 욕심 없이 자유로운 삶을 살았다.

## 몸을 닦은 '들사람'

다석의 삶과 사상은 도교적이다. 날마다 새벽에 일어나 냉수마찰과 체조로 몸을 단련하고 도시의 문명 생활을 떠나 산골에서 농사지으며 '들사람'으로 숨어 산 것은 도교적인 성격을 드러낸다. 무위자연(無爲自然)을 추구하고 '맘대로 하고 몸대로 되는' 자유로운 경지를 말한 것은 도교적이라고 할 수 있다.[10]

다석은 평생 도시에서 들로 나가려 했고, 집과 제도를 벗어나 자유롭고 평등한 삶을 살려 했다. 그는 늘 주어진 울타리를 벗어나 바깥 '한데'서 살려고 했다. 그가 늘 빈탕한데를 말한 것은 '들사람'으로서의 그의 풍모와 기질을 드러낸다.

> '한데'라는 것은 '밖(外)'을 말한다. 어머니 품, 이불, 집 안이 '안'이다. …… '안'을 떠나는 것은 허전하다고 할 수밖에 없다. …… 또 쓸쓸한 데(곳)를 '한데'라고도 한다. 그렇지만 한데는 시원한 곳이다. 좁은 집 안에 있다가 산에 나가면 시원함을 느낀다. 한 걸음 더 나아가 우주(宇宙) 밖으로 나간다면 더할 나위 없이 시원할 것이다. …… 한데를 제 것으로 차지해야 한다. 그리고 거기서 놀아야 한다. …… 정말 밖을 죄다 점령하면 안과 밖이 따로 없게 된다. '한데'에는 '안'도 다 들어 있다. 거기에는 세계, 나라, 우리 집, 우리 몸뚱이도 다 들어온다.[11]

집 안에만 머물러 있는 사람은 바깥 한데를 잃은 사람이다. 집 밖, 우주 바깥 한데를 차지하고 노는 사람은 집 안, 우주 안의 나라와 세계와 몸뚱이도 차지한 사람이다. 모든 것을 아우르는 바깥인 '한데', 시원한 우주의 바깥에서 놀자는 것은 장자의 소요유(逍遙遊)를 연상시킨다.

다석은 몸을 닦고 길러 신선의 풍모를 얻었으나 몸을 가지고 장생불사(長生不死)하려는 도교의 경향은 비판했다. 노자는 "물체란 한창이면 늙는다. 이것은 도(道)가 아니다〔물장즉노(物壯則老)〕"[12]라고 말했고 다석도 다음과 같이 말했다.

> 이 땅에 몸을 쓰고서 영생(永生)한다. 신선이 된다고 하는 것은 기독교·불교·도교할 것 없이 멸망시키는 것입니다. …… 이 땅에서 장생불사하기를 바라는 것이 도 닦는 게 아닙니다. 영원불변한 것은 진리의 정신뿐입니다.[13]

다석은 냉수마찰, 하루 한 끼 먹기, 금욕 생활, 요가 체조, 단전호흡을 하고 많이 걸음으로써 건강에 힘썼다. 몸의 장수를 위해서가 아니라 하나님과 이웃을 위해 일하려고 건강에 힘썼다. 그는 "얼 생명을 위해 몸 생명을 길러야 한다. …… 하나님의 얼을 받들기 위한 한도 안에서 몸을 건강하게 해야지 몸을 전 목적으로 해서는 안 된다"[14]고 했다.

다석은 도를 밥 먹고 숨 쉬는 것이라고 했다. "도는 …… 흙으로 빚고 코로 숨 쉬는 것이다. …… 배고프면 먹어 흙을 빚고 고단하면 자고 코로 숨을 쉰다. ……"[15] 밥 먹고 숨 쉬면서 도를 닦는 것은 "줄곧 숨 쉬고 줄곧 생각해 하늘에 도달하여 내가 내가 되는 것이다". '내가 내가 되는 것'이 '곧이 곧장이다'. 코로 숨 쉬는 데도 몸을 곧게 해야 잘 쉬어지고 정신을 숨 쉬는 데도 곧이 곧장해야 숨이 잘 쉬어진다.

다석에 따르면 몸과 맘을 곧게 하는 것이 양기법(養氣法), 양생법(養生法), 양심법(養心法), 장생법(長生法)의 핵심이다. "곧이 곧장 정신을 가지고 입 다물고 숨 쉬고 곧이 곧장을 가지면 숨이 잘 쉬어진다. 잠잘 때는 숨을 잘 쉰다. …… 무의식이 의식의 세계보다 더 강한 자기다. 무의식에서 초의식이 되면 그때에야 참 내가 된다."[16] 몸과 마음을 곧게 닦으면 "몸에 기름이 가득 차고 마음에 심지가 꼿꼿하며 정신에 지혜가 빛난다".[17]

## 3. 죽음을 넘는 자유의 길: 빈탕한데 맞혀 놀이

### 믿음의 자유

다석은 16세에 믿음 생활을 시작했는데 믿은 지 38년 만인 53세 때 믿음의 깊은 체험과 깨달음을 얻었다. 신앙 체험을 하고 나서 「믿음에 들어간 이의 노래」를 지었다. 불교의 오도송(悟道頌)과 비슷하다.

> 나는 실음 없고나, 인제부터 실음 없다.
> 님이 나를 차지하사 임이 나를 맡으셨네.
> 님이 나를 가지셨네
> 몸도 낯도 다 버리네 내거라곤 다 버렸다.
> '죽기 전에 뭘 할까?'도 '남의 말은 어쩔까?'도
> 다 없어진 셈이다. ……
> 님 뵈옵잔 낯이오, 말슴 읽을 몸이라.
> 사랑하실 낯이오, 뜻을 받들 몸이라. 아멘.[18]

이 시는 세상 욕심과 사사로운 자아의 근심·걱정에서 벗어난 자유를 노래한다. "나는 시름없다. …… 죽기 전에 뭘 할까도 남의 말은 어쩔까도 다 없어진 셈이다. 님 뵈옵잔 낯이오, 말씀 읽을 몸이라." 하늘처럼 맑고 큰 자유다.

다석은 삶과 죽음에서 초연해 흔들림 없는 마음을 지니고 살았다. 그는 오늘 하루를 일생처럼 살았고 지금 이 순간에 영원을 살려고 했다. 그러나 그는 또 언제나 지금 이 순간 기꺼이 세상을 떠날 준비가 되어 있었다. 그에게는 삶과 죽음이 하나〔生死一如〕였다.

> 죽는다고 해서 죽어 없어지는 것이 아니다. 이 세상에서 바로 살 줄 알고 말씀을 아는 사람은 사는 것이 좋은 것인지 나쁜 것인지, 그리고 기쁜 것인지 슬픈 것인지 잘 모르고 산다. 죽는 것이야말로 축하할 일인지 모른다고 생각하면서 산다. 살려준다고 해서 좋아할 것도 없고, 죽이겠다고 해서 흔들릴 것도 없다.[19]

생사의 두려움에서 벗어난 다석은 거침없는 초인의 자유를 누리며 살지 않았다. 그는 겸허하게 자기 한계를 지키면서 신을 믿고 신께 맡기며 사람 노릇을 하려고 했다.

> 내 힘으로 하는 것이 아니라 하나님의 힘을 받아서 사람을 사니 사람 노릇을 하기처럼 쉬운 것은 없다. …… 사람에게는 한계가 있다. 그것이 사람된 하야금(사명과 한계)이다. …… 제한 안에서 살 수밖에 없다. …… 내가 할 일은 쉬는 것뿐이다.[20]

사람 노릇을 하려면 '내'가 '나'가 되어야 한다. 내가 나로 되기 위해 내가 할 일은 '쉬는 것뿐이다'. 하늘의 힘으로 내가 나로 될 수 있기 때문이다. 하늘의 힘을 입어 내가 나가 된 사람은 무리한 일을 억지로 하지 않고 자기에게 주어진 한계와 제한 속에서 주어진 일, 허락된 일을 힘껏 할 뿐이다.

### 몸대로, 절로 되게

다석은 노장(老莊)의 무위자연을 삶과 사상의 중요한 원리로 받아들였다. 다석에 따르면 자연(自然)은 '스스로 되어가는 것'이다. 다석은 '스스로 되어가는' 자연의 생명 원리에 따르는 것을 '맘대로 하고, 몸대로 되게'로 표현하고 이것을 줄여서 '하게, 되게'라 하며 이것을 몸과 마음의 자유로운 경지로 보았다.[21]

다석의 '몸대로'는 자연을 정복하겠다는 식의 '맘대로'가 아니다. 서양에는 자연을 정복해야 잘살 수 있다는 생각이 있는데 동양에서는 "몸에 대해 부자연하게 간섭하지 마라. …… 자연을 자연대로! '사람은 사람 노릇하고 몬은 몬들 절로 되게'!" 하라는 것이다. 그러면 "만족한 세상이 온다"는 것이다.[22] '몬'은 물건의 옛말이다. '몬지'에서 그 흔적을 볼 수 있다. 여기서 몬은 자연 만물과 몸, 물건과 일을 나타낸다. 사람은 사람 노릇 바로 하고 만물과 일은 물성과 이치에 따라 스스로 되게 해야 한다.

다석은 이것을 '절로, 제절로'의 이치며 길이라고 한다. '절로, 제절로'는 제가 저로 저답게 스스로 되는 것이다. 이것이 뭇 생명과 사물이 제 본성에 따르고 제 바탈〔本性〕을 실현하는 진리의 길이다. 세상이

불행하고 혼란스러워진 것은 이 '절로'의 길에 이르지 못했기 때문이다. 이 길로 가면 만족할 만한 세상이 온다는 것이다. 이것은 내 마음이 자유로운 주체가 되어 물성과 생명이 완성되도록 섬기는 길이다.

### '미정고'와 '격물치지'

'몸을 마음대로 하고 몬을 몬대로 되게'하는 마음이 도심(道心)이다. 도심은 진리대로 이치대로 하려는 마음이다. 도심은 인위적이고 제도적인 억압에서 벗어나 맘과 몸을 자연 생명의 힘과 원리에 따라 살자는 마음이다. 다시 말해 사물과 인간의 본성을 알아서 있는 그대로 완성시키려는 마음이다.[23]

맘대로 하고, 몸대로 절로 되게 하여 물성·생명·정신을 완성시키려면 물성·생명·정신을 주체로 사랑해야 한다. 이것은 사랑의 길이고 사랑의 길에는 기존의 완성이 없다. 다석은 "마음이 제대로 하는 데는 사랑이 있어야 한다. …… 인(仁)은 예부터 내려오고 있지만 '미정고(未定稿)로' 되어 있다"[24]고 했다.

몸대로 하고 몸대로 되는 길은 사랑으로만 갈 수 있는 길〔仁道〕이다. 사랑으로 완성시키는 길은 영원한 미완성의 길이다. 다석에 따르면 예수는 영원한 미완성의 길을 앞서 간 스승이다. '사랑의 길'을 가려면 "'영원'이라는 스승을 알아서 이의 덕을 따라 영원의 길로" 나아가야 한다. 다석에게 예수는 "내가 잘못할 때 잘하자고 책망을 내리는 분"이다. 다석은 예수를 스승으로 모시고 예수와 함께 "묵은 것을 생각하면서 언제나 새로운 길을 찾아 나가야 한다〔溫故知新〕"고 했다.[25]

다석은 『대학(大學)』의 격물치지(格物致知)도 생명과 물성의 완성이라는 관점에서 이해했다. 유학자들은 흔히 『대학』의 격물치지는 주희처럼 사물을 탐구해 지극한 앎에 이르는 것으로 해석하거나 왕양명처럼 마음의 생각이나 뜻을 바로잡아 온전한 앎에 이르는 것으로 해석한다. 그러나 다석은 격물치지를 생명 철학적으로 좀 더 적극적으로 해석했다. 그에 따르면 격물치지는 사람이 깨달음에 이르러 사람과 사물을 그 본성과 물성에 따라 완성시키는 것이다.[26]

도심에 이르지 않으면 물성을 알아 완성시키는 격물치지를 이룰 수 없다. 인위적으로 간섭하지 않는 도심은 무극과 없음의 미묘하고 지극한 자리에 이른 마음이다. 물질과 있음에 매이면 무위자연의 도심은 없다.

사람과 사물을 본성대로 완성하려면 도심을 가지고 "이마에 땀 흘리고 살아야 한다". 도심을 가지고 이마에 땀 흘리고 살면 "이 얼마나 즐겁고 호강이겠는가? …… 권력과 금력으로 남을 눌러서 호강하겠다는 것은 자기가 땀 흘리는 대신에 남을 땀 흘리게 하는 것이니 그 죄악은 얼마나 크겠는가".[27]

### '제사: 빈탕한데서 노는 삶'

다석의 '몸대로'는 욕심과 물질에 매이지 않은 '맘대로'다. 욕심의 뿌리가 너무 깊어서 '나'를 내 마음대로 할 수 없다. 산을 옮기는 것보다 물욕과 자기애에 뿌리박힌 마음을 움직이는 일이 더 어렵다. 자기를 제물(祭物)로 불태우고, 사랑으로, 믿음과 진리, 영과 말씀으로 움직일 때 '스스로', '절로', '맘대로'가 된다.

몸 대로 절로의 길은 허공 속에 있다. "도는 길이고 허공이 진리다."[28]

그 길은 집착 없는 삶에 이른다.

> 절대 집착 없이 살아간다. 예술가는 득의작(得意作) 속에 거주하거나 자족하지 않으며 시인이 자성품(自成品) 속에 해골을 눕힐 수는 없다. 종교가 자설법 속에 열반할 수는 없을 것이다. …… 작품, 시집, 업적, 경전, 보감, 의사당, 교회, 사회 등등은 색계(色界)의 그림자다.[29]

자신의 생명, 몸, 영혼, 생각과 업적, 이 모든 것을 하나님 앞에 불살라 제사 지내고 하나님을 향해 솟아올라야 한다. 모든 것을 버리고 태우고 솟아오를 때 맘대로 절로의 길에 이른다.

이런 자유는 자신의 몸과 마음을 제사 드리는 사람이 누리는 자유다. 제사는 자아를 불살라 허공, 빈탕한데, 하늘에 올리는 일이다. '빈탕'은 빈 것, 허공을 뜻한다. 물질과 욕망을 태워버렸으니 '비고 없다'. 비고 없는 곳은 하늘이다. '한데'는 '바깥, 넓은 데, 막힘없이 크게 하나로 확 트인 데'를 뜻한다. 하나님께 나가기 위해 모든 것을 불살라 제사 지낸 사람은 '빈탕한데' 곧 '하늘'에서 논다. 다석은 이것을 '빈탕한데 맞혀 놀이〔與空配享〕'라 했다.

제사는 삶과 죽음의 경계를 넘어 하늘의 세계에서 사는 것이다. 하늘, 영원한 생명의 자리에 서면 모든 것이 자유롭고 기쁘다. 다석은 제사를 '놀이'라고 했다. 더 나아가서 "세상일은 사실 다 놀이라고 볼 수 있다. 자고 일어나고 활동하는 것 모두가 다 놀이다. 하나님 앞에서 한 어린아이로서 이 세상을 지낸다면 그거야말로 참 놀이가 될 수 있다. 하나님을 모시고 늘 제사 드리는 자세로 살고 있다"고 했다. 그는 자신을 제사 지내는 사람은 큰사람이다.

……진정 대자(大者)란 …… 꾸미고 살지 않는다. …… (꾸밈없이 자유롭게 놀려면) 빈탕한데 얼이 연락되어야 한다. …… (번쩍거리는 세상 물건에) …… 우리의 얼을 덜다가는 정말 '얼빠진 나'가 되고 만다. …… 우리는 묶고 묶이는 큰 짐을 크고 넓은 '한데'에다 다 실리고 홀가분한 몸으로 놀며 가야 할 것이다. 그리고 종당에는 이 몸까지도 벗어버려야 한다. …… 다 벗어버리고 홀가분한 몸이 되어 빈탕한데로 날아가야 한다.[30]

다석은 몸과 물건에 매이지 않는 큰 사람의 자유로운 마음을 이렇게 나타냈다. "몸 놓고 죽을 수 있는 이오, 몸 벗고 살 수 있는 이여."[31] 몸 벗고도 살 수 있는 이는 맘 놓고 죽을 수 있고 맘 놓고 죽을 수 있는 이는 몸 벗고도 살 수 있다.

제2장

## '나'를 불사르는 생각:
## 데카르트와 유영모

1. 사람은 생각하는 존재
2. 존재 행위로서의 생각
3. 신통(神通)과 영감

## 1. 사람은 생각하는 존재

**나는 생각한다. 그러므로 존재한다**

"나는 생각한다. 그러므로 존재한다(Cogito, ergo sum)"는 데카르트의 말은 생각하는 존재로서의 인간의 주체성을 확인하는 서양 근대 철학의 원리다. 데카르트에게 '나'는 '생각하는 이성', '생각하는 존재'다. 생각하는 존재로서의 '나'는 "그것이 존재하기 위해서 자기 자신 이외에는 아무것도 요구하지 않는 것", 곧 실체다.[1] 데카르트의 신 존재 증명은 자연계를 구성하는 존재들에 관한 지식에 도달하는 지성의 능력을 확인하기 위한 것이었다. 신이 부여한 지성의 능력은 진리를 탐구하는 데 부족함이 없다는 것이다.[2]

데카르트에게 모든 생각과 심상(心像)은 '사유의 양태'로서 마음 내부에 생긴다. 그는 "개인의 마음과 그 마음이 가진 모든 관념을 그 밖의 모든 존재와는 완전히 격리된 영역으로 보았다". 그는 "마음과 마음 이외의 것들과의 사이를 절단해 직접적인 접촉을 거부하는 학설을 창설한 사상가로서 유명하다".[3] 데카르트에게 자연에 대한 이해는 자연 정복을 위한 예비 조건이었다.

데카르트는 다른 모든 존재를 의심할 수 있어도 '생각하는 주체로서의 나의 존재'는 의심할 수 없다고 보았다. 데카르트에게 생각은 '나'의 기능적·술어적 행위다. 생각의 주체인 '나'에 대한 의심과 문제 제기는 없었다. 그에게 생각하는 것은 인식하고 추론하는 논리적·이성적·인식론적 행위였다. 인식론적 행위에서 인식론적 행위의 주체인 '나'의 존재를 추론한 것이다.

### 사람은 생각하는 존재

다석은 데카르트의 명제를 진지하고 철저하게 받아들였다. 데카르트와 마찬가지로 다석도 인간을 생각하는 존재로 보았다. 다석에게 생각은 인간의 본질이다. "밥 먹고 생각하는 것, 그것이 사람이다."[4] "영어로 맨(man)의 어원을 범어(梵語)로 소급하면 '생각'의 뜻이다."[5] 사람은 생각하는 존재다. 이 말이 데카르트에게는 인식론적 명제였지만 다석에게는 그 이상의 존재론적·생명론적 명제였다.

인간의 행위 가운데 가장 주체적인 행위는 생각하는 것이다. '생각하는 것'만이 나의 고유한 주체적 행위다. 인생에서 정말 내가 스스로 하는 일은 생각이다. 지식이나 정보 개념은 남에게서 온 것일 수 있으나 지금 이 순간에 생각하는 것은 내가 하는 것이다. 숨 쉬는 것, 피가 도는 것, 먹고 삭이고 싸는 것도 생리적으로 몸이 하는 것이다. 몸을 움직이는 일도 신경과 근육의 자율적 행동이다. 지식과 관념도 남에게서 온 것이고, 감정과 의지적 결단도 남의 영향이나 외부 작용 없는 순수한 나의 주체적 행위라고 할 수 없다. '이제 여기서' '생각하는 것'만은 내가 하는 일이다. '지금 생각하는 것'만이 내가 스스로 하는 '나의 고유한 주체 행위'다.

다석이 "해와 달, 저게 있는 것인가? 없는 것이다. 있는 것은 오직 나뿐, 그중에서도 생각뿐이다"[6]라고 했을 때 그는 데카르트의 관심과 원리를 넘어섰다. 데카르트에게 생각한다는 것은 사유의 세계에 속하고 존재한다는 것은 연장(延長)을 지닌 존재의 세계에 속한다. 생각은 사유의 세계에 속하고 해와 달은 존재의 세계에 속한다. 데카르트는 '내가 생각한다'는 사실에서 자연과학적 존재의 확실성에 이르려 했다. 그런데 다석은 데카르트의 사유를 뒤집는다. 해와 달은 없는 것이고 생각이 있는 것이라고 했을 때 존재에 대한 이해가 뒤집어졌다. 눈에 보이는 물질세계는 빈 것이며, 해와 달의 밝음은 어둠이며, 보이지 않는 생각과 '나(주체성)'는 있는 것이고 생각과 '나' 속에 밝음이 있다는 것이다.

다석에게 데카르트의 명제는 인식론적 원리일 뿐 아니라 삶과 믿음의 원리이자 존재의 원리였다. 다석에 의하면 인간의 속알맹이는 "솟구쳐 올라가는, 앞으로 나가는 창조적 지성"이다.[7] 창조적 지성이 솟구쳐 올라가는 인간 생명의 속알맹이 본성이다. 창조적 지성이 하는 생각은 앞으로 나가는 생명의 빛을 밝히는 것이다. "생명은 만족이란 없다. 계속 예어 나가는 것뿐이다. …… 생명이란 빛이다. …… 생각이란 생명의 빛을 밝히는 것이다."[8]

다석은 "사람은 만물의 근원이요, 밑동이다"[9]라고 했다. 그는 자연 세계에 대한 과학적 지식을 탐구하는 것이 목적이 아니라 만물의 근원과 밑동인 사람의 '속의 속'에서 영원한 생명이자 궁극적 존재인 하나님과 '나'의 일치된 삶을 추구했다. '나'의 지성적 능력을 확인하는 것이 아니라 '나'의 속을 파고들어 자연 세계의 근원이자 목적인 하나님

제2장 · '나'를 불사르는 생각　51

과 통하려 했다.

따라서 생각의 주체인 '내'가 곧 생각의 대상이었다. '나'와 '생각'은 자연 세계를 인식하는 주체와 행위로 머물지 않고 우주 자연 존재의 깊이와 높이, 근원에 이르는 자리이고 활동이다. 인간을 우주의 근원과 밑동으로 본 것은 생각하는 인간을 통해 우주의 근원과 밑동인 하나님에게 나아갈 수 있다고 본 것이다. 생각을 통해 인간과 우주, 하나님과의 일치와 소통을 추구하는 다석의 사상은 생각과 존재의 영역을 분리시키는 데카르트의 사상과 구별된다.

### 생각하는 주체의 성숙과 해방

서양 근대 철학에서 생각하는 인간은 민주적 정치 행위의 주체이고 경제활동의 주체이기도 했다. 스스로 생각하고 판단하고 행동할 수 있는 인간만이 성숙하고 주체적인 존재가 될 수 있다. 다석의 제자 함석헌은 "생각하는 백성이라야 산다"고 했다. 1950년대 함석헌, 장준하가 이끈 ≪사상계≫의 정신운동은 한국판 계몽운동이다. ≪사상계≫의 운동이 4·19혁명으로 이어졌다고 할 수 있다. ≪사상계≫의 계몽운동은 동학의 민중종교혁명운동, 독립협회와 만민공동회의 민중계몽운동, 안창호·이승훈의 민중교육입국운동, 3·1독립운동을 계승하는 것이었다.

그러나 조선왕조, 일제강점기, 남북분단과 외세의 지배, 한국전쟁, 군사독재로 이어지는 강고한 기득권 지배 세력의 비이성적·비주체적·폭력적·비민주적인 정치 문화가 민족사의 또 다른 흐름을 형성했으며 이런 흐름이 정치·경제·사회의 주류를 형성해왔다. 동학에서 4·19혁명에 이르는 민주적이고 지성적 흐름과 일제강점기에서 군사독재에 이르는 비민주적이고 비지성적인 흐름이 한국 현대사에서 충돌했다. 이런 충돌이 한국 사회의 지성적 성숙을 가로 막고 있다.

### 자아로부터의 해방

서양의 계몽철학이 타율적 전통과 비합리적 권위로부터, 다시 말해 타자(타인, 자연, 하나님)의 지배로부터 인간 자아의 해방을 추구했다면 다석은 더 나아가서 인간 자아의 탐욕과 미움과 어리석음에서 벗어나 타자를 위한 삶, 자아와 타자가 귀일(歸一)되는 삶으로의 해방을 추구했다. 나의 해방은 타자로부터의 해방만이 아니라 미성숙한 자아로부터의 해방이기도 하다. 미성숙한 자아로부터의 해방은 이성을 주체적으로 사용하는 지적 성숙뿐 아니라 의지와 영혼이 자유로워지는 도덕적·영적 성숙을 포함한다.

계몽철학에서 성숙은 '이성을 남의 도움 없이 스스로 사용할 수 있는 것'이다. 성숙한 인간은 타자를 지배하고 조정할 수 있는 지식과 정보와 법칙을 인식할 수 있는 존재다. 성숙한 인간은 현실과 타자에 책임적으로 대응하고 그 위협에 효과적으로 대처할 수 있는 존재다. 그러나 이런 성숙은 이기적인 인간에게는 기본적으로 자신만을 위한 성숙, 즉 이기적인 성숙이 되기 쉽다. 남을 위한 성숙이 되려면 자신의 이기심과 두려움에서 벗어나야 한다.

다석에게 성숙은 자아에서 해방되는 것이다. 성숙한 사람은 생사를 넘어서고, 이(利)·해(害)의 시비에서 벗어난 사람이다. 다석에게 생각은 지식을 얻는 것일 뿐 아니라 지식을 넘어선 것이다. 생사의 번뇌에 사로잡히고 나와 타자를 분리하고 대상을 분별하는 지식에 사로잡힌 사람은 미성년이다. 자기를 내놓을 수 있는 희생적 자세가 성숙의 표(標)다.

> 의의 피를 흘리는 것이 하나님의 영광을 드러내는 것이요, 그것이 성숙의 표다. …… 성숙이란 하나님의 아들이 되는 것이다. 하나님의 아들이란 죽음을 넘어선 것이다. 진리를 깨닫는 것이 죽음을 넘어선 것과 같은 말이다. 죽음을 넘어선다는 것은 미성년을 넘어서는 것이요, 진리를 깨닫는 것은 지식을 넘어서는 것이다. 지식에 사로잡힌 사람이 미성년이다.[10]

물질의 이해관계와 생사의 두려움, 지식의 집착에서 벗어나 성숙하고 건강한 사람은 자기를 통제하고 속에서 생각의 불꽃을 높이 피어오르게 한다. 다석은 성숙한 사람의 모습을 이렇게 제시했다. "입은 열기보다 닫힐 힘이 세인 몸에 가라앉은 몸으로 생각의 불꽃이 특히 높이 피어오르고 오르는 데서 성한 ㅅ름을 보았다."[11] 성숙한 사람은 수다를 떨기보다 입을 닫고 깊고 편안한 숨을 쉬고, 맘을 가라앉혀 생각의 불꽃이 높이 피어오르며, 얼과 혼이 솟아오르는 이다.

### 생각하는 것은 기쁜 것이다

다석에게 생각은 인간이 자기 본성을 실현하고 완성하는 것이며 생명과 정신이 솟아오르는 것이다. 그러므로 생각하는 것은 기쁜 것이라 할 수 있다.

생각하는 것은 기쁜 것이다. 생각하는 것이 올라가는 것이다. 참으로 하나님의 뜻을 좇아 하나님 아버지께로 올라간다는 것이 그렇게 기쁘고 즐거울 수가 없다. 인생은 허무한 것이 아니다. 생각은 진실한 것이다. 몸 삶이 덧없어도 얼 삶은 영원하다.[12]

생각은 덧없는 몸의 삶에서 길이 사는 얼 삶에 이르는 것이다.


## 2. 존재 행위로서의 생각

다석은 데카르트의 기본명제를 진지하게 받아들였으나 데카르트에 머물지 않고 생각과 존재를 일치시키는 데까지 나아갔다. 데카르트는 '내가 생각한다'는 사실에서 '내가 존재한다'는 사실을 확인했으나 다석은 내가 생각함으로써 '내가 생겨난다', '존재하게 된다'고 말한다. "내가 생각하니까 내가 나온다. 생각의 불이 붙어서 내가 나온다. 생각에서 내가 나온다." 다석에게는 생각하는 주체로서의 '나'가 자명하지 않다. '나'에게서 저절로 생각이 나오는 것이 아니다. 다석은 나와 생각의 관계를 나무와 불로 비유한다. "나무가 타 불이 나오듯이, 내가 깨어나 생각이 나온다."[13]

또한 다석의 생각에서는 생각하는 주체와 생각하는 대상이 분리되지 않고 타자가 낯선 존재로 머물지 않는다. 생각을 통해서 '나'를 찾고 남에게 이르고 남을 위한 존재가 된다. 생각함으로써 "…… 나에게로 나아갈 뿐 아니라 남에게로, 남을 위해 나아가게 된다. 그리고 나와 남을 생각하기에 이른다".[14] 나와 남을 생각한다는 것은 나와 남을 주체로 여기고 서로 사귐에 이르는 것이다.

### 존재의 끝을 사름

다석에게 생각은 존재의 불꽃, 생명의 불꽃이다. 한 점인 내 존재의 끝을 불사르며 위로 올라가는 것이 생각하는 것이다. "(나는) …… 생각의 끝머리요, 생각의 불꽃이다." 생각함으로써 나는 앞으로 나아간다. "…… 오늘의 나는 어제의 내가 아니다. 지금의 나는 훨씬 나아간 나다. 이것은 생각의 불이 붙어서 이루어진 것이다." 다석에 따르면 "생각의 끄트머리가 불꽃처럼 자꾸 피어오르기 때문에 '나는 존재한다'". 데카르트에게는 내가 생각하기 때문에 내가 존재하는 것은 아니다. 내가 생각한다는 사실에서 내가 존재한다는 것을 미루어 알 수 있다는 것이다. 다석은 생각하기 때문에 내가 존재한다고 한다. 생각하는 것이 곧 존재하는 것이다.

다석에게 생각은 순수한 논리적 추론이 아니라 "사랑이 있을 때 피어나는 정신의 불꽃 중 하나"다. 생각은 정신의 불꽃인데 정신에 불이 붙으려면 정신이 깨어나야 한다. "정신은 거저 깨나지 않고 간난고초를 겪은 끝에만 깨어난다. (나의) 정신이 통일되어야 (생각의) 불이 붙는다."[15] 분열된 정신은 생각의 불꽃이 일어나지 않고 연기만 난다.[16] 정신의 깨어남, 정신의 통일은 지적 계몽에 의해 일어나기보다 간난고초를 겪은 삶을 통해서 이루어진다.

## 말씀 사룸

사람은 말하는 존재, "말씀하는 살알(세포)이다". 다석은 『제소리: 다석 유영모 강의록』에서 '말'에 대한 글자 풀이를 통해서 사람이 말하는 존재이고 말을 통해 사람이 되는 존재임을 밝힌다. 훈민정음에서 'ㆍ'는 하늘을 나타내고 'ㅣ'는 사람을 나타낸다. '말'에 대한 다석의 글자 풀이는 다음과 같다. "하늘(ㆍ)이 사람(ㅣ)의 뒤를 밀어(ㅣㆍ) 입(ㅁ)이 달려서 살게 된 사기(史記)가 곧 '마'요. 활동형 'ㄹ'을 붙인 게 '말'이니 말을 쓰면서 사는 사람 되고서……"[17] '말'에서 'ㅁ'은 입을 뜻하고 'ㅣ'는 사람, 'ㆍ'는 하늘, 'ㄹ'은 활동형을 뜻한다. 사람은 입과 하늘을 사이에 두고 활동하며 사는 존재다.

다석은 '사룸'이라고 쓰고 '사룸'을 '사람(人)', '사름(불사름)', '사룀(말씀을 아룀)'으로 이해한다. "사람이 사름(삶), 말씀을 사름(사룀), 불을 사름은 같은 일, 같은 말이다."[18] 즉 사람, 삶, 말씀 사룀, 불사름은 같은 말이다.

다석에게 생명과 생각과 말씀은 서로 통한다. 산다는 것은 "생명의 불을 태우는 것, 생각을 불사르는 것, 그것으로 정신이 높아지는 것, 생각이 다시 올라가는 것이다". 생각이 올라가면 "자꾸 말이 터지게 된다". 생각함으로써 말이 터져 나오고, 말씀이 생각의 불꽃을 살린다.[19]

생각은 사랑 속에서 타오르는 불꽃이다. "거룩한 생각은 하나님 아버지에 대한 사랑이 있을 때 피어나는 하나의 정신적인 불꽃이다. 하나님 아버지에 대한 사랑의 정신으로 꽃피울 때 참으로 진리의 불꽃이 되어 살아나오는 것이 거룩한 생각인 하나님의 말씀이다."[20]

말씀의 근원은 하나님의 가운데이고 그 말씀이 사람 속에서 불타고 있다. 사람 속에서 말씀이 불타는 것이 생각이다. "사람은 말씀이 타는 화로다." 다석은 이것을 중용으로 설명한다. '중(中)'은 '가운데', '속'을 나타내고 '용(庸)'은 '쓸 용'이라 읽고 '쓰다〔用〕'를 뜻한다. "말씀은 우리 속에 타는 불이다. …… 중용이란 속에서 쓰인다는 말이다. 우리 속에서 영원한 생명 …… 하나님의 말씀이 타고 있다."[21] 속에서 말씀의 불, 생각의 불이 타오르면 중용이 이루어진다.

### 생각하는 주체와 생명의 주체

다석에게 생각은 추리, 이성적 사유, 인식론적 행위일 뿐 아니라 존재론적 존재 행위, 주체성('나')을 형성하는 행위였다. 곧게 서서 하늘에 머리를 들고 사는 인간은 주체적·이성적 존재이고 하나님(하늘)과 소통하는 존재다. 생각은 인간의 고유한 주체적 행위일 뿐 아니라 직립하는 인간의 주체성, 하늘과 소통하는 인간의 존재성을 형성하는 행위다.

데카르트에게 생각이 자연과학의 진리에 이르는 것이었다면, 다석에게는 생각이 '나'를 바로 세우고 살리는 것이다. 다석은 자연과학의 객관적 지식을 탐구하는 인식론적 영역을 넘어서서 '나'의 주체성의 뿌리와 근거를 탐구하는 형이상학적·존재론적·도덕적·종교적 영역으로 나아갔다.

다석은 생각의 주체인 '나'에 집중한다. 히브리 사고에서는 마르틴 부버(Martin Buber)의 '나와 너'에서 드러나듯이 '그것'으로 될 수 없는 '영원한 너'로서의 하나님에 중심을 둔다. 나는 신을 '영원한 너'로서만 만날 수 있다. '나'와 '그것'으로 될 수 없는 '영원한 너'를 강조하는 부버의 사상은 '무한히 이질적인 타자'를 강조하는 에마뉘엘 레비나스(Emmanuel Levinas)의 사상과 일맥상통한다. 타자(너) 중심의 이런 사고는 다석의 주체(나) 중심적 사고와 대조된다.

다석의 사유는 영원한 '나'의 주체성 문제에 초점을 둔다. 다석은 '나'에 집중하며 '나'의 속의 속에서 참 나, 영원한 나인 하나님을 본다. 하나님은 영원한 주체로서 '나'의 존재 근거다. 생명과 정신의 주체에 집중하는 그의 사유는 개별적·사적 자아에서 '전체 하나'로서의 하나님에게로 향한다.

다석에게 생각의 주체는 이기적 자아로부터 해방된 주체이며, 전체 하나인 하나님(하나님을 나타내는 예수)과 일치된 '나'다. 다석은 사람의 '나'를 생각의 주체로 하나님의 생명의 주체로 봄으로써 나와 하나님을 구별하면서도 일치시킨다. 생각하는 존재인 사람은 생각의 주체다. 사람을 생각하는 주체로 본 것은 사람을 이성(마음)의 자리에서 본 것이다. 하나님을 생명의 주체라고 한 것은 하나님을 생명 전체의 자리에서 본 것이다. 생명에는 몸, 맘, 얼의 세 차원이 있고 생명은 내적 통일성과 유기체적 전체성을 지니고 있다. 생각은 생명의 한 부분이면서 전체 생명을 소통시킨다. 생각하는 존재로서 사람은 생각의 주체이면서 생명의 주체다. 전체 생명의 주체인 하나님은 생각과 생명의 주체인 사람을 참된 주체가 되게 하는 근거이며 힘이다.

생명의 주체인 하나님은 주체이기 때문에 볼 수 없다. 따라서 육체로는 만나거나 볼 수가 없다. 육체는 '나'를 실은 수레이며 생각한다는 것은 육체의 생명 속에 있는 '내'가 깨어 있는 것이다. 생각함으로써 주체인 '내'가 깨어 있기 때문에 전체 생명의 주체인 하나님(신, 예수)이 있음을 알고 느끼고 경험할 수 있다. 내가 깨어 있으면 나를 살아 있게 하는 생명의 주체인 하나님도 살아 있음을 알 수 있다.

> 나는 생각의 주체이고 하나님은 생명의 주체다. …… 이 육체는 내가 아니다. 나를 실은 수레라고나 할까? 나, 예수, 하나님은 …… 보이지 않는 주체다. …… 주체이기 때문에 절대 볼 수는 없다. 그러나 생각을 한다는 것이 있다는 증거다. …… 내가 있으면 신도 있고 예수도 있다. …… 내가 있다는 것은 내가 깨었다는 것이다. 깨었다는 것이 생각이다.[22]

주체에 관한 다석의 생각을 다음과 같이 정리할 수 있다. "나는 생각한다. 그러므로 생각의 주체인 내가 있다. 생명의 주체인 하나님은 생각의 주체인 나보다 더 깊고 더 높이 있다. 생명의 주체인 하나님은 생각의 주체인 나의 뿌리이며 목적이다. 생명의 주체인 하나님을 알 수 있는 길은 생각하는 주체를 통해서 아는 길밖에 없다. 주체는 주체를 통해서만 알 수 있고 만날 수 있기 때문이다. 생각하기 때문에 생각의 주체인 내가 있고, 생각의 주체인 내가 있기 때문에 생각의 주체를 있게 하는 생명의 주체인 하나님이 있음을 알 수 있다."

### 몸에서 캐내는 생각

다석에게 생각은 주체의 행위이며 주체를 형성하는 행위다. 생명의 주체가 생각을 하고 생각은 또 생명의 주체를 형성한다. 생각은 생명의 주체가 자기를 형성하는 행위다. 생각이 형성해가는 생명의 주체는 물질적 이기심과 편견으로부터 해방된 주체, 하나님과 소통하고 일치하는 주체다.

그러나 인간의 생명은 몸, 맘, 얼이 통합된 것이고 하늘, 땅, 사람이 하나로 만난 것이다. 몸속에 맘이 있고 맘속에 얼이 깃들어 있다. 맘은 몸과 얼이 만나는 자리다. 생각은 물질과 몸의 구체적 생명 활동에서 유리된 추상적이고 사변적인 행위가 아니다. 다석은 생각을 몸에서 캐내는 것이라고 함으로써 생각이 몸의 생명 활동 속에서 이루어지는 것이며 생각에 몸이 실려 있음을 말했다. 『다석 일지』에 나오는 다음의 짧은 글은 몸과 맘, 나라와 하늘과 관련해서 다석이 '생각'을 어떻게 이해하고 쓰는지 알려준다. "몸에서 깨, 캐내는 생각으로 산 사람의 나라는 뭄이 고뭅."[23]

이 글에는 다석의 사상이 압축되어 있다. 몸은 맘을 품고 맘은 하늘을 품고 있다. 몸속 깊이 맘이 있고 맘속 깊이 하늘이 있다. 맘은 하늘을 잊고 몸(물질)의 잠에 빠져 있다. 맘이 몸의 잠에서 깨어나고 몸의 욕심과 집착에서 벗어나면 맘에 하늘이 열린다. 하늘은 맘속에 있다. '뭄'에서 'ㆍ'는 하늘을 나타낸다. 뭄은 하늘을 품은 맘이다. '고뭅'은 고마움을 뜻하기도 하고 '고만 맙시다'의 뜻으로 그치고 자족하는 것을 나타낸다.

몸에서 깨어나 몸을 떠나는 게 아니라 몸에서 캐내는 생각으로 살아야 한다. 참된 생각은 공허한 관념이나 난삽한 이론이 아니라 몸에서 캐내는 것이다. 몸에서 생각을 캐낸다는 것은 머리와 가슴만이 아니라 몸으로 생각한다는 것이다. 몸에서 캐낸 생각은 몸의 삶에서 길어낸 생각이고 몸의 체험과 깨달음이 실린 생각이다.

몸에서 캐내는 생각이라야 산 생각이고 나와 남을 살리는 생각이다. 몸의 욕심과 집착과 허영에 빠져 살면 맘이 몸의 종노릇을 하게 된다.

맘이 몸의 종이 되면 맘이 맘 노릇을 제대로 못 하고 거칠고 사납게 되고 분열에 빠져 미치고 만다. 맘이 거칠고 분열에 빠진 사람들의 나라는 자족할 줄 모르고 고마운 줄 모른다. 아무리 경제성장을 하고 복지제도를 잘 갖추어도 이런 나라는 행복할 수 없다. 몸에서 깨어 몸에서 캐내는 생각으로 산 사람의 나라에서는 사람들이 욕심과 사나운 주장을 그치고 서로 고마운 맘으로 살게 된다.

다석에게 생각은 몸과 맘과 하늘을 소통시킴으로써 아름답고 고마운 나라를 세우는 일이다.


## 3. 신통(神通)과 영감

다석의 사유는 이성의 차원을 넘어선다. 자아를 넘어서서 영원한 '나'인 하나님께 이른다. 다석의 사상은 '나'의 주체성의 문제로 귀결된다. 나의 주체성의 깊이와 높이에서 나의 속의 속에서 참되고 영원한 주체인 하나님을 만나려 한다. 다석에게 하나님이 있다, 없다 논란을 벌이는 것은 부질없는 짓이다. 하나님은 내 속의 속에서 나보다 참되게 계신 영원한 주체이기 때문이다. 하나님의 존재는 자연 만물처럼 객관적으로 검증할 수 있는 물질적 존재가 아니라 모든 주체의 깊이에서 주체적으로 있는 영적 존재다. 그래서 다석은 이렇게 말한다.

> 영혼이 있느냐, 마귀가 있느냐, 하나님이 있느냐 그런 생각은 객관적인 생각이요, 육체적인 생각이다. 객관이 아니라 주관이다. 마음, 생각, 말씀이 문제다. …… 생각, 올라가는 것이 문제다. 올라가면 참이다. '세상은

못됐다'하고 올라가면 시원하다. 마음이 한없이 넓어진다. 하늘로 머리를 들면 시원하다. 시원하니까 생각이 난다. …… 하나님의 주관이다.[24]

주체가 고양되고 해방될수록 생각이 잘 나고 깊어지며 생각이 깊어질수록 '참 나(주체)'인 하나님께 가까이 간다. '참 나'인 하나님을 찾고 하나님과 소통하고 사귀는 것이 사람의 본성이자 목적이며 사명이다.

### 신통: 궁신지화

다석은 말씀을 말숨이라고 한다. 말숨을 쉬는 것이 생각하는 것이다. "말숨 쉬는 것이 사람이다."[25] 말숨은 말씀의 근원인 하나님과 사람의 바탈이 통하는 일이다. "생각은 하늘과 통해서 쉬지 않고 원기(元氣)를 마시어 우리의 정신을 살린다. 원기는 성신(聖神) 같은 것이다. 하늘의 원기를 받아 사는 것이 행복하다."[26]

임을 생각하는 것이 임을 머리에 이는 것이다. 가장 소중한 임을 머리에 이기 위해서는 다른 모든 것은 머리에서 치워버려야 한다. 생각은 하나님을 머리에 이는 일이고 하나님과 통하는 일이다. 만물의 밑동과 근원인 사람이 제 속을 다 비워버리고 오직 하나님만을 머리에 이고 하나님과 통하면 만물과 통하게 된다. 하나님과 통하는 생각이 만물을 창조한 로고스(logos)이며 모든 종교의 근본 원리다. '생각'이 기독교에서는 사랑, 유교에서는 길(道), 불교에서는 법(法)이 된다.[27]

만물의 근원과 밑동인 인간은 제 속의 속에서 인간의 근원과 밑동인 하나님을 생각하고 탐구하는 존재다. "아버지를 그리워하고 맨 첨(太初)을 사모하고 진리를 탐구함은 어쩔 수 없는 인간성이다."[28] 인간이 자연 만물의 근원이자 밑동이고 하나님은 인간의 근원이며 밑동이다. 그러므로 인간이 하나님을 탐구해 하나님을 알면 인간 자신을 알게 되고 인간 자신을 알면 자연 만물의 물성과 이치, 변화를 알게 된다. 그래서 다석은 『주역』의 궁신지화(窮神知化)를 말한다. 하나님을 탐구하면(窮神), 자연 자체의 변화를 알게 된다(知化).[29] 하나님 탐구와 자연 탐구는 별개의 것이 아니다. 하나님과 사람의 본성은 통한다.

하나님과 사람의 본성이 통하지만 동일한 것은 아니다. 하나님은 사람의 본성 속의 속에 깊이 들어 있으며, 사람의 본성을 초월해 사람 본성 위에 있다. 사람이 하나님을 찾아 만나는 길은 제 본성 속을 생각으로 파고드는 수밖에 없지만 하나님 탐구는 사람이 절대자가 되려고 하는 게 아니다.

…… 절대자를 찾을 생각을 그만두고 자기가 절대자가 되려고 …… 지식을 가지고 자기 세력을 확충해 싸워가면 …… 입체에서 평면으로 미끄러진다. …… 사람은 절대를 찾아 자꾸 추리하며 찾아가야 한다. …… 비행기가 굴러가다가 날아오르듯이 사람은 추리하다가 초월하게 된다. 그리하여 영원한 세계로 직입(直入)하고 직관하게 된다.[30]

자기를 부풀리고 크게 해서는 절대자를 향해 날아갈 수 없고 영원한 세계로 초월할 수 없다. 자기의 중심을 한 점으로 찍고 버릴 것을 버리고 벗을 것을 벗어야 하나님 계신 빈탕한데로 날아올라 갈 수 있다. 다석이 하나님께로 초월하는 것은 자기 바탈을 파고드는 것이다. "초월해서 들어가는 것 같지만 사실은 자기 뿌럭지 밑동을 자기가 파고들어 간다. 아버지가 따로 계시지 않다. …… 속으로 들어가는 것이 아버지

께로 가는 길이다."³¹

신을 탐구하고 인간의 바탈을 탐구해서 신과 바탈에 통해야 한다. 신, 인간, 자연에 두루 통하는 것은 말씀이다. 생각은 말씀을 사르는 것이고 말씀은 두루 통해서 모두 하나로 통하는 '한통누리'를 이룬다.

> 하나님의 말씀은 우주에 찼다. 우주가 다 하나님의 말씀이다. …… 말이 통하고 이치가 통하고 신이 통하여 한통누리를 이루어야 한다. …… 마음이 뚫리고 앎음알이가 뚫려야 정말 속알이 엉큼엉큼 자라게 된다. …… 입에 밥이 통하고 코에 공기가 통하고 귀에 말이 통하고 마음에 신이 통한다. …… 우주와 지구를 통째로 싸고 있는 호연지기가 나다.³²

생각함으로써 하나님의 말씀에 통하면 말이 통하고 이치가 통하고 신이 통해 속이 뚫리고 자연 만물과 통한다. '나'는 우주를 싸고 있는 호연지기이고 신은 "없이 계신 분이다". 생각해서 호연지기와 통하고 빈탕한데 계신 신과 통하면 시원하다. 다석은 "(없이 계신) 신은 언제나 시원하다"고 말한다. 신에 통하면 영생에 이르고 "죽음은 없다".³³

생각하는 것은 신을 탐구해 신과 통하고 제 속이 뚫리고 자연 만물과 통해 자연 만물의 변화를 알게 되는 것이다. 생각을 궁신지화로 본 다석은 하나님을 탐구하되 감정적 신비주의에 빠지지 않는다. "신을 가까이 붙잡겠다면 안 된다. 신은 멀리서 찾아야 하며 그것은 학문이 되어야 한다." 인간으로서는 아무리 생각해도 '맨 첨', '전체', '완전'이신 하나님을 전부 알 수가 없다. "하나님의 생명은 내 생각보다 크다."³⁴ 그러므로 모르는 것을 모르는 것으로 남겨두어야 아는 것을 제대로 알 수 있다. 다석은 '모름직이(모름지기)'란 말을 '모름을 지킴'으로 풀이한다. "사람은 모름을 꼭 지켜야 한다." 모르는 것을 지켜야 아는 것을 알 수 있고, 알 수 있는 것을 알게 된다.35

## 데카르트와 숭산과 유영모

다석은 생각하는 것도 제사라고 했다. 생각은 내 존재의 끝을 불살라서 하나님께 드리는 향내 나는 제사라는 것이다. 생각을 하면 내 삶에서 향내가 나야 한다. 생각을 향기로운 제사로 이해한 사람은 다석뿐일 것이다.

소크라테스는 "나 자신이 무엇인지 모른다"는 것을 안다고 했다. 다른 사람들은 자신이 무엇인지 모르면서 아는 것으로 착각하는데 소크라테스는 자신에 대해서 모르고 있음을 안다는 것이다. 서양 철학의 중심에는 이성이 있다. 그리고 이성에 대한 신뢰가 깊다. 이성적인 논리와 추론에 의해 모름에서 앎으로 나가자는 것이 소크라테스의 기본 생각이다. 데카르트(René Descartes)는 "나는 생각한다. 그러므로 존재한다"고 했다. 감각이나 현상세계는 믿을 수가 없는데 '생각하는 나' 자체는 부정할 수 없으니까 생각하는 내가 있는 한 '나는 존재한다'고 보았다. 데카르트는 '나'의 존재를 자명한 것으로 전제했다.

숭산 스님은 선불교를 30년 동안 미국과 유럽에 포교해 5만 명의 제자를 냈다. 숭산 가르침의 핵심은 '오직 모를 뿐, 오직 할 뿐'이다. 즉 '생각을 끊어버려라! 생각을 끊어야 나 자신과 삶으로 돌아올 수 있고 행동을 잘할 수 있다'는 것이다. 그래서 선불교에서는 '오직 모를 뿐, 오직 할 뿐'을 강조한다. 모름을 지켜야 이 순간의 삶 속으로 들어갈 수 있다. 헛된 생각, 잡생각, 근심과 걱정을 지워버려야 한다. 마당 쓸 때는 잔머리 굴리지 말고 마당만 쓸고, 차 마실 때는 차만 마시고, 남의 얘기 들을 때는 남의 얘기만 들어야 한다. 그래야 삶 속으로 들어갈 수 있다.

숭산은 데카르트의 '나는 생각한다. 고로 존재한다'는 말을 뒤집어 "나는 생각하지 않는다. 그러므로 나는 없다. 내가 없어져야 비로소 참 삶을 살 수 있다"고 했다. 내가 없어야 비로소 내 안에서 '참 나'를 볼 수 있다는 것이다. 숭산의 이 말에 서양의 지성인들은 충격을 받았다. 생각하는 이성을 신뢰하고 이성적 자아에 매여 사는 서양 사람들의 사유와 논리로는 숭산의 주장을 반박할 수도 이해할 수도 없었을 것이다.

다석의 사상은 숭산의 사상과 통하면서도 다르다. '오직 모를 뿐'을 강조하는 것은 같은데 다석은 '생각하지 않음'에 머물러 있지 않다. 다석은 생각을 넘어서면서도 생각을 중요하게 여긴다. 다석의 생각은 생각을 넘어서는 생각이다. 생각을 뛰어넘으면서도 글자와 말을 갖고 씨름하면서 글자와 말에서 깊은 생각을 이끌어낸다. 다석의 정신세계는 매우 역동적이며 넓고도 깊다. 그의 사상은 추리(推理)와 영감, 이성적인 생각과 영성적인 깨달음을 아우르는 사상이다. 다석은 비행기가 활주로를 달리다가 하늘로 올라가듯이, 논리적인 추리를 하다가 영적 깨달음에 이른다고 했다. 다석의 생각은 이성과 영성이 통합된 것이다.

### 철학과 종교의 통합

이성과 영성을 통합한 다석의 사상은 큰 의미가 있다. 인간의 이성과 영성이 분리되면 인간의 정신은 자기 분열에 빠지고 영성의 진리를 추구하는 종교와 이성의 진리를 탐구하는 철학이 분리되면 문명사회는 스스로 무너진다. 기축 시대(Axial Age) 이래 종교와 철학이 분리됨으로써 인류의 정신사는 사상적 분열과 혼란 속에서 정신의 힘과 지혜를 낭비하며 헤맬 수밖에 없었다. 인류가 건전한 정신을 가지고 온전한 문명사회를 이루어가려면 이성과 영성의 통합, 철학과 종교의 소통을 위해 학문적 노력과 구도자적 탐구에 힘써야 할 것이다. 이성과 영성을 통합하는 다석의 철학과 사상은 이러한 학문적 노력과 구도자적 탐구의 귀감이 된다.

다석에게는 학문 연구와 깨달음의 법열(法悅)과 건강한 맥박이 하나로 통했다.

> 학문을 낳지 못하는 신앙은 미신이다. 하나님 아버지의 신비를 찾는 일은 그것이 학문을 낳는 데 있다. 하나님 아버지를 깨달은 이는 연구에 연구를 계속해 학문이 그대로 기도가 되어야 한다. 기도는 보편적이고 심오한 추리가 되어 우리의 정신 생명이 최고의 활동을 해야 한다. 추리가 영감이 되어 진리를 깨닫고 법열을 체험할 때 우리의 건강한 육체의 맥박이 하나님을 찬미하는 반주가 될 것이다.[36]

이성의 학문으로 신앙을 모두 해명할 수 없지만 학문을 배제한 신앙은 참된 신앙이 아니다. 유영모는 생명과 정신의 깊은 자리로 들어갔기 때문에 몸과 이성, 영성이 하나로 만나는 경지에 이르렀다. 학문은 기도가 되고 기도는 추리가 될 때 진리를 깨닫고 법열을 체험하며, 건강한 육체의 맥박은 하나님을 찬미하는 반주가 된다. 유영모뿐 아니라 누구나 몸과 이성과 영성이 하나로 뚫리고 통하는 신통하고 도통한 지경에 가야 구원을 얻는다.

제3장

# 생명 사상

1. 생명의 본성과 진실
2. 생명의 때
3. 생명의 전체성
4. 생명의 자유:
   맘대로 하고 몸대로 되게

유영모는 생명을 물질과 정신의 결합으로 보고, 생명이 물질(땅, 몸)에서 정신(하늘, 영)으로 고양되는 과정 속에 있다고 보았다. 생명 진화의 역사는 땅(물질)에서 하늘(정신)로 솟아올라 가는 과정이며, 하늘과 땅 사이에 곧게 선 인간은 이러한 생명 진화의 과정과 목적을 성취하고 완성해가는 존재라는 것이다.

## 1. 생명의 본성과 진실

### 생명은 솟아올라 앞으로 나가는 것이다

생명은 물질의 차원에서는 땅과 몸에 뿌리를 두고, 정신의 차원에서는 하늘(神靈)의 본성을 품고 하늘을 지향한다. 인간은 하늘과 땅 사이에 곧게 서서 자신의 삶 속에서 하늘과 땅과 인간을 통합하고 하늘로 솟아올라 가는 존재다. 인간은 생명 진화의 과정을 자신의 삶 안에서 완성시키며 하늘로 솟아올라 주체와 전체를 통합한다.

땅(물질, 놈)에서 하늘(영, 신)로 올라가는 것이 인생이고 인생의 과정에서 물질과 생명의 발전 법칙과 이치가 실현된다. 따라서 유영모는 인생이 '모든 신비와 진리의 세계로 들어가는 문〔衆妙之門〕'이라고 했다. 지식의 대통합은 유전공학이나 생명공학의 원리로 환원시킴으로써 이루어질 수 없고, 인생이 신을 탐구하며 올라갈 때 생명과 만물의 법칙과 지식이 드러나고 하나로 통합된다.

### 이제, 여기의 나

우주는 끊임없이 움직이며 몸속의 피도 돌아가고 있다. 우리의 삶이 머무르는 곳은 없다. 내가 사는 이제 여기의 시간도 머무름 없이 흘러갈 뿐이다. 나는 이제 여기에 살면서도 이제 여기에 머물 수 없다. "영원한 미래와 영원한 과거 사이에서 '이제 여기'라는 것이 접촉하고 있을 뿐이다. 과거와 미래의 접촉점이 '이제 여기'인 것이다. 그 한 점이 영원한 미래를 향해 가고 있다."[1]

모든 생명체는 저마다 '나'를 지니고 있으며, 모든 삶은 지금 여기에 사는 '나'의 삶이다. 다석은 '나의 삶'에 집중하고 '나'를 파고든다. 그에 따르면 "이제 여기에 나는 없다". '나'는 영(零), 제로(zero), 무(無)다. '나'는 '이제', '여기'의 점(點)일 뿐 시간과 공간을 쓸 수 없다. 자리만 있을 뿐 없는 존재다〔位而無〕. 하나의 점인 나는 아무런 소유도 권리도 없는 존재다. 다석은 이렇게 말한다. "나는 오십 평생 시간과 공간을 마음대로 쓰는 것으로만 여겼었다. …… 시간에 공을 쌓고 공간에 덕을 펼 줄로 여겼었다. 틀 두어 개를 여기 내어놓고 앞서 살림을 파산하겠다."[2] 다석은 공을 쌓고 덕을 펴려고 노력해온 삶에 대한 파산 선언을 한다. 지금 여기의 시간과 공간이 덧없이 흘러가고 끊임없이 변하기 때문이다.

나의 밖에 무엇을 쌓거나 이루려는 노력을 포기한 다석은 '나' 자신에게 집중한다. 내가 중요하고 내가 문제다. 그런데 내게는 시간도 공간도 없다. 있는 것은 점으로서의 '나'밖에 없다. 그리고 '내'게는 '이제'밖에 없다. 다석은 '이제'와 '나'를 맞대 놓는다. '나'는 옥이고 '이제'는 옥을 가는 돌이다. 이제 이 순간의 시간은 '나'를 가는 돌이다. 오직 이제 이 순간의 시간만이 '나'를 갈 수 있다.

다석은 사는 동안 한순간도 허비하지 않고 순간순간의 시간을 나를 갈고 닦는 때로만 보내면서 100년 세월을 보내려 했다. 그는 이런 생각을 시조로 썼다. "이제랄(이제를) 돌 삼아서 '내'란 옥을 닦으런다. 그제 저젠(그제 저제는) 못 좇나니 오직 이제 내 때로다. 사는 날 닦는 때로만 우리 백년 하리라."[3] 지나간 시간인 '그제, 저제', '그때', '저 때'는 '나'를 갈 수 없다. 오직 이제만이 나의 때이고 나를 가는 때다.

이 시조를 한문으로도 썼는데 한문의 표현이 다석의 생각을 좀 더 분명히 보여준다. "이제라는 돌로 나라는 옥을 일생 동안 갈 것이다. 해를 삼키고 달을 토하면서 100년 동안 빛을 내리라〔今石我玉 一生攻. 呑日吐月百年光〕." 다석은 '이제'로 '나'를 닦아서 늘 빛나는 삶을 살려 한다. 나 자신을 닦고 새롭게 하는 것만이 중요하고 보람 있는 일이다. 지금 이 순간의 시간으로 평생 '나'를 갈고 닦으려는 자세는 그의 치열한 인생관을 보여주며, 100년 동안 해를 삼키고 달을 토하면서 빛을 낸다는 말은 사람이 시간의 주인과 주체일 뿐 아니라 우주의 주인과 주체임을 나타낸다.

인간이 시간과 우주의 주인과 주체라는 말은 매우 제한된 의미에서만 인정될 수 있다. 인간 존재는 시간과 우주의 한 점에 지나지 않기 때문이다. 지금 여기의 한 점으로서의 자기 자신에게 충실할 때만 시간과 공간의 주인으로 살 수 있다. 지금 여기를 넘어서, 한 점으로서의 자기 존재를 떠나서 무한한 시간과 무한한 우주 속에 자기를 펼치고 시간과 공간을 차지하려 하면 인간은 시간과 공간으로부터 사정없이 버림을 받는다.

다석에 따르면 시간과 공간의 주인은 하나님이다. '나'는 쌓으려거나 이루려는 욕심을 버리고 오직 주님이 이루신 일에 감격하고 숨 쉴 뿐이다.

> 시영(時永), 공원(空遠)을 그대로 주관하실 이는 하나님이시다. 위치만 있고 없는[位而無] 내가 주(主)하면 시간은 '이제'란 칼날로 닿고, 공간은 '여기'란 이빨로 물어 넘긴다. 금인(今刃, 이제의 칼)에 깎이고 자치(茲齒, 여기의 이빨)에 씹히는 인생이다. …… 인제 붙어는 나는 쌓으려 일우려 안 한다. 주께서 이미 풍후히 쌓으시고 완전히 일우셨다. 그것을 어떻게 하면 더 감격하느냐, 더 소식(消息)하느냐가 소원[願]이오, 기도[禱]다.4

[새김 글] 시영(時永)은 영원한 시간이고, 공원(空遠)은 원대한 공간이다. 시간과 공간의 한 점에 지나지 않는 인간은 영원한 시간과 원대한 공간을 차지할 수 없다. 사람인 '나'는 위치만 있고, 자리는 없는 존재다. 그런 '내'가 시간과 공간을 차지하고 주인 노릇을 하려 하면 지금 이 순간의 시간인 '이제'가 칼날처럼 다가오고 '여기'라는 공간이 나를 물어뜯는다. 인생은 한 점으로서 이제 여기에 충실하게 살아야 한다. 인생이 만일 이제 여기를 넘어서 살려고 하면, 인생은 이제의 칼에 깎이고 여기의 이빨에 씹힌다.

그러므로 나는 시간과 공간에 무엇을 쌓으려고도 이루려고도 하지 않는다. 이미 시간과 공간의 주인이신 하나님이 시간과 공간 속에 풍부하고 넉넉하게 쌓아놓고 이루어놓으셨다. 나는 시간과 공간의 한 점으로서 이제 여기서 하나님이 이루시고 쌓으신 것에 감격하면서 깊고 편안히 숨 쉬려고 한다.

## 2. 생명의 때

유영모는 생명을 주체적·현재적으로 파악했다. 생명은 언제나 '이제 여기의 나'로만 존재한다. 과거의 생명은 과거에 있었던 생명 존재의 '이제, 여기의 나'일 뿐이고 미래의 생명은 미래에 있을 생명의 '이제, 여기의 나'일 뿐이다. 생명은 시간과 공간의 연장이 허락되지 않고 오직 순간에만 존재한다. 위치만 있고 아무것도 없는 존재다〔位而無〕. 주어진 순간만이 '나의 삶'에 허락된다. 이제 이 순간의 '때'가 '나의 때'이고 '나'의 '때'이므로 흥겹고 자유롭다.

### 이제는 사는 이의 때

시간과 공간의 연장에서 벗어나 이제 이 순간만을 나의 시간으로 받아들이면 나 밖의 속박과 매임에서 자유로워지고 내가 나가 되어 나답게 신이 날 수 있다. 이제에 사는 사람은 아무 걸림이 없고 자기의 때를 사는 것이므로 흥겹고 자유롭다. 다식은 『시경(詩經)』의 시(詩)는 시(時) 또는 시(是)와 통한다면서 이제의 삶이 나 자신의 자유롭고 흥겨운 삶이라고 한다.

시축(詩軸)이 서 가지고야 올〔理〕이고 이〔是-〕고가 날 것입니다. 시(詩)는 일어나는 짓거리입니다〔興於詩〕. 시경(詩經)에 시(時), 시(是)로 통합니다. 사는 때는 사는 이의 때, 이때, 제때-이제-ㅂ니다. 이것이 목숨의 올〔命理〕이요, 살라는 말씀〔生命〕입니다. 이 말씀을 듣고 짓이 안 날 놈이 어디 있겠으며 제로라 일어나지 않을 이가 있으리까? …… 인생은 시(詩), 시(時), 시(是)-이젭니다. …… 제가 이제 사는 것 …… 아까는 죽은 이제, 이 담은 못난 이제를 따지느라 생(生) '이제'를 드리럴〔드리려 할〕 '이'는 없겠습니다. 그러므로 이는 이제 살았습니다.[5]

| 새김 글 | 속 생명의 기쁨을 노래하는 정신의 중심이 서야 이치를 따지고 옳고 그름을 따질 수 있을 것입니다. 속 생명의 기쁨을 노래하는 시(詩)는 속에서 흥겨워서 일어나는 짓거리입니다. 시경(詩經)에 보면 속 생명의 흥을 노래하는 시(詩)는 때를 나타내는 시(時), 옳음을 나타내는 시(是)와 통합니다. 사람이 사는 때는 사는 이의 때, 이때, 제때-이제-입니다. 이제 이 순간을 자신의 때로 사는 것이 목숨의 근본 원칙이요 삶의 근본 명령입니다.

이 말씀을 듣고 신이 나지 않을 사람이 어디 있으며 "나는 나!"라며 일어나지 않을 이가 어디 있겠습니까? 인생은 시(詩)요, 때〔時〕요, 옳음〔是〕이고 이제입니다. 인생은 제가 이제를 사는 것입니다. 아까(과거)는 죽은 이제이고 이다음(미래)은 못난-아직 태어나지 못한-이제입니다. 죽은 이제와 못난 이제를 따지느라고 살아 있는 '이제'를 희생시킬 '이'는 없을 것입니다. 그러므로 이는, 이 사람은 이제

살았습니다.

살아 있는 나에게 주어진 시간은 이제밖에 없다. 이제만이 살아 있는 시간이다. 이제는 살아 있는 나의 때, 나를 위한 때다. 내가 나를 위한 나의 때를 사니 신나고 즐겁다. 저절로 시(詩)가 나오고 노래가 나온다. 이제가 있어서 내가 이제를 사는 게 아니라 내가 있어서 이제가 있고 내가 살아 있기 때문에 이제가 살아 있는 때가 되는 것이다. 이 세상에 모든 '나'가 없다면 이제도 없고 모든 '나'가 죽었다면 이제도 죽은 것이다. 살아 있는 사람만이 이제를 제때로 살 수 있고, 살아 있는 사람에게는 이제가 산 때가 된다.

예수는 예수의 때를 살고 나는 나의 때를 살아야 하며, 석가는 석가의 삶을 살고 나는 나의 삶을 살아야 한다. 내가 내 때에 나의 삶을 산다는 것은 내 생명의 본성인 감성, 지성, 영성의 꽃을 피우고 열매를 맺는 것이다. 내가 내 생명의 씨알맹이를 싹 틔우고 꽃 피우며 살면 보람 있는 삶을 아름답게 살 수 있을 것이다. 내가 나를 사는 것이니 기쁘고 신이 나지 않을 수 없다.

### 하루살이

이제 이 순간을 자신의 때로 살았던 유영모는 하루를 일생처럼, 순간을 영원처럼 살았다. 하루의 순간순간에서 신적인 영원과 무한한 전체(하늘)로 들어가려고 했다. 유영모는 이러한 하루살이의 철학을 '오늘'이라는 말에서 찾았다. '오늘'에 대한 유영모의 말놀이는 유영모의 생명 철학을 압축적으로 나타낸다. 유영모는 '오늘'을 '오! 늘'로 풀이했다. 오늘을 감각 속에서 늘(영원)을 만나는 날로 본 것이다.

이것은 '오늘'의 어원과는 관계없는 풀이지만 깊은 의미를 지닌다. 오고 또 오고, 가고 또 가는 오늘 하루의 덧없는 삶에서 변함없는 늘(영원)을 붙잡자는 것이다. 변함없는 '늘'을 붙잡으면 '늘'은 '늘어나고' 늘어나면 '늘늘이야(닐리리야)' 신이 난다고 했다.[6] 덧없는 삶 속에서 북극성처럼 변함없는 진리(사랑과 정의)를 붙잡고 살 때 삶은 늘어나고 신이 난다.

생명의 주체(개체)는 생명의 전체(하늘)와 직결된다. 순간에서 영원을, 주체로서 전체를 살려고 했던 유영모는 "내가 길이요, 진리요, 생명이다"라고 한 예수의 말을 자신의 말로 받아들였다. 생명의 주체인 내게서 길과 진리와 생명이 시작되고 결정된다. 개체와 전체를 꿰뚫는 '나'가 변함없는 영원한 생명이고 진리다.

## 3. 생명의 전체성

### 숨: 생명과 얼의 줄

주체로서 전체를 살았던 다석은 흙과 숨과 얼이 하나로 이어져 있다고 보았다.

> 흙이 우리의 오 척 몸뚱이를 일으켜 세웠다. 대기(大氣)의 산소가 사람 노릇 하라고 자꾸 내 호흡을 시켜준다. 그러한 가운데 마음은 만고(萬古)의 옳은 뜻에 가서 젖으면 이 목숨이라는 것에 영원한 얼이 일어난다.[7]

몸은 흙에서 난 것을 먹고 자란 것이다. 하늘의 기운이 몸으로 숨을 쉬게 해 생명이 되게 한다. 하늘이 그리워 숨을 쉬는 생명에는 마음이 있다. 옳은 뜻은 전체의 마음이다. 개체는 죽지만 전체는 영원하다. 얼은 전체에 산다. 마음에 옳은 뜻이 깃들면 얼이 생겨난다. 그래서 목숨에 영원한 얼이 있다.

유영모는 생명의 근본을 숨으로 보았다. 살림의 근본은 숨이다. "삶은 숨이 위주요, 살림(집, 솥)은 먹는 게 위주다."[8] 숨에 기초한 삶은 하느님의 능력과 은혜, 대자연의 생명력에 의지한 것이다. 숨은 몸과 마음, 물질과 영, 땅과 하늘을 이어준다. "숨줄은 하늘에서부터 내려온 것"[9]이다.

숨은 몸의 생리작용만이 아니라 우주적이고 영적인 생명 원리다. 유영모는 "몸이 숨을 쉬듯이 우주도 숨을 쉰다. 성신도 숨을 쉰다. 성신의 숨 쉼이 말씀이다"라고 했다. 유영모는 숨은 생명의 불꽃을 일으키는 풀무질이며, 숨 쉬고 생명의 불꽃을 피움으로써 "미래와 과거의 영원에 접촉하고 있음을 느낀다"고 했다. 숨은 하늘로 솟아오르는 일이다. 숨과 생명은 거룩한 영과 통하고 영원과 닿아 있다. 유영모는 우주는 숨이고 하나님(성령)은 숨님이고 '나'는 숨 쉬는 점(·)이라고 했다.[10] 사람의 목숨은 처음부터 이어온 생명의 실올이며, 하늘에서 타고난 생명이고 하늘에 이르러 완성하려는 바람과 사명을 가진 것이다.

숨을 잘 쉬면 정(精)을 단련해 기(氣)를 닦아내고 기운이 닦여서 지혜인 신(神)이 나온다. 물질인 몸, 생각하는 정신, 하느님과 소통하는 영이 하나로 통하고 이어진다. 물질과 정신과 영을 이어주고 통하게 하는 줄이 숨이다. 깊은 숨은 영원한 쉼〔安息〕, 영원한 얼에 이른다. 유영모는 얼김〔靈氣〕이 코로 들어가 뱃심이 되고 우주 무한대(無限大)의 호연지기와 하나가 된다고 했다. 인간의 몸에서 우주 생명의 율동을 느낀다. 몸은 얼의 모체이고 덕의 그릇이며 수레라고 했다.

유영모는 숨을 몸으로 쉬는 목숨, 말과 생각으로 쉬는 말숨, 위(上)의 하늘과 소통하는 우숨(얼의 숨)으로 구분했다. 말숨은 생각을 말로 나누고 소통하는 것이다. 이웃과 말과 생각을 나누지 못하면 말이 막히고 생각이 막혀서 마음이 시들고 죽는다. 우숨은 위를 쉬는 숨인데 우리말로 웃음과 같은 말이다. 남을 비웃는 웃음이 아니라 하늘과 통해서 나오는 웃음은 물질과 현실의 조건을 초월한 우숨이 될 것이다. 목숨과 말숨과 우숨이 하나로 통한다. 우리가 쉬는 숨에는 영원한 생명에 대한 그리움이 담겨 있다.

유영모에 따르면 도(道)는 "코로 숨 쉬고 흙(몸)으로 흙(밥)을 빚는 것"이다.[11] 밥은 흙에서 나왔고 밥을 먹고 사는 사람의 몸도 흙으로 이루어졌다. 사람이 밥을 먹고 소화·흡수·배설하며 사는 것은 흙으로 흙을 빚는 것이다.

성경에서는 하나님이 흙으로 사람의 몸을 빚고 코에 생기를 불어넣었다고 했다. 밥 먹고 소화·흡수·배설하는 것은 흙으로 흙(사람 몸)을 빚는 것이고 코로 숨 쉬는 것은 하늘의 생기를 마시는 것이다. 그렇다면 숨 쉬고 밥 먹는 것이 사람을 창조하는 것이다.

다석이 말했듯이 숨 쉬고 밥 먹는 것이 사람을 만들고 사람이 되는 길〔道〕이다. 숨을 바로 쉬고 밥을 바로 먹으면 몸이 성하고 몸이 성하면 마음이 놓이고 마음이 놓이면 바탈(뜻)을 불태워 바탈을 탈〔乘〕 수 있다. 바탈을 타면 감성과 지성과 영성이 발현되어 예술, 학문(과학, 철학), 종교(신학)가 발달한다.

숨은 서로 영향을 주고받는다. 숨을 소식(消息)이라고 하는데 소식은 '생활동정(生活動靜)'이고 한 사람의 생활동정은 뭇 사람에게 영향을 준다. 다석은 생활동정의 핵심은 숨을 잘 쉬는 것이고 숨을 잘 쉬면 다른 사람에게 영향을 준다고 했다.[12]

숨은 생명의 전체를 하나로 이어주고 하나로 통하게 한다. 숨은 하늘과 땅과 사람을 하나로 잇는 것이고 몸과 맘과 얼을 하나로 통하게 하는 것이며 사람과 사람을 소통하게 하는 것이다. 내가 숨을 깊고 편하게 쉬면 온 세상이 평안하고 나와 이웃이 평안하다.

### 생명의 불꽃: 생각

생명은 스스로 피어오르고 자신을 불사름으로써 불타는 불꽃이다. 다석은 생명을 포함한 우주 만물과 하늘의 별들이 자신을 불사르며 제사 지낸다고 했다. 그뿐 아니라 인간의 숨도 제사 지내고, 허파와 염통은 밥을 태워서 정(精)과 기(氣)와 신(神)을 얻는 제사를 드린다. 자연 만물이 서로 먹이가 되고 희생함으로써 서로 깨끗하고 풍성하게 한다〔自然相贖殷〕.[13]

유영모는 생명의 불꽃 가운데 불꽃은 '생각'이라고 했다.[14] 생각은 삶과 정신을 불사르고 새롭게 형성한다. 생각은 이성의 일일 뿐 아니라 생명의 일이고 영의 일이다. 유영모는 추리(推理)를 하다 보면 영감에 이른다고 했다. 생각은 생명의 일이며 몸과 목숨에서 나오는 행위다. 생각은 사랑 안에서 하늘(하나님)을 그리워해 불타오르고 하늘과 소통하는 것이다. 생각에 대한 이런 이해는 적어도 생각에 대한 서양 근대 철학의 이해와는 아주 다르다. 서양 철학이 전반적으로 그런 경향이 있지만 특히 서양 근대 철학은 삶과 사유, 이성과 영성을 분리시키는 경향을 보인다. 유영모는 삶과 사유, 이성과 영성(종교)을 통합한다.

생각은 '나'의 존재의 끝을 불사르고 끊임없이 '나'를 낳는 것이다. 생각함으로써 '나'는 새롭게 태어나고 위로 솟아오르고 앞으로 나아간다. 생각은 신(하늘)과 소통함으로써 생명(진화)의 목적을 성취하고 천지인(天地人)의 우주적 합일에 이른다. 신과 소통하기 위해서는 생명을 고착시키는 탐욕과 분노와 어리석음, 온갖 편견과 고정관념을 깨트려야 한다. 생각한다는 것은 자아의 중심에 돌덩이처럼 굳어 있는 욕심과 어리석은 감정, 잘못된 고정관념을 뚫는 것이다.

유영모는 인간의 마음이 우주의 중심이라고 보고 중용을 '줄곧 뚫림'이라고 풀이했다. 인간의 마음속을 뚫어서 위로는 하늘(하나님)과 통하고 옆으로는 인간과 만물에 통하는 것이 중용이고 인생의 목적이다. 생각한다는 것은 자기의 속을 줄곧 뚫어서 신과 소통하는 것이다.[15]

이런 관점에서 생각은 생명의 중심에서 막힌 속을 뚫음으로써 생명 전체가 시간적으로 그리고 우주적으로 하나로 통하게 한다. 생각한다는 것은 마음의 통일된 초점을 만드는 것이고 과거, 현재, 미래를 하나로 뚫는 것이며 자연 생명, 인간 생명, 신적 생명이 하나로 통하는 것이다.

## 4. 생명의 자유: 맘대로 하고 몸대로 되게

하루를 영원처럼 살았던 다석은 지금 여기 이 순간에서 주체로 자유롭게 살고자 했다. 나는 시간과 공간의 한 점에 지나지 않지만 내 속에 우주의 중심이 있다고 생각했다. 한 점에 지나지 않기 때문에 '나'는

'없음'과 '빔〔空〕'을 지닌 존재이고 없음과 빔을 지녔기 때문에 무한 우주를 하나로 품을 수 있다. "이 무한 우주의 테두리가 내 속에 있는 한 점(얼)과 같다. 이 무한 우주의 중심이 내 속에 있는 한 점이다. 남의 것이 아니라 바로 내 것이다. 이 한 점이 바로 된 데가 본 내 자리다."[16]

'없음'과 '빔'이 무한한 우주의 테두리인데 내 마음속에 '없음'과 '빔'이 있다. 내 속의 '없음'과 '빔'에 있는 얼이 무한 우주의 테두리이며 중심이다. 이것이 바로 '나'이고 내 자리다. 그러므로 나는 아무것에도 매이거나 걸림 없이 자유롭다.

그런데 무한 우주를 품은 인간의 삶이 왜 무력한가? 지금 여기 이 순간의 삶에 충실하지 않기 때문이다. 다석에 따르면 인생이 무력한 이유는 과거사를 지나치게 과장하고 현재사는 비판하지 않고 장래사에 신념이 없는 탓이다.[17]

> 과거는 과장하지 마라. 지나간 일은 허물이다. 나도 조상보다 낫다. 순(舜)은 누구요 나는 누구냐? …… 죽은 이들은 가만 묻어두어라. 족보를 들추고 과거를 들추는 것은 무력하다는 증거다.

유교 전통의 중국에서 이상적인 임금으로 여기는 순 임금보다 내가 낫다면서 "죽은 이들을 가만 묻어두어라"라고 선언한 것은 신분과 족보를 내세운 양반 문화에 대한 통렬한 비판이다. 지금 여기 나의 삶은 누구나 평등하고 자유로운 삶이다. 그러나 현재의 삶은 과거에 매여 있고 세상의 질서에 붙잡혀 있다. 그러므로 "현재를 비판하라. …… 학문을 통해서 현재를 비판하지 않으면 현재는 죽어버린다". 그리고 미래에 대해서는 적극적으로 나아가야 한다. "미래는 관(觀)을 가져라.

인생관, 세계관, 관념을 가지고 전체적으로 세밀히 계획을 세워야 한다. 관념이 없으면 미래가 죽는다. 과거에 겸손하고 현재에 비판적이며 미래는 계획적이어야 한다."[18] 지금 여기서 삶의 중심을 붙잡고 앞으로 나아가야 한다.

지금 여기의 삶에서 힘 있게 앞으로 나가려면 어떻게 해야 할까? 과거를 묻어 두고 현재를 비판하고 미래를 계획하고 앞으로 나가려면 유영모는 일[事]에 매이지 말고 생각해야 한다고 말한다. "생각하는 것이 바로 생명이다. 일은 곧 죽는 것이다[想是生命也 事則死也]."[19] 일은 목숨 걸고 힘을 다해서 하는 것이고 뜻하는 목적을 이루기 위해서 섬기는 마음[事]으로 하는 것이다. 일은 나를 잊고 나를 바치며 해야 하지만, 어디까지나 일은 끝내야 하는 것이고 일이 끝나면 일은 지나간다. 일에 매달리고 일에 집착하면 살 수 없다. 갈수록 지치고 힘을 잃는다. 그러므로 유영모는 일은 곧 죽는 것이라고 했다. '내'가 죽어야 제대로 일을 할 수 있고, 일의 노예가 되면 생기를 잃고 죽게 된다. 일은 밖에서 힘을 쓰는 것이고 생각은 속에서 힘을 쓰는 것이다. 내 마음속에서 내가 할 수 있는 것은 생각뿐이다. 바깥일에 대한 잡념과 망상, 번민과 고민에 빠지면 죽어가지만 생각으로 내 속을 내가 파고들어 가면 생명의 샘물이 솟고 생기가 뿜어 나온다. 나를 깨워 일으키고 살리는 것은 생각뿐이다. 생각은 생명을 살리는 것이다. 과거 일, 현재 일을 생각하면서 굳센 신념을 가지고 미래 일을 계획하면 살 수 있다.

유영모는 물질에 매인 자아의 속을 뚫고, 자아를 불태워서 하늘(하나님)과 통하고 사귀면 하늘의 아들[딸, 天子]이 된다고 했다. 하늘의 아들이 되면 땅의 물질과 현실에서 자유로워지고, 우주 만물의 주인이 되어 자유로운 삶에 이른다는 것이다. 유영모는 하늘과 사귀는 것을

'빈탕한데 맞혀 놀이' 또는 '하늘의 아들(딸)로서 하늘을 어버이로 섬김〔親天〕'이라고 했다. 하늘과 사귀어 하늘의 텅 비고 활짝 열린 세계에 이르면, "맘은 맘대로 하고 몸은 몸대로 된다". 마음의 자유 속에서 내가 완성되고 몸은 몸의 본성과 이치에 따라 실현되고 완성된다. 정신은 정신대로 자유롭게 완성되고 물질(몸)과 일은 물성과 이치에 따라 완성에 이른다. 생명의 물질적 차원인 몸과 정신적 차원인 맘이 함께 실현되고 완성된다.

몸을 가진 유한한 인간, 하나의 작은 씨올인 인간이 '빈탕한데'의 하늘에서 놀이를 하는 것은 어린아이처럼 작고 겸허한 자세로 사는 것이며, 하늘의 본성인 사랑과 정의〔仁義〕에 따라 생명을 살리고 돌보는 것이다. 유영모가 말하는 '하늘과 사귐〔親天〕'의 삶은 세상과 역사에 초연하거나 세상 위에 군림하는 초인의 삶이 아니다. 하늘의 영원한 생명을 품었으나 땅의 흙 속에 묻힌 씨올처럼 작고 겸허한 초인이며, 남을 섬기고 살리고 앞세우며 남과 더불어 사는 천자이고 민주(民主)다.

제4장

# 민중 이해

1. 배경과 역사
2. 민의 눈으로 민을 보다
3. 민이 주다[民主]

## 1. 배경과 역사

**동서 문명의 만남과 민중의 자각**

유영모의 민중 이해는 나라가 망하고 민중의 각성과 민주화 운동이 힘차게 전개된 한국 현대사의 특수성과 동서 문명이 합류하는 세계사적 보편성에 비추어 살펴보아야 한다. 조선왕조가 몰락하고 일제의 식민 통치로 넘어가는 시기에 독립협회와 만민공동회를 통해 민중의 동적 자각과 역사 참여가 이루어졌다. 일제의 식민 지배로 넘어가는 과정에서 안창호가 신민회(新民會)를 조직하고 신민회의 정신에 따라 이승훈이 교육입국(敎育立國)의 이념을 표방하는 오산학교를 설립했다. 오산 중학교에서 유영모와 함석헌이 만났고 후에 씨올 사상을 형성했다.

신민회는 '민'을 나라의 주체와 토대로 보고, 민을 새롭게 하고 바로 세우는 것이 나라를 되찾고 살리는 길이라고 보았다. 안창호와 이승훈은 지극정성으로 겸허하게 민중 한 사람 한 사람을 일깨워 "덕스럽고, 슬기롭고, 힘 있게" 하고자 힘썼다. 덕스럽고 슬기롭고 힘 있게 되는 주체는 민중 자신이다. 민중 교육자가 민중을 깨울 수는 있으나 깨어서 일어나는 것은 민중 스스로 해야 한다.

따라서 민족 교육자는 민중을 가르치고 각성시킬 때 어디까지나 민중을 섬기는 겸허한 자세로 할 수밖에 없다. 안창호와 이승훈은 민주정신과 기독교 신앙으로 민을 깨우기 위해 민을 받들어 섬겼다. 안창호는 민중에게 절하며 깨우쳤고 이승훈은 더럽고 천한 일을 맡아 하며 민중을 깨우쳤다. 이들은 섬기는 정치, 섬기는 지도력, 섬기는 교육의 선구와 모범이 되었다.

동서 문명의 만남, 외세의 침입과 지배 속에서 나라를 바로 세우기 위해 유영모와 함석헌이 추구한 '민중(민족)의 주체'는 나라를 찾고 바로 세우는 공공성을 지닌 주체였다. 이런 주체는 제국주의 역사 속에서 형성된 서양의 주체가 배타적이고 대립적인 성격을 가진 것과는 구별된다. 서양의 국가적 주체가 다른 국가의 지배와 정복을 지향했다면 안창호·이승훈·유영모·함석헌의 민중교육입국운동에서 추구한 국가적 주체는 국가와 민족의 울타리를 넘어서는 세계 문명적 보편성을 지니고, 지배와 정복의 제국주의에 맞서 세계 평화를 지향했다.

한국 현대사에서 지배 권력이 쇠퇴하고 지배 종교(유교, 불교, 도교)의 영향력이 약화된 상황에서 민중이 역사와 사회의 중심에 설 수 있었고, 새로운 서양 문화의 영향으로 민중의 각성과 참여가 이루어졌다. 한국 민중의 역사와 삶에서 동서 문명이 합류했고 유영모는 이 합류의 한가운데에서 자신의 정신과 철학을 형성했다. 서양 문화의 침입과 도전으로 낡은 전통과 문화에 억눌렸던 한국 민중의 생명력과 정신이 분출했다. 유영모와 함석헌의 민중 이해도 동서 정신문화의 만남과 합류의 결과다. 동서 문명의 만남과 민주화 운동으로 전개된 한국 현대사의 시대정신과 이념은 유영모와 함석헌의 삶과 정신 속에서 구현되고 완성되었다.

### 권리를 넘어선 민주 철학

권익 투쟁과 정복 전쟁을 통해서 형성된 서양 문명은 자유민주주의, 복지제도, 사회주의를 만들어냈으나 민중의 주체적·자발적·공동체적 영성을 발전시키지 못했다. 서양의 이성 철학에 근거한 자유민주주의 이론은 소유권과 인권에 머물고, 사회주의 이론은 권익 투쟁과 계급 투쟁에 머물며, 복지국가는 민중을 위한 복지 정책과 제도에 머문다. 서양의 이성 철학은 인간과 사회를 이해하고 설명하는 해석학에 머물거나 권익 투쟁과 계급 투쟁을 촉구하고 사회제도의 개혁과 정책을 제시할 뿐 민중의 자발적 주체성과 헌신성을 고양시키지 못했다. 다석의 철학은 민중의 주체를 탐구해 주체의 깊이가 하늘(전체)에 닿게 했다. 주체의 한없는 깊이와 자유를 드러냄으로써 주체적 자발성과 공동체적 영성을 고양시켰다.

15세에 기독교 신앙에 입문하고 20세 때 오산 중학교 교사가 되었던 다석은 오산 중학교를 기독교 학교로 만드는 데 기여했다. 20세에 노자와 불경을 읽고 톨스토이(Lev Nikolayevich Tolstoy)의 민중 종교 사상에 심취했다. 21세 때 함께 신앙생활을 하던 두 살 아래의 아우가 갑자기 죽자 죽음에 대해서 깊이 생각하게 되었다.

다석은 톨스토이를 통해 19세기의 도덕적 이상주의를 받아들인 것으로 보인다. 톨스토이는 부유한 귀족으로서 농사꾼이 되려 했고 민중의 삶 속으로 들어가려 했으나 예수나 바울처럼 민중적·대중적 사유를 한 것 같지는 않다. 예수는 엄격한 금욕과 높은 도덕 수준을 요구하지 않고 서민 대중과 함께 먹고 마시며 어울렸다. 바울도 "믿음만으로 의롭다고 인정받는다"는 복음적 가르침을 폄으로써 일반 대중에게 기독교의 문을 활짝 열었다. 톨스토이에게서 보이는 엘리트적 이성주의와 도덕적 이상주의의 흔적과 경향이 영적·이성적으로 금욕적이고 엄격한 다석에게서도 엿보인다.

그러나 하나의 민중 씨올로서 참되게 살려고 했던 다석의 삶과 생각을 움직이는 기본 원리는 씨올을 역사와 사회의 중심에 놓는 민주주의다. 삶과 진리에 대한 깨달음과 구도자적 헌신이 그를 씨올의 삶과 사상으로 이끌었다. 죽음에 대한 심각한 고민, 톨스토이, 동양 사상은 정통 교리 신앙에서 벗어나고 구도자적인 신앙의 길로 가게 했다.

### 씨올로 살다

유영모는 민중을 가르치는 교사에 머물지 않고 스스로 하나의 민중이 되어 민중의 삶을 살고 민중의 길을 갔다. 상업을 했던 그의 집안은 비교적 부유한 편이었다. 그는 일본 도쿄로 유학을 갔다가 대학 진학을 앞두고 깊은 고민 끝에 진학을 포기하고 농사꾼으로 살기 위해 귀국했다.

당시 국가와 대학의 정신과 이념은 부국강병과 입신양명이었다. 대학을 졸업한 지식인 엘리트들은 힘든 일은 민중에게 시키고 안락하고 풍요한 삶을 추구했다. 민중을 부려 먹는 양반 의식이 나라를 망쳤다고 본 유영모는 스스로 땀 흘려 일해 먹고 남는 것으로 이웃을 돕는 진실한 삶을 살고자 했다.

"지식을 취하려 대학에 가는 것은 편해보자, 대우받자 하는 생각에

서입니다. 이것은 양반 사상, 관존민비(官尊民卑) 사상입니다." 그는 "이마에 땀 흘리며 사는 농부"¹를 이상으로 삼았다. 다석은 평생 일하며 섬기는 삶을 추구했다.

유영모는 적어도 3대는 농사를 지으며 민중의 삶을 살아야 한다면서 세 아들과 딸을 중학교 교육까지만 시켰다. 대학을 졸업해 출세하면 하나님과 민중의 미움을 사기 때문에 자신뿐 아니라 자녀까지 민중 속에서 민중의 한 사람으로 살기를 바랐다.

그는 40대 중반까지 평생 서울 종로에서 살았는데 허름한 옷을 입은 유영모를 본 사람들은 시골에서 언제 올라왔느냐고 자주 물었다. 유영모는 자신을 시골 사람으로 보아준 것이 "이 나라에서 받은 가장 영광스러운 대접"이라고 했다. 농사짓는 것을 반대했던 아버지가 세상을 뜬 이후에야 시골로 들어가 농사짓고 살았다.

그는 매우 검소하게 살았다. 노동복을 입고는 다닐 수 있어도 부자 옷을 입고는 다닐 수 없다고 했다. 아주 먼 길이 아니면 걸어 다녔으며, 하루 한 끼만 먹고 일체 간식이나 음료수를 마시지 않았다. 부모의 기일에는 금식하고 지역의 어려운 사람을 도왔다.

그의 민중 이해는 단순한 이론과 설명이 아니라 자신의 삶 속에서 체험하고 확인한 것이다. 민중에 대한 그의 글과 앎은 민중의 하나로서 살았던 그의 몸에서 캐낸 것이다. 그런 의미에서 그의 민중론은 먼저 자신을 위한, 자신을 향한 이론이자 생각이었다. 그의 민중 철학은 위기지학(爲己之學)이다.

그의 민중 이해는 민중의 심정과 처지를 헤아리며 민중의 하나로서 생각하고 다듬어낸 사상이며 민중의 삶과 정신에서 피어난 것이다. 그는 민중의 아픔과 처지를 함께 느끼고 아파하면서 민중의 삶과 아름다운 미래에 대해 말했다. 민중과 아픔을 함께할 때 전체 생명의 임인 신을 알 수 있고 대동 정의와 평화 세계를 이룬다. "아픔과 쓴 맛을 같이 맛볼 때에만 나와 남 사이를 가로 막는 산과 골짜기를 넘어서서 온 세상에 넘치고 넘치는 늠실늠실 춤을 추는 꿈을 이룰 수 있을 것이다."[2]

## 2. 민의 눈으로 민을 보다

### 씨알 어뵘

유영모는 1956년 12월 연경반(硏經班) 강의에서 『대학』에 나오는 '친민(親民)'을 '씨알 어뵘'으로 풀었다.[3] 백성(民)을 '씨알'이라 하고 백성을 '어버이 뵙듯 하라'는 것이다. 백성인 씨알을 어버이 어른으로 대접하라고 한 것은 백성을 어리석은 어린이로 본 전통 유교와는 크게 다르다. 이런 풀이는 유교에서 민을 본능과 충동에 휘둘리는 어리고 어리석은 존재로 보고 지배 엘리트인 군자(君子)를 본능의 충동을 극복하고 본성을 실현하는 어른으로 본 것과 대조된다.

유영모의 민중 이해는 민중을 피치자로서 돌봄과 배려의 대상으로 본 유교의 민중 이해와도 다르고 민중을 계몽의 대상으로 보았던 서양 계몽철학의 민중관과도 구별된다. 유영모에게 민중은 무지몽매한 계몽의 대상이 아니라 받들어 섬길 주체이자 주인이며, 다스릴 대상이 아니라 스스로 다스리는 자치(自治)의 주체이고, 가르침의 대상이라기보다는 인생의 지혜와 경험을 배워야 할 어른이고 어버이다. 유영모에게 민은 정치 교육의 대상이나 혁명의 동원 대상이 아니라 끝까지 주체이고 주인으로 남는다.

유영모는 민을 씨올이라고 함으로써 민중에게 가장 품위 있고 의미 있는 이름을 부여했다. 백성을 씨올이라고 한 것은 백성 속에 하늘 생명, 영원한 신적 생명의 씨앗이 있음을 밝힌 것이다. 씨올은 자연 생명, 인간 생명, 신적 생명을 함께 나타낸다. 민을 씨알이라고 함으로써 역사와 자연이 통합되고 인간과 신적 생명이 소통한다. 씨올로서의 민은 유식하거나 도덕적으로 완벽하지는 않다. 그러나 민은 진화하는 자연 생명의 씨눈이며 역사적 생명의 중심이고, 신적 생명의 씨앗이다. 영원한 생명의 씨앗인 민중은 자연 생명의 바닥이며 우주 생명의 중심과 꼭대기다.

씨올은 모든 사회적 특권과 인위적인 치장, 의식과 관념에서 벗어난 인간 생명의 씨알맹이, 속알맹이를 나타낸다. 민중을 씨올로 본 것은 민중을 사회적 지위나 소유, 명예나 재주와 기능, 겉모습과 주장으로 보지 말고 속 생명과 정신의 마음속 씨알맹이로 보자는 것이다.

성리학을 완성한 주희는 친민을 신민(新民), 즉 '민을 새롭게 함'으로 풀이했다. 나라가 망해가던 1907년 안창호와 이승훈은 신민회를 조직했다. 신민회는 국민을 교육해 새롭게 함으로써 나라의 주체로 일으켜 세워야 나라를 되찾고 바로 세울 수 있다고 했다.

이승훈은 백성 한 사람, 한 사람을 덕 있고 지혜롭고 바른 사람으로 일으켜 세우려 했다. 이승훈은 스스로 하나의 민중이 되어 민중을 교육하고 일으키되 지극히 겸허하게 섬기는 마음으로 이끌었다. 이승훈이 주도했던 3·1독립운동은 처음으로 지식인, 지도자들이 민을 주체로 세우고 민에게 호소한 운동이다.

민을 새롭게 하고 민을 섬김으로 일으켜 세우는 신민, 친민의 정신이 이승훈과 오산학교의 중심에 있었다. 유영모, 함석헌의 씨올 사상과 정신에는 친민의 정신이 있다. 유영모와 함석헌은 씨올을 하늘처럼 모시고 섬기며 불의하고 잔혹한 세상에서 빈탕한데의 놀이를 하려 했다.

### 영원한 신적 생명의 씨앗

민중은 참된 생명의 바탈을 지닌 존재다. 민중의 참된 바탈은 신적 생명과 직결된 '얼〔靈, 精神〕'이다. 몸은 "속알 실은 수레"라고 했다.[4] 속알인 얼이 몸의 주인이고 목적이다.

영원한 생명의 씨올인 인간의 본성은 영원한 신적 생명과 일치하기도 하고 구별되기도 한다. 일치한다고 할 때는 동아시아의 인간 본성에 대한 이해가 반영된 것이다. 중용에서 인간의 본성은 하늘이 부여한 것이며 하늘의 본성과 일치한다.

다석이 인간의 본성과 영원한 신적 생명을 구별할 때는 인간을 신의 형상을 한 신의 자녀로 보는 기독교의 인간 이해가 다석의 인간 이해에 반영된 것이다. 기독교는 인간과 신의 완전한 동일시를 용납하지 않는다. 인간은 어버이인 신과 닮은 존재이며 신과 사귀고 소통하는 존재다. 민중 한 사람 한 사람은 자신의 본성 속에 신적 생명의 씨올을 품은 존재이며 신과 사귀는 신의 자녀다.

유영모가 이해한 민중의 본성과 신적 생명 사이에는 연속성과 불연속성이 함께 있다. 그는 민중의 본성을 갈고닦아서 싹트게 하거나 줄곧 뚫리게 해서 신적 생명과 통하게 해야 한다고 보았다. 신적 생명이 민중의 본성 속에 있지만 신적 생명에 이르기 위해서는 몸과 마음을 다해 본성을 불태우고 본성을 타고 솟아올라야 한다. 이 점에서 유영모는 한국 전통종교 사상을 담은 『삼일신고(三一神誥)』의 '바탈 트고 맗음을 마침〔性通功完〕'을 매우 중요하게 받아들였다.[5] 그는 사람의 본성인 씨올이 싹트고 뚫려서 본성 속에 담긴 신적 생명이 실현되고 완성되기를 바랐다. 유영모는 이것을 나타내기 위해 '바탈 트기', '바탈 태우기', '바탈 타기', '속알 굴려 솟아오르기', '줄곧 뚫림'을 말한다.[6]

사람의 본성인 바탈을 '트고', '뚫어서' 신과 소통하며 바탈 속의 생명이 실현되고 완성된다는 것은 인간의 본성과 신을 완전히 동일시하는 것이 아니다. 인간의 본성과 신은 연속성과 불연속성 속에서 그리고 생명과 역사의 과정 속에서 소통과 교류를 통해 하나가 되어간다. 인간의 본성과 신의 본성에 관한 다석의 논의는 생명의 시간성과 역사성을 존중한다.

인간의 본성인 얼은 우주적으로는 자연 생명, 인간 생명, 신적 생명의 전체와 일치하고 소통하는 것이며 시간적으로는 영원한 생명의 줄인 목숨, 말씀, 얼의 줄과 이어졌다. 속으로 파고들어야 생명의 씨올에 이르고 생명의 씨올은 신적 생명의 초월과 닿아 있다. 다석에게는 내재와 초월이 일치한다. '나'의 속으로 파고들어 가면 초월한다. 다석에게는 내재와 초월이 역설적으로 일치한다. 자기 내면 속으로 파고들어 가는 것이 곧 자기를 초월하는 것이다.

내재와 초월의 역설적 일치는 인간의 본성과 신의 일치와 차이를 함께 나타낸다. 신과 인간의 절대적 차이를 강조하는 서구 정통 신학과는 달리 유영모의 사상에서는 민중과 신의 일치를 강조한다. 민중 속에 정기(正氣), 거룩한 얼, 하나님이 깃들어 있다. 유영모의 민중 이해는 동학의 시천주(侍天主)와 인내천(人乃天)과 사인여천(事人如天)의 가르침을 포함한다. 사람마다 신을 모시고 신이 되고 신으로 섬겨야 한다. 다석은 자유롭게 신을 하나님이라 하고 인간을 신이라고도 한다.[7] 신은 전체 생명이고 얼이며 신령한 기운이다. 신과 일치하고 소통하는 민중은 참된 주체이며 전체다. 민중의 역사적·사회적 삶의 자리는 전체 생명〔神〕의 자리다.

그러나 다석은 인간이 절대자가 아니며 절대자가 되려고 해서도 안 되고 절대자인 신을 가까이 붙잡으려고 해서도 안 된다는 것을 강조한다.[8] 민중이 곧 하나님은 아니다. 민중은 자신의 정신과 삶 속에서 하나님의 생명과 뜻을 실현하는 존재다. 스스로 영원한 신적 생명의 씨 을임을 자각하고 제 속에 있는 신적 생명의 씨 을을 싹 틔우고 꽃 피우고 열매 맺음으로써 민중은 자신의 삶과 정신, 생각과 말과 행동 속에서 신의 존재와 뜻(전체 생명의 사랑과 정의)을 뚜렷이 드러낼 수 있다.

### 세상에 구원을 가져오는 민중의 고난

전체 생명의 자리에서 생각한 다석은 고난 받는 민중을 "우리 대신에 고생하는 사람들"로 보았다. "우리들의 더러움을 대신 지는 어머니, 농민, 노동자는 모두 우리를 대신해서 짐을 지는 예수"[9]라고 했다. 다석은 고통당하는 민중을 '오늘의 예수'라 했고 더 나아가서 「이사야」 제53장에 나오는 '고난의 종'이라고 했다. 다석은 민중의 고난을 공동체적으로, 전체 생명의 자리에서 이해했다. 다석의 이런 민중 이해는 성경의 관점과 일치한다. 「이사야」 제53장 고난의 종, 십자가의 예수, 오늘의 민중이 겪는 고난은 인류 역사와 사회의 구원을 위한 공적인 고난이다. 한마디로 민중의 고난이 세상의 구원을 가져온다는 의미다.

흔히 역사와 사회에서 고난은 죄인이나 열등한 패배자의 표시였다. 그러나 오랜 역사 속에서 강대국의 침입과 압제로 나라를 잃고 고난을 당한 이스라엘 백성은 '고난의 종'이 '우리의 허물과 죄악' 때문에 '우리의 질고(疾苦)와 슬픔'을 대신 지고, '우리의 치유와 평화'를 위해서 고난을 겪고 있음을 깨달았다(「이사야」 제53장). 기독교는 예수의 십자가 고난과 죽음이 인류의 죄를 씻고 구원에 이르게 한다고 보았다. 나라를 잃고 식민지 백성으로서 고난을 겪었던 유영모는 '고난의 종'과 그리스도의 고난에 비추어 민중의 고난을 이해했다.

우리가 편안하고 안락하게 살기 위해서는 민중이 사회의 무거운 짐을 대신 지고 고난과 시련을 겪어야 한다. 우리의 죄와 허물 때문에 우리 대신 민중이 고난을 겪는다. 불의와 전쟁에서 벗어나 정의와 평화에 이르는 지름길은 어디 있을까? 정치인의 정책이나 지식인의 주장에서 그 지름길을 찾기는 어려울 것이다. 전쟁으로 고통 받는 민중의 실상을 보고 민중의 신음 소리와 절규를 듣는 데서 그 지름길을 발견할 수 있을 것이다.

고난을 겪은 민중이 세상을 구원한다. 땅바닥 속에서 씨올이 깨지고 죽음으로써 자연생명세계가 풍성하게 살아나듯이, 역사와 사회의 밑바닥에서 억눌리고 짓밟힌 민중의 고난과 시련을 통해 인류 역사와 사회는 구원에 이른다. 민중이 세상의 죄악과 질병을 대신 지며 병든 세상을 치유하고 구원하는 것이다. 민중의 고난이 없다면 세상을 지탱하고 구원할 수 없다.

다석의 이러한 민중 이해는 역사와 사회를 전체 생명의 자리에서, 그리고 바닥에서 본 것이다. 바닥, 즉 아래에서 볼 때 위에서는 보이지 않는 전체 삶의 진실과 깊이가 드러난다.

### 햇볕에 그은 농부의 얼굴에서 화광동진을 보다

다석이 자신의 사상을 다듬고 숙성시켰던 1950~1960년대에는 농부가 절대다수였다. 그 시대의 민중은 농부였다. 다석은 땀 흘려 일하는 농부의 햇볕에 그은 얼굴에서 노자가 말하는 진인의 경지인 화광동진을 보았다.10 노자의 『도덕경(道德經)』 제4장에 나오는 "화기광 동기진(和其光 同其塵, 빛을 부드럽게 하여 티끌과 같아짐)"은 이상적인 진인의 모습을 나타낸다.

탐욕과 허영에 휘둘리지 않고 자연과 하나가 되어 겸허하고 진실하게 일하며 사는 농부는 예수와 석가, 공자(孔子)와 노자의 마음으로 사는 이들이다. 몸과 맘을 바로 쓰는 농부는 이미 도인이고 신앙인이다. 전체 생명의 마음, 하늘마음[天心], 공심(公心)을 가진 이다.

농부가 땀 흘리며 혼신을 다해 농사짓는 것은 자기와 자기 가족만을 위해서가 아니라 다른 많은 사람들을 먹여 살리기 위한 것이다. 다석은 많은 사람들을 먹여 살리기 위해 땀 흘려 일하는 농부는 우리의 어버이라고 말한다.

> (지극정성으로 섬기는) 우리나라 농부는 우리의 어머니시다. 어머니가 밥을 지어주듯이 농부는 농사를 지어준다. 마음을 다해서 농사를 짓는 이는 우리의 어머니다. 땀 흘려 김매는 농부는 어버이의 상(像)과 같다.11

농부가 농사를 지어 밥을 만드는 과정에는 농부의 땀과 수고뿐 아니라 천지자연(天地自然)의 신령한 조화가 작용한다. 돈으로 환산할 수 없는 고귀하고 신령한 가치가 밥에 있다.

> 하나님의 은혜로 수많은 사람의 덕으로 대자연의 공로로 주어져서 먹는 것이다. 돈은 밥의 가치의 몇억 분의 일도 안 된다. 사람들이 수고한 대가의 일부를 지불하는 것뿐이다. (밥은) 순수하며 거저 받는 하나님의 선물이다.[12]

밥 한 그릇에는 수많은 사람의 노고와 대자연의 공로가 담겨 있다. 우주 생명의 신비와 조화 속에서 밥이 만들어졌다. 우리가 지불하는 밥값은 밥의 가치와 비교할 수 없이 작은 것이다. 그러므로 밥값이 없어서 밥을 먹지 못하는 사람이 있다는 것은 하늘 아래 있을 수 없는 일이다. 밥은 사람에게 조건 없이 주어져야 한다.

햇볕에 그은 농부의 얼굴을 가장 존귀하고 진실한 존재로 평가함으로써 다석은 민중의 삶을 외면한 권력자나 부자, 지식인 명망가, 성직자를 비판했다. 참된 생명, 얼과 정신은 농부의 삶과 노동에서 볼 수 있는 것이지, 세상의 고관이나 명사, 종교인의 말과 삶에서 보기 어렵다고 했다. 다석의 철학은 민중 주체의 생명 철학이다. 민중의 삶을 떠나서는 진리와 사랑, 정의와 평화를 말할 수 없다.

다석은 "노동자 농민이 세상의 짐을 지는 어린양"[13]이고, "빨래하고 청소하는 사람이 귀인(貴人), 한사(閑士)들의 속구주(贖垢主, 더러움을 씻어주는 구세주)"[14]라고 했다. 다석은 풀뿌리 민주주의자다. 노동자 농민을 오늘의 예수로 보는 다석의 사상적 통찰이 씨을 사상과 민중 신학의 기본 바탕이 되었다.

## 3. 민이 주다〔民主〕

### 내가 길이고 진리이고 생명이다

유영모에게는 민중 한 사람 한 사람이 주체로 일어서는 것과 나라 전체, 민족의 생명 전체가 살아나는 것이 일치했다. 민중 한 사람의 주체와 민족 전체의 일치는 종교적·철학적 깊은 성찰을 통해서만 도달할 수 있다. 다석은 민의 주체를 깊이 탐구해 하늘의 공(空)과 무(無)까지 파고들어 민중의 주체와 전체 생명의 일치에 이르렀다.

자기 속에서 하늘 생명의 씨올을 깨달은 민중은 누구나 길과 진리와 생명의 주체이고 근원이다. 민중의 주체에서 길과 진리와 생명이 생겨난다. 여기서 주체인 '나'는 개인의 사적인 자아가 아니라 '나', '너', '그'를 아우르는 '큰 나'다. 자아의 울타리를 넘어 다른 자아들과 공존·공생·공락하려면 공적인 제3의 자리에 이르러야 하고, 제3의 자리에 이르려면 전체가 하나 되는 형이상학적·종교적 초월과 깊이가 필요하다.

민중이 어떻게 형이상학적이고 종교적인 초월과 깊이에 이르러 참된 주체가 되는가? 스스로 생각함으로써만 참된 주체의 깊이와 전체에 이를 수 있다. 민중은 생각하는 주체이며 생각함으로써 자기 속에서 전체 생명의 씨알맹이를 자각하고 참된 주체인 '큰 나'를 낳고 '큰 나'가 된다. 생각함으로써 신과 연락하고 이웃 만물과 소통한다. 생각한다는 것은 자기 속의 속에서 하늘과 소통하는 것이며 전체의 자리에서 전체 생명을 위해 생각하고 판단하는 것이다. 다석에게 전체는 공(公)과 통하는 개념이다. 전체는 나와 너와 그를 하나로 통하게 하는 '하나', '큰 나'이다.

다석은 생각하는 민중이 철인(哲人)이고 사제(司祭)라 하고 철학은 '알맞이'라고 했다. '알맞이'는 두 가지 의미가 있는데 첫째는 '앎에 맞게 행함', 즉 지행합일을 뜻하고 둘째는 전체 생명에 '알맞음', 즉 중용을 뜻한다. 깨달음에 따라서 때와 장소에 알맞게 생각하고 판단하고 결정해서 말하고 행동하는 사람이 철인이고 사제다. 철인과 사제는 알맞게 먹고 알맞게 자고 알맞게 입고 알맞게 사람을 대한다. 알맞게 생각하는 것은 생명과 얼을 살리고 높이고 키우는 것이다. 다석은 근심과 걱정으로 고개를 떨어뜨리는 것은 썩은 졸개나 하는 짓이라고 했다.[15] 민중은 생각함으로써 위로 솟아오르고 앞으로 나가는 존재다.

참된 주체가 되려면 스스로 결정하고 책임 있게 행동하는 성숙한 인간이 되어야 한다. 성숙한 인간이 민주가 될 수 있다. 다석에게 성숙한 인간은 탐욕, 편견(지식), 생사의 두려움에서 자유로운 존재다. 물질과 욕망에 대한 집착에 사로잡히지 않고, 지식에 대한 매임에서 벗어나 죽음의 두려움을 넘어서는 것이 성숙이다. 다석은 생각함으로써 성숙한 인간이 될 수 있다고 했다.

### 민중 천자(民衆 天子)

다석은 민중을 신적 생명의 씨를 가진 신의 자녀(神子), 천자로 보았다.[16] 이러한 다석의 민중 이해에는 인간이 신의 형상을 한 존재이며 신의 아들(딸)이라는 기독교의 인간 이해가 반영되었고, 인간의 본성 속에 신성이 깃들어 있으며 인성과 천성이 일치하고 소통한다는 인도와 동아시아의 인간 이해가 바탕에 깔려 있다.

근대 이전의 황제를 천자로 일컬었으므로 민중이 천자라는 생각은 민중을 존엄한 존재로 높인 것이라 할 수 있다. 이런 민중 이해는 민중을 역사와 사회의 주인이자 주체로 보는 민주 의식의 근거가 된다. 다석은 민중은 하나님과 직결되고 직통하는 천자이므로 민중을 하나님처럼 섬기고 받들어야 한다고 보았다. "이 씨알을 위함이 한아님 위함이다. 백성을 모른다 하면서 한아님만 섬긴다 함도, 한아님은 모른다 하고 백성만 위한다 함도 다 거짓이다."[17]

민중은 하늘(신)의 아들로서 하늘을 머리에 이고, 하늘을 섬기고 하늘과 사귄다. 다석은 이것을 유교의 부자유친(父子有親)으로 설명했다. 사람이 하늘과 관계하는 방식은 지천(知天), 낙천(樂天), 친천(親天) 세 가지가 있다. 지천은 하늘을 아는 것이고 낙천은 하늘을 알고 즐거이 따르는 것이고 친천은 하늘을 가까이 사귀고 하늘과 함께 세상을 구원으로 이끄는 것이다. 이 가운데 하늘을 사귀는 친천이 가장 높고 귀한 것이다.

천자로서 씨알, 민중은 세상을 다스리고 구원한다. 옛날에 천자가 나라를 대표해서 하늘에 제사를 지냈듯이 오늘날 씨알은 나라와 세계를 대표해서 하늘에 기도를 드린다. 하늘의 자녀로서 하늘과 사귀고 하늘에 제사하는 씨알의 기도가 나라를 바로 세운다.[18] 과거의 황제가 하늘에 제사 지냄으로써 태평한 세상으로 이끌려 했듯이 오늘날에는 민중이 자기의 생각과 감정을 불태워 하늘에 기도함으로써 세상을 이끈다.[19] 인간은 목숨을 불태우고, 생각을 불태우고 얼과 뜻을 불태워서 자기를 불사르고 위(하늘)로 솟아올라 앞으로 나가는 존재다. 솟아올라 앞으로 나감으로써 '나'와 세상을 함께 구원한다.

민중이 천자로서 세상을 구하려면 먼저 마음속에 하늘을 모시고 하늘과 사귀어 하나가 되어서 살아야 한다. 마음속에서 하늘이 열리는 일〔開天〕이 일어나야 한다. 민중이 자기를 불사름으로써 민중 속에서 하늘이 열린다. 하늘은 '빈탕한데〔空虛〕'의 세계다. 하늘의 임인 하나님은 공허, 빔과 없음의 주인이다. 다석은 인생의 결론으로 '빈탕한데 맞혀 놀이'를 말했다. 인생은 허공인 하늘과 어울려 놀이하는 것이다.

다석의 빈탕한데 놀이는 세상을 버린 신선 놀이도 세상 위에 군림하는 초인 행세도 아니다. 그것은 모든 계급과 신분과 권위, 편견과 욕심을 버리고 민중과 함께 노는 씨울 놀이다. 신의 어린 자녀로서 전체 생명의 어버이 앞에서 유치원생처럼 천진하고 즐겁게 노는 것이다. 그것은 전체 생명의 어버이인 하나님의 뜻을 따라 정의를 실현하는 사랑 놀이다.

신의 자녀로서 빈탕한데의 하늘 놀이를 하는 씨울은 물질적 상대 세계를 초월한 초인이지만, 사랑으로 섬기고 살리는 길을 가는 어린이처럼 작고 겸허한 초인이다. 그는 노동하는 흙 묻은 신선이고 역사와 사회의 무거운 짐을 진 민중 초인이고, 어린이 같은 성인(聖人)이다.

제5장

# 서양의 이성 철학에 대한 반성과 유영모의 철학

1. 서양 철학의 문제와 반성
2. 유영모의 철학

## 1. 서양 철학의 문제와 반성

**서양의 이성 철학에 대한 반성과 비판**

멕시코의 해방 철학자 엔리케 두셀(Enrique Dussel)은 2008년 서울에서 열린 세계철학대회에서 유럽 중심의 철학을 비판하고 철학이 2,500년 전에 그리스에서 출발했다는 주장을 부정했다. 그에 따르면 철학은 7,000년 전 이집트에서 시작해 5,000년 전 중국 또는 중동과 소아시아를 거쳐 그리스를 통해 유럽까지 이른 것이다. 그리스에서 출발해 유럽에서 꽃피운 서양 철학은 그동안 다른 철학과 사상을 인정하지 않다가 이번 한국에서 열린 세계철학대회에서 동양의 철학과 사상을 공식적으로 인정했다. 그러나 기뻐하긴 이르다. 서양 철학계는 동양의 철학을 이제 겨우 인정했을 뿐이다.

동서의 철학과 사상을 아우르는 세계 철학의 형성을 서양 철학계에 기대하는 것은 요원한 일이다. 서양 철학자들 가운데 동양 사상을 연구하고 큰 학문적 성과를 내는 사람들이 있지만 몇몇 뛰어난 학자들이 연구한다고 해서 동서 정신문화를 아우르는 세계 철학을 형성할 수는 없다. 서양인들의 삶과 역사 속에서 동서 정신문화가 합류하고 동서 정신문화를 통합하는 세계 정신문화가 형성되기 전에는 세계 철학이 나오기 어렵다.

그리스의 이성 철학과 기독교 정신에 기초한 서양의 문명이 제국주의 식민지 쟁탈전으로 치달아 제1·2차 세계대전을 일으켰다. 두 차례의 세계전쟁을 통해서 세계 인류를 전란의 고통 속에 빠트리고 수천만 명을 죽음으로 몰아넣음으로써 이성을 중심으로 한 서양의 철학과 정신세계는 도덕적·영적으로 파산했다. 유럽에서 기독교는 종교적 권위와 발언권을 잃었고 이성을 중심으로 한 서양 철학은 막다른 골목에 빠졌다.

2008년 세계철학대회 조직위원장 이명현 교수는 오늘의 철학에 대해 이렇게 말했다.

> 지금은 문명의 대(大)전환기다. 패러다임이 변하고 있고, 누구도 선두에 나서지 못하고 있다. 동양으로 치면 '백가쟁명(百家爭鳴)'의 시대고, 서양으로 치면 '소피스트(sophist)'의 시대다. …… 과거의 것은 이미 유통기간이 지났고, 미래는 결정된 게 없다. …… (오늘날 유행하는) 포스트모더니즘(postmodernism)이라는 게 사실 별 것 아니다. 서양의 전통 사상이 깨졌다는 거다. 옛날의 대안이 이제 더 이상 대안이 못 된다는 거다. 그러니까 이게 바로 문명 전환의 신호다. 이제는 진리도 없고, 실재(實在)도 없다는 얘기다. 뭔가 물으면 답이 없다. 포스트모더니즘 저 깊은 곳을 들어가 보면 기본적으로는 니힐리즘(nihilism, 허무주의)이 흐르고 있다.[1]

서양의 정치적·군사적·경제적·문화적 침략으로 전개된 서세동점(西

勢東漸)의 역사 속에서 식민지 백성으로서 다석은 정신문화적 주체성을 가지고 동서 사상을 융합하는 세계 철학을 탐구했다. 다석이 탐구한 세계 철학을 이해하기 위해서 먼저 서양 철학을 이해하고 반성할 필요가 있다.

### 서양 철학은 이성 철학이다

그동안 철학을 독점한 서양 철학의 핵심은 무엇인가? 이성 철학이다.

**① 그리스 철학은 이성 철학, 로고스 철학이다**
이성을 나타내는 그리스어 '로고스(logos)'는 '수를 세다, 헤아리다, 말하다'(lego)는 뜻을 지닌 말이다.[2] 이성은 사실이나 현상의 원인과 결과를 따지고 인식하고 설명하는 구실을 한다. 이성은 사물과 생명의 존재, 운동의 원리와 법칙을 인식하고 해석하며 설명하는 것이지 존재를 창조하고 변혁하는 것이 아니다. 이성 철학에서 존재에 대한 논리학, 인식론, 해석학, 존재론이 발전했다.

**② 이성 철학은 이성의 인식 주체와 인식 대상의 존재를 전제한다**
주어진 주체와 대상을 이성적으로 반성하고 비판할 수 있지만 주체와 대상의 존재를 만들어내거나 전적으로 부정하거나 초월할 수 없다. 존재하지 않는 것을 생각할 수 없기 때문에 '내'가 없다든지 모든 대상의 존재가 없는 것을 생각할 수 없다. 또한 이성은 생각하는 것이므로 생각이 끊어진 것, 생각하지 않는 것을 생각할 수 없다.[3] 이성 철학에서는 무와 공을 적극적으로 생각할 수 없다. 무와 공은 단순히 없고 빈

것일 뿐 존재와 유(有)의 근거와 근원이 될 수 없다.

이성 철학은 인식하고 설명하는 주체를 중심에 놓는 철학이고 인식 주체와 인식 대상(타자)을 분리하는 철학이다. 타자는 늘 인식과 설명의 대상이다. 주체와 대상은 대립하고 있으며 일치할 수 없다. 주체와 주체 사이에 대화와 소통을 추구하지만 근본적인 일치, '전체 하나'에 이를 수 없다.

### ③ 서양 철학은 이성 중심, 자아 중심, 존재 중심의 철학이다

이성은 이해하고 해석한다. 이성 중심의 사유에서는 논리학과 과학이 발달해 동일률("나는 나다")과 모순율("나는 나이면서 나 아닌 것이 될 수는 없다")이 나온다. 유클리드(Euclid) 기하학의 평면과 관념의 세계에서는 동일률과 모순율이 성립하지만 생명과 정신의 심층적이고 복합적인 세계에서는 동일률이 깨지고 모순율이 극복된다. 다석의 생명 철학에서는 주체의 깊이에서 전체와의 일치에 이른다. "나는 나다"의 주체와 "나와 너와 그"를 포괄하는 전체가 일치한다. 그의 귀일 철학에서는 나와 나 아닌 것의 통일에 이른다. 이성 철학은 심층적이고 다양한 생명과 영의 초월과 깊이를 상실한다.

이성 철학에서는 존재하는 것만을 인식의 대상으로 삼는다. 그뿐 아니라 이성은 존재의 깊이와 전체를 온전히 인식하지 못하고 일부만을 인식한다. 이성은 존재하는 것 가운데 '인식할 수 있는 것'만을 존재하는 것으로 여긴다. 이성이 '없는 것'이라고 생각한 것 속에 참된 존재, 존재의 깊이와 신비가 있을 수 있다. 이성 철학에는 '무'의 자리가 없고, 존재마저도 일부만을 인식하고 인정한다. 더 나아가서 이성을 사용하는 주체인 자아가 탐욕과 편견에 사로잡히면 이성은 왜곡되고 오염된다. 이성의 인식 작용과 결과 속에 개인과 집단의 욕망과 폭력이 반영된다.

서양 철학의 이런 문제는 역사적이고 사회적인 배경과 관련이 있다. 서양 철학은 그리스의 도시국가(polis)에서 시작하고 발전했다. 도시국가는 성벽으로 둘러싸여서 자연으로부터 격리되었다. 제국주의로 치달았던 도시국가의 시민들은 갈수록 경쟁적이고 호전적으로 되었고 자기중심적 삶으로 빠져들었다. 서양 철학은 성벽 안에서 이루어진 철학이라 없음을 모르고 있음만 생각한다. 그래서 파르메니데스(Parmenides)는 "없는 것은 없는 것이고 있는 것은 있는 것"이라 했고 "있는 것만이 있다"고 했다. 도시국가의 성벽 안에서 이루어진 철학은 국가가 저지르는 전쟁과 학살, 노예제에 대한 반성이 없다. 아리스토텔레스(Aristotle)는 그리스인과 비그리스인을 문명인과 야만인으로 구분하고 차별했다. 서양 철학은 빈탕한데의 원대함을 모르는 철학이다.

없음과 빔을 강조한 다석은 서양 철학을 다음과 같이 비판했다.

> 다시 없이 크면 없는데 들어간다. 없는 것은 내가 되는 것이다. 없는데 가면 없는 게 없다. 무일물무진장(無一物無盡藏)이다. 아무것도 가지지 않으면 일체(一切)를 가지는 것이다. 서양 사람은 없〔없음, 無〕을 모른다. 있〔있음, 有〕만 가지고 제법 효과를 보지만 원대(遠大)한 것을 모른다. 그래서 서양 문명은 벽돌담 안에서 한 일이라 갑갑하기만 하다.[4]

하늘의 '없음'과 '빔'은 우주 만물을 품고 있다. 빈 하늘처럼 물질에 대한 욕망과 집착을 버리면 만물의 주인이 될 수 있다.

'없음'과 '빔'의 원대함을 모르고 '있음'에만 집착한 이성 철학은 인식 주체인 '나'를 근본적으로 새롭게 하기 어렵고 인식 대상인 타자를 주체로서 대하기 어렵다. 이성 철학에서 인식 대상은 대상으로 머물 뿐 주체가 될 수 없다. 따라서 인식 주체는 인식 대상(타자, 자연, 세상)을 지배하고 규정하고 바꾸려 한다. 서양에서는 자신의 권리를 쟁취하기 위해 싸우는 데 익숙하다. 그래서 권리(rights)가 법과 정의가 되었다. 동양에서는 자연(하늘)을 존중하고 자연에 비추어 자기반성과 수행에 힘씀으로써 자기를 변혁하려 하고 기독교는 절대 타자인 하나님 앞에서 자신의 죄를 회개하고 새 사람이 되고자 한다. 서양 문명은 자기부정과 갱신의 기독교 정신을 체화하지 못했다.

**④ 이성 철학에서 주체는 대상과 타자를 인식해 이용·통제·지배하려 한다**
이성이 인식한 것을 진리라 여기며 대상과 타자를 이용하고 지배하기 위해 적극적으로 행동한다. 따라서 과학과 기술, 지식과 정보를 추구하고, 주체와 주체가 경쟁하고 대립하며, 적극적 행동주의에 이르고, 이념과 현실의 대립에 이른다. 이성이 파악한 이념(이데아)과 형상(form)을 본질과 본성으로 본다. 성경에서 하나님의 말씀(사랑과 성의)이 창조의 힘과 원리라고 한 것이나, 동아시아의 종교 철학에서 본성을 인의(仁義)와 도리(道理)로 본 것과는 다르다.

**⑤ 이성 철학의 귀결**
인식 주체와 인식 대상을 분리시키는 이성 중심의 철학은 이해와 설명에 머물고 자기반성 없는 행동주의에 이르며 생명과 정신의 깊이를 잃게 된다. 인식 대상과 인식 주체가 분리된 이성 철학은 대상과 타자를 주체로 보지 못하는 자아 중심의 철학에 머물거나 자아에 대한 성

찰과 반성이 없는 대상 중심의 철학에 이른다. 자아 중심 또는 대상 중심의 철학에서 인식 주체인 자아와 인식 대상인 타자는 서로 주체적인 만남에 이르지 못하고 갈등과 대립, 소외와 고독에 빠진다. 즉 인식 주체와 인식 대상의 공동체적 사귐이 어려워진다. 존재 중심의 철학은 주어진 현실의 존재에 매여 전체, 초월적 하나, 없음과 빔의 세계를 모른다. 존재와 현실에 매이면 자유로운 주체가 될 수 없다.

과학기술주의와 산업자본주의는 생명과 정신보다 물질과 기계를 앞세움으로써 생명과 정신의 주체(얼)를 제거하고, 이성(기술)과 영성의 분열을 초래한다. 주체에 대한 존중과 신뢰가 없는 탐욕적·정복적 행동주의는 경쟁과 다툼, 폭력과 공동체 파괴에 이르고, 정신과 영혼의 깊이를 잃은 존재 중심의 현실주의는 물질주의와 사치, 환락에 빠져 빔과 없음을 모르고 낯설어하므로 허무와 불안에 이른다.

### ⑥ 서양 철학의 경향

서양의 이성주의 철학은 방법론, 논리와 개념의 엄격성, 인과적 결정론과 환원주의를 주장한다. 과학적 환원주의를 주장하는 에드워드 윌슨(Edward Wilson)의 유전공학적 환원론에 따르면 자연과학, 철학, 종교, 미학의 모든 지식을 유전공학적 원리로 환원할 수 있다.[5] 이것은 작고 낮은 단계의 존재 지평으로 크고 높은 존재의 지평을 깎아내리는 존재론적 폭력이다.

김재권은 뇌와 마음의 심신수반론(supervision)을 말함으로써 뇌의 신경세포가 마음을 규정하고 지배한다고 보았다. 그는 기능적 환원주의를 주장하고 인과론이 자연과학뿐 아니라 모든 학문 영역에 통용된다고 했다. 이것은 인간의 의식이나 심정, 신체 신경세포의 상관관계를 단면적으로 잘라놓고 이해하는 것이다. 오랜 생명 진화의 과정에서 보면 생명의 의식과 심정이 신체의 기관과 세포를 형성하고 규정한다. 의식(정신)과 신체가 상호작용하며 변화·발전하겠지만 그 변화와 발전을 이끌어가는 것은 물질에 속박된 신체가 아니라 정신과 의식이다.

서양의 이성주의 철학에 대한 반발로 나온 포스트모더니즘 철학은 이성이 수립한 전체적이고 종합적인 사상체계와 사회체제의 해체를 주장하고 삶의 단편성과 우연성, 차이와 개별성을 강조하며 전체, 통합, 거대 담론을 비판하고 거부한다. 하버드 대학의 유명한 철학과 교수는 서울의 세계철학대회에서 '비난하는 것'의 조건과 상황, 의미와 맥락에 대해서만 1시간 동안 이야기했다고 한다. 이성주의 철학이든 포스트모더니즘 철학이든 서양 철학은 너무 사변적이고 학술적이며, 단편적이고 인위적이다. 이 때문에 서양 철학은 인간의 정신을 일깨워 일상생활을 바로 세우는 일과는 거리가 멀어졌다.

포스트모더니즘 철학의 대표자는 들뢰즈(Gilles Deleuze), 알튀세르(Louis Pierre Althusser), 푸코(Michel Foucault)다. 이들은 머리만 굴리며 탐욕과 폭력과 전쟁의 광기에 빠진 근현대 서구 문명을 통렬히 비판하고 반성했다. 그러나 이들은 서구 문명을 넘어서는 건전한 대안을 진지하게 모색하고 제시하지는 못했다. 들뢰즈는 고층 아파트에서 뛰어내려 자신의 머리를 깨트리고 죽었고, 알튀세르는 정신분열증에 걸려 아내를 죽이고 정신병동에서 죽었으며, 푸코는 동성연애를 하다가 에이즈에 걸려 죽었다. 이런 광기와 불안에 빠진 이들의 철학이 현대인의 삶과 정신을 일깨워 새 문명으로 이끌어주지 못하리라는 것은 분명하다.

## 이성은 생명 진화의 과정에서 나온 것이다

서양 철학의 문제는 이성을 생명과 영성에서 분리시킨 데서 나온 것이다. 이성의 기원은 두 가지로 설명할 수 있다. 첫째, 생명 진화 과정에 비추어 설명한다. 본래 이성은 오랜 생명 진화의 과정에서 생겨났다. 생명, 본능, 의식, 지능(知)의 발전 단계를 거쳐 이성이 나왔다. 포유류의 모성애에서 감정과 지성이 발달했고 고등한 감정과 지성이 사랑에 의해 더욱 깊어짐으로써 생각하는 이성이 생겨났다.[6] 생각하는 이성은 자기와 남을 객관적으로 돌아보는 능력이다. 인간은 이성적 존재가 됨으로써 사람이 되었다.

다른 동물과 인간을 구별하는 근거가 이성이다. 다른 동물에게도 지능은 있으나 이성은 없다. 지능은 물질과 사건에 대한 이해관계에서 효율성을 추구한다. 나의 생존과 욕구에 이로운 것을 효율적으로 얻어내거나 해로운 것을 효율적으로 피하는 능력이다. 지능(知)은 물질적 대상과 본능에 속박되어 있다. 그러나 이성은 물질적 대상과 본능에서 자유로울 수 있기 때문에 대상과 자아를 객관화할 수 있다.

둘째, 하늘과 관련해 이성의 기원을 설명할 수 있다. 즉 사람이 하늘을 향해 직립함으로써 이성이 생겼다는 것이다. 직립하는 과정과 뇌의 크기가 커지는 과정이 일치했는데 머리를 들고 일어설수록 지성과 뇌세포가 발달했다. 사람이 자신과 사물을 땅의 물질적 이해관계에서 벗어나 무한히 넓고 깊은 하늘에 비추어봄으로써 지능에서 이성이 생겨났고 이성은 물질의 속박에서 벗어나 자유롭게 생각하기 시작했다. 하늘은 있기는 있는 것인데 없는 것이다. 하늘은 텅 빈 것이고 나눌 수 없는 하나이며, 모든 것을 품을 수 있는 큰 것이다. 하늘은 절대 하나이고 빔과 없음이며 무한이다. 절대와 무한에 비추어봄으로써 대상과 자아를 객관화·대상화할 수 있고 자기반성과 성찰이 가능해졌다.

오랜 생명 진화 과정을 거쳐 인간은 하늘을 향해 곧게 일어섰다. 하늘을 향해 곧게 일어선 인간이 하늘을 마음에 품음으로써 인간의 마음에서 이성이 생겨났다. 오랜 생명 진화 과정을 거쳐 생명이 하늘을 품음으로써 이성이 생겨난 것이다. 이성은 하늘과 생명의 자식이다. 이성은 하늘을 본받아 무한한 사유의 세계를 열었고 보편성과 일반성을 지향한다. 그러나 이성은 생명과 본능의 자식이기 때문에 생명의 원초적 본능과 생존 의지의 영향과 지배를 받는다. 이성은 본능과 의지의 탐욕과 편견에 물들어 있다. 하늘의 자녀로서 이성은 무한히 자유롭고 열려 있으나 본능의 자식으로서 원초적 욕망과 집착에 매여 있다.

이성은 하늘(절대, 초월, 무한)에 비추어볼 뿐 그 자체가 하늘이 아니며 하늘이 될 수 없다. 땅의 물질에 대한 욕망에 사로잡힌 이성은 직접 하늘을 생각할 수 없다. 이성이 하는 생각은 모든 것을 대상화해서 이해하는 것이며 대상화한다는 것은 이성이 이해할 수 있게 상대화·단편화·부분화하는 것이다. 그러므로 전체 하나, 하나님, 무한, 절대는 이성이 하는 생각의 대상이 될 수 없다. 하늘의 영과 접하고 하늘의 영을 받음으로써, 이성이 본능적 욕망에서 벗어나 이성과 영성이 통합되고 생각이 하늘을 향해 열리고 확장되어야 비로소 이성은 '하늘'과 '하나'를 생각할 수 있다.

영성은 하늘(비물질)을 상대하고 관계하며 소통하는 힘, 자질, 태도다. 이성은 하늘에서 영을 받아 영과 결합할 때만 하늘의 자식으로 제 구실을 할 수 있다. 또 이성만이 온전히 하늘의 영을 받을 수 있다. 이성은 인간이 하늘을 향해 곧게 섬으로써 생겨난 것이기 때문이다. 인간이 하늘을 향해 직립함으로써 이성적 존재가 되었으나 정말 이성적 존재가 되려면 하늘, 하늘의 영과 결합해야 한다.

## 서양 기독교 문명에 대한 반성

이성 철학에 기초한 서양 문명은 과학기술과 생산력에 바탕을 둔 과학기술과 산업 문명을 발전시켰으나 생명과 정신의 공동체적 전체성을 상실하고 전체 하나인 하늘의 영성을 잃어버렸다.

본래 서양 유럽 문명의 사명은 그리스의 로고스 철학과 기독교의 말씀(복음)을 통합하는 데 있었다. 신약성경의 요한복음에서 말씀을 로고스로 옮겼을 때 이러한 문명사적 사명과 과제가 주어졌다. 성경의 말씀은 하나님의 말씀으로서 율법과 계명, 또는 복음이다. 하나님의 말씀은 하나님의 뜻과 명령이고 하나님의 뜻과 명령의 내용은 하나님의 사랑과 정의다. 성경에 따르면 말씀으로 세상을 창조하고, 말씀이 죄와 죽음에서 인간을 구원하고 살린다. 말씀은 창조와 구원, 해방과 변혁의 힘을 지닌다. 히브리어 '다바르(dabar)'는 말과 사건을 함께 나타낸다. 말은 사건을 일으킨다. 그리스의 '로고스'가 이성과 이성의 기능, 인식과 설명을 나타낸다면 성경의 말씀은 영성과 창조와 해방과 변혁을 나타낸다. 성경에서 말씀은 그리스도를 나타내는데 그리스도는 사랑과 정의의 화신이다. 과학적이고 합리적인 이성과 정의와 사랑을 실현하는 영성을 통합하는 것이 유럽 기독교 문명의 과제와 사명이었다.

서양 기독교 문명은 이성과 영성의 통합에 실패했다. 신약성서에서 말씀을 로고스로 옮겼을 때 성서는 기독교의 말씀(사랑, 영성)과 그리스의 이성 철학의 통합을 추구한 것이다. 서양 기독교 문명의 사명과 목적은 이성(합리적 과학)과 말씀(사랑의 영성)의 참된 통합에 있었다. 중세철학은 이성을 시녀로 만든 교리 철학이고 18~19세기 계몽철학과 자유주의 신학은 영성과 신앙을 희생하거나 배제하고 이성을 왕과 지배자로 섬긴 이성주의 철학이다. 서양 문명은 신을 버린 문명, 신에게 버림받은 문명이다. 이성과 영성의 통합이 실패한 결과 서양 문명은 제1·2차 세계대전을 가져왔고 유럽 문명에서 기독교는 소멸되었다. 미국의 기독교는 이성도 영성도 부족한 종교다.

## 2. 유영모의 철학

서양의 이성 철학과 비교해서 유영모 철학의 기본 특징과 내용을 살펴보자.

### 주체 철학

서양의 이성 철학이 자기와 타자를 객관화·대상화·타자화하는 철학이라면 유영모의 철학은 자기와 타자를 주체화하는 철학이다. 다석의 철학은 오늘 여기의 나에게 집중하는 '오늘살이'의 철학이다. 오늘의 삶에서 영원을 사는 생명 철학이다.

류승국은 대학원에서 철학을 공부할 때 일주일에 하루는 다석을 찾아와 하루 종일 앉아 있었다고 한다. 박종홍, 고형곤, 이정오 등 철학계 원로가 모인 류승국의 결혼식에서 다석에게 한 말씀을 청하자 "신랑 신부 두 사람, 오늘 먹은 마음을 오! 늘 잊지 마시오"라고 했다.

'오늘'은 "오!"하고 감탄하며 영원 '늘'을 맞을 순간이다. 다석은 오늘의 순간에서 '늘'을 붙잡고 오늘을 '오!늘'로 살았다. 오늘의 순간에서 '늘'을 잡으려면 오늘 여기의 '나'를 붙잡고 '나'를 파고들어야 한다. 오늘의 삶 속에서 있는 것은 언제나 오늘 여기 '나'뿐이다. 여기 이 순간의 '나'는 하늘(하나님)의 영원과 이어지고 이웃과 만난다. 다석은 '하늘(의 우주)'을 '한늘'이라고도 썼다.[7] '하늘'과 '하늘의 우주'는 한결같은 '늘(영원)'이다. 이 순간의 덧없는 삶에서 '늘'을 잡은 나는 '한늘'에 이를 수 있다. '한늘'을 공간적으로 표현하면 하늘, 우주이고 인격적으로 표현하면 하나님이다.

'한늘'에 이른 '나'는 하늘의 아들(天子)이고 하늘의 아들은 하늘의 주인과 주체다. "내가 길이요 진리요, 생명이다"는 하늘의 아들, 예수의 선언이다. 다석은 1923년 「자고 새면」이라는 글에서 "내가 길이요, 진리요 생명이다"라는 말을 자신의 말로, 하늘의 자녀인 모든 사람의 말로 이해했다.[8] 내가 길이요 진리요 생명이라는 말은 길과 진리와 생명이 오늘 여기의 '나'에게서 생겨난다는 말이다. 다석의 철학은 '나'에게서 시작한다.

1918년에 쓴 「오늘」이라는 글에는 오늘살이를 강조한 다석의 주체 철학이 잘 나타나 있다. 다석의 주체 철학은 개인의 삶에 갇혀 있지 않고 타자와 세상을 향해 열려 있다. 오늘 내가 하는 일과 노동에서 수많은 사람을 만나고 수많은 세계가 열린다. 어떤 일을 하든지 그 일을 통해 수많은 사람들과 인연을 맺고 그들의 삶과 연결된다. 하나의 일에서 하나의 세계가 열린다. 하루에도 삼천세계(三千世界)가 벌어지고 대천세계(大天世界)가 열린다.[9]

사람이 스스로 하는 가장 주체적인 일은 '생각하는 것'이다. 밥 먹고 배설하고, 숨 쉬고 피가 도는 것은 몸의 기관이 자율적으로 하는 일이고, 보고 듣고 느끼는 것도 감각기관이 하는 일이다. 지식과 감정과 의식조차도 밖에서 주입되거나 자극받은 것이다. 그러나 '지금 생각하는' 행위만은 남이 대신할 수 없는 일이고, 의식적·주체적으로 '내'가 하는 일이다. 다석에게 생각은 하나님(하늘)과 소통하고 하나님을 만나는 일이다.[10] 하나님을 만나는 것은 내가 하나님의 자녀로 새롭게 태어나는 것이다. 생각함으로써 나를 불사르고, 나를 새롭게 생성하고 낳는다.[11] 나를 낳고 생성한다는 점에서 생각은 가장 주체적이고 창조적인 일이다. 생각은 나를 불태워 제사 지내고 하나님과 소통하는 것이고 나를 낳고 완성하는 것이다. 생각함으로써 하늘의 사람이 되는 것이다.

## 곧섬[直立]과 하나로 돌아감[歸一]: 주체의 깊이와 전체의 합일

서양의 이성 철학이 개념의 정확성과 논리의 일관성을 추구했다면 다석의 철학은 주체의 깊이와 전체의 합일을 추구했다. 서양의 이성 철학이 삶과 존재의 객관적 진리와 법칙을 탐구했다면 다석의 철학은 주체적 깨달음과 전체적 일치를 추구했다. 다석에게 주체적 깨달음과 전체적 일치의 자리는 하늘이다. 하늘은 한없이 깊으면서 전체가 하나인 곳이다.

다석은 삶의 뿌리를 하늘에 두었다. 하늘에 뿌리를 두고 살았던 그는 생사, 욕심과 분노, 지식에 매임 없이 자유롭게 살았다. 하늘을 향해 곧게 서서 하늘 아버지의 아들과 딸로 아버지와 사귀며 아버지의 뜻을 이루려 했다. 하늘과 땅 사이에서 머리를 하늘에 두고 곧게 선 인간은 하나님(하늘의 임)과 사귈 수 있다. 사람은 직립해 하늘과 통하고 천지인 합일에 이른다. 직립하여 천지인 합일에 이르고, 하나님과 영통해 사귀는 것은 천지인 합일의 우주적 실재를 나타낼 뿐 아니라 우주 생명 진화의 과정과 목적을 성취하는 것이다.

인류학자들은 사람이 침팬지와의 종족 번식을 위한 경쟁에서 이기기 위해 두 발로 걷기 시작했다고 한다. 먹이를 빨리 많이 실어 나르기 위해, 또는 먹이를 널리 구하러 다니기 위해 두 발로 걷게 되었다는 것이다.[12]

인간이 두 발로 서서 하늘을 향해 곧게 서게 되기까지 여러 가지 우연한 계기와 사건이 있었겠지만, 하등동물에서 고등동물을 거쳐 인간에 이르기까지 하늘을 향해 일어서는 과정이 진화사적으로 뚜렷이 나타나 있다. 생명의 오랜 진화 과정은 하늘과 땅 사이에 곧게 섬〔直立〕에 이르는 과정이었다. 하늘을 향해 곧선 인간이 되는 과정에서 원시인류는 커다란 송곳니가 퇴화하고 발톱이 연하고 부드럽게 되었는데 이것은 인간 사이에 공격보다는 상호 협력과 협동이 더 중요해졌음을 나타낸다.[13]

물질세계에서 땅의 평면을 배로 기거나 네 발로 기는 짐승들은 서로 충돌하며 생존 투쟁을 벌인다. 그러나 한없이 깊고 무한히 넓은 하늘을 알고 그 하늘을 품고 살게 된 인간은 서로 돕고 사는 삶을 살 수 있게 되었다. 하늘은 무한대라 서로 싸우지 않고 공존·공생할 수 있는 곳이다. 하늘을 알고 하늘과 사귐으로써 생각하는 이성이 생기고 무한과 초월을 그리워하고 맘에 품는 영성이 열렸다.

땅과 물질의 속박에서 벗어나 하늘의 자유에 이름으로써 사람은 생각하고 말하는 존재가 되었다. 생각하고 말하는 존재가 되었기 때문에 서로 협력하고 협동할 수 있었다. 직립해 하늘에 머리를 두고 하늘을 보며 살게 됨으로써 인류는 상생 협력의 새로운 생명 세계, 자기 초월의 영성 세계로 들어가게 되었다.

서양의 계몽주의에서는 이성을 남의 도움 없이 사용하는 것이 성숙이지만 유영모에게는 탐욕과 노여움, 삶과 죽음, 편견과 지식을 넘어서는 것이 성숙이다. 성숙은 자기로부터 자유로워지는 것이다. 자신을 제사 지내고 생각으로 자신을 불태워 없애고, 없음과 빔 속에서 새롭게 태어남으로써 성숙한 인간은 하나(하늘)의 세계로 간다.

### 신을 탐구하고 자연의 변화를 안다

서양의 이성 철학이 신을 멀리하고 언어 분석과 논리 실증주의로 귀결되었다면, 다석의 철학은 신을 탐구하고 신에 대한 지식과 깨달음에 근거해서 만물의 변화를 전체적으로 깊이 알고자 했다. 신과 영은 생명과 존재의 깊이와 전체를 나타낸다. 산업자본과 과학기술이 지배하는 서양 문명에서 신은 사라졌거나 죽었다. 이것은 신을 버린 이성 철학의 자연스러운 귀결이었다. 서양의 이성 철학은 생명과 존재의 깊이와 전체를 잃어버린 것이다. 다석의 철학은 과학과 이성의 보편성을 충분히 받아들이면서도 신과 영의 세계를 치열하게 탐구함으로써 신과 영의 세계가 생동하게 했다.

이성과 영성의 통합을 지향한 다석은 궁신지화를 말했다. 궁신지화는 『주역』에 나오는 말로 '신을 탐구하면 만물의 변화를 알게 된다'는 뜻이다. 영과 신의 자리에 이르러야 만물의 깊이에 이르고 모두가 하나로 통해서 모든 것을 알게 된다. 신이지래(神以知來)는 '신과 통하면 만물과 일의 변화를 알게 된다'는 말이다. 그러나 다석은 '만물의 변화를 알게 되면〔知化〕하나님을 알게 된다〔窮神〕'고도 했다. 궁신과 지화가 상통한다는 것이다.[14] 궁신은 종교와 철학의 일이고 지화는 과학의 일이다. 종교 철학과 과학이 서로 통한다는 것이다. 궁신지화는 영성과 이성의 통합을 나타낸다.

다석의 귀일 사상은 하나의 세계〔大同世上〕인 하늘, 하나이신 하나님에게로 가자는 사상이다. 다석은 하나님을 찾아 하나님께로 가는 것을 궁신이라고 하며 궁신은 인간의 본성이라고 했다.

> 마치 초목(草木)이 태양에서 왔기 때문에 언제나 태양이 그리워 태양을 머리에 이고 태양을 찾아 하늘 높이 곧이 곧장 뻗어가며 높이 서 있듯이, 사람은 하나님으로부터 왔기 때문에 언제나 우(하늘)로 머리를 두고 언제나 하나님을 사모하며 곧이 곧장 일어서서 하나님을 그리워하는 것이다. 사람이 하나님을 찾아가는 궁신은 식물의 향일성과 같이 사람의 가장 깊은 곳에 숨겨져 있는 사람의 본성이라고 생각된다.[15]

다석은 사람의 가장 깊은 곳에 하나님을 찾는 본성이 있다고 했다. 아우구스티누스(Aurelius Augustinus)는 번뇌와 고민 속에서 헤매다가 하나님 안에서 비로소 마음의 평안을 찾았다. 하나님이라는 말이 귀에 거슬리면 하나, 전체, 절대, 초월이라는 말을 생각해도 좋다. 그러나 마음속에서 간절히 갈구하고 찾는 대상은 인격적인 존재로 나타나기 마련이다. 하나님은 관념이나 이론의 대상이 아니라 인격적 체험의 대상이다.

오늘 하나님처럼 모독과 멸시를 당하는 존재가 없다. 물욕과 겉모습에 온통 마음을 빼앗기고 돈과 출세만을 생각하면서 내세우기는 하나님을 내세우니 이것은 하나님을 두려워하기는커녕 조롱하는 것이다. 오늘의 교회나 사회는 하나님을 찾는 본성을 잃었고 하나님은 없거나 죽었다. 하나님 없는 시대에 다석은 하나님의 존재를 뚜렷이 드러냈다.

다석은 사람이란 존재 자체가 하나님을 탐구하고 하나님에 힘입어 존재한다고 보았다. 또한 하나님과 자연 만물은 뗄 수 없이 결합되어 있다. 하나님을 탐구하면 자연 만물을 알 수 있고 자연 만물의 끄트머리를 알면 하나님을 알 수 있다. 사람 속에서 하나님과 만물이 만난다. 사람은 만물의 변화와 발전의 대법칙을 따라 세상에 나타났다. 생명 진화의 발전 단계들이 사람 속에 중첩되어 있다. 사람 속에는 물질, 생명, 마음, 지성, 정신, 영, 신의 차원과 요소가 있다. 사람의 맨 꼭대기에 신이 있다. 신은 하늘, 하나님과 통하는 것이고 하늘, 하나님을 나타낸다. 사람은 물질의 낮은 단계에서 정신의 높은 단계로 나아가는 생물학적 진화의 과정과 법칙을 구현한 존재로서 땅에서 하늘로, 물질에서 영으로 올라가는 존재다. 사람이 된다는 것은 만물의 변화와 발전의 법칙을 실현하며 하나님을 탐구하는 것이다. 신을 탐구한다는 것은 땅에서 하늘을 향해 올라가는 인생의 길을 가는 것이며 사람이 되는 것이다. 인생은 자연 만물의 변화·발전해가는 이치를 잡아타고 올라가는 과정이며, 만물의 이치를 아는 중묘지문(衆妙之門)이다. 물질 변화와 생물 진화의 이치를 가지고 하늘로 올라가는 인생길이 만물의 이치를 아는 '모든 오묘함에 이르는 문'이다.[16] 인생은 만물과 생활을 풍부하게 하는 신비의 문이다. 하늘을 탐구하며 하늘로 올라가는 것이 궁신이며, 궁신이 만물의 변화와 이치를 아는 지화의 문이다.

생각에는 추리와 영감이 있다. 추리는 자연의 변화를 탐구하는 과학적 사고이고 영감은 신을 탐구하는 영성적 사고이다. 다석에게는 추리와 영감이 결합되어 있다. 추리하다가 신통에 이르고 신통하면 도통한다. 추리를 통해 탐구하는 모든 학문은 신통한 것이다. 신통해야 만물의 이치에 두루 통한다. 영감으로서의 생각은 자신을 불사르고 낳아 신과 소통하고 연락하는 것이다. 생각은 속이 뚫림이다. 속이 뚫려서 영통하고 신통하게 되는 것이다. 궁신지화는 영성과 이성의 온전한 통합이다. 물질, 생명, 심리, 영의 세계는 물질과 영의 꼭대기인 신령의 자리에서 상통한다.

다석의 이러한 사상은 에드워드 윌슨의 유전공학적 환원주의와 대립한다. 윌슨은 유전공학과 생명공학의 원리에 기초해 종교, 철학, 미학을 아우르는 지식의 대통합을 주장한다. 자연과학적·물질적 환원주의다. 교환주의와 환원주의는 자본주의적 과학기술 문명의 이데올로기다. 윌슨이 내세우는 통섭의 영어 단어 'consilience'는 '함께(con) 뛰어 오르다, 도약하다(saliere)'에서 온 말이다. 위로 올라가서 하나가 된다는 말인데 윌슨은 유전공학의 물질적 차원으로 끌어내려서 과학, 종교, 철학, 미학의 모든 지식을 통합한다.[17] 물질, 생명, 심리, 정신, 영 사이에는 존재의 위계질서가 있다. 물질에 없는 존재의 차원이 생명에 있고 생명에 없는 존재의 차원이 심리에 있으며, 심리에 없는 차원이 정신에 있고 정신에 없는 차원이 영에 있다. 낮고 작은 존재의 지평으로 크고 높은 존재의 세계를 끌어내려 통합하려는 것은 존재론적 폭력이다. 크고 높은 존재의 지평에서 통합이 이루어져야 한다. 궁신에서 지화가 이루어져야 한다. 존재와 지식의 대통합은 하늘에서 영성과 신성에서 이루어져야지 땅과 물질, 유전공학과 신경과학에서 이루어질 수 없다. 다석은 자본과 기술 문명의 교환주의와 환원주의에 맞서 우주적 생명적 영성적 통합을 말했다.

### 주체의 실현과 완성

서양의 이성 철학 특히 근대 철학은 자연과 물질을 인식의 대상으로만 보았다. 그러나 이성과 영성을 통합한 다석은 물체를 이성의 인식 대상으로만 보지 않고 물체 속에 신령한 차원이 있다고 보았다. 하나님의 영에 이름으로써 인식의 주체인 이성은 자유롭고 온전하게 되고 인식의 대상도 주체와 깊이가 온전히 드러난다. 다석은 물체와 물질에서 하늘, '전체 하나'와 통하는 주체를 보았다. 물체는 전체와 통하는 존재의 깊이를 가지고 있다. 물질의 주체와 본성은 '전체 하나'와 통한다.[18] 다석은 만물이 하나님의 말씀과 뜻을 드러낸다고 했다.[19] 인간이 물질과 욕망과 편견에서 벗어나 참다운 주체인 '얼 나(참 나)'가 될 때 물체를 주체로 대할 수 있고 물체가 주체로 드러나며, 물체의 물성을 완성시킬 수 있다.

흔히 서양의 근현대 철학에서 물체는 인식의 대상에 머물고 욕망과 집착의 대상으로 전락한다. 물체뿐 아니라 인간마저도 대상화하고 타자화한다. 그러나 다석 철학에서는 인식 주체와 인식 대상이 서로 주체로서 자유롭게 만난다. 인식하는 인간의 주체가 하늘의 영에 이르러 자유로워질 때 비로소 물체가 욕망과 집착의 대상에서 벗어나 물질의 주체로서 있는 그대로 드러나고 실현되며 완성될 수 있다.

인식 주체와 인식 대상이 서로 주체로서 만나는 것이 불교가 말하는 "산은 산이고 물은 물"이라는 경지일 것이다. 그러나 인식 주체와 인식 대상이 서로 주체로서 실현되고 완성된다고 말함으로써 다석은 "산은 산이고 물은 물"이라는 인식론적 통찰을 넘어 존재론적이고 생명 철학적인 통찰에 이른다. 맘은 맘대로 하고 물건(몸)은 물건대로 되게 하라는 다석의 철학은 주체를 주체로서 자유롭게 실현하고 물건을 물성과 이치에 따라 실현하고 완성하는 좀 더 주체적이고 적극적인 생명 철학을 보여준다.

다석의 철학에 따르면 인식 주체의 깊이에서 인식 주체의 해방과 인식 대상의 주체적 실현에 이른다. 또한 인식 주체의 깊이에서 인식 주체와 인식 대상이 서로 주체로서 만난다. 유영모는 인식 주체와 인식 대상의 관계를 넘어 주체의 깊이에서 전체의 하나 됨에 이른다고 보았다. 주체를 깊이 이해할수록 전체를 이해하게 된다. 물체를 주체로 대할 때 물체의 깊은 본성과 세계가 한없이 드러난다. 인간과 만물을 주체로 대할 때 인간과 만물이 본성을 다하고 풍성한 생명의 세계가 드러난다.[20]

물질적 존재에 대한 욕망과 집착에서 벗어난 다석은 몸과 맘의 근심·걱정을 잊고 하늘의 빈탕한데〔虛空〕, 없음과 빔의 세계에서 놀고자 했다. 다석의 '빈탕한데 맞혀 놀이'는 서로 주체를 실현하고 완성하는 사랑과 정의의 놀이다. 다석은 섬기는 종으로서 어린아이처럼 서로 상처받고 상처 주면서 세상을 책임지고 사랑과 정의를 실현하는 '빈탕놀이'로 초대한다.[21] 없음과 빔의 세계에서 놀자는 다석의 영성 철학은 존재와 현실에 매인 서양의 이성 철학에 대한 비판이며 대안이다.

제6장

# 천지인 합일 사상

1. 천지인 합일 체험과 귀일 사상
2. 천지인 합일 철학
3. 모름지기와 천지인 합일의 실천

## 1. 천지인 합일 체험과 귀일 사상

**천지인 합일 체험과 사명**

다석은 1943년 2월 5일(음력 설날) 이른 아침에 북악(北岳) 마루에서 하늘과 땅이 자신의 몸과 마음에서 하나로 뚫림을 체험했다. 이때 지은 시구는 다음과 같다.

瞻徹天 潛透地(첨철천 잠투지)
申身瞻徹極乾元氣 · (신신첨철극건원기 · )
沈心潛透止坤軸力 · (침심잠투지곤축력 · )

[새김 글] 우러러 하늘 트고 잠겨서 땅 뚫었네
몸 펴고 우러러 끝까지 트니 하늘 으뜸 김 가운데
맘 가라앉혀 잠기고 뚫어서 땅 굴대 힘 가운데 디뎠네.[1]

이 글에서 다석은 하늘과 땅과 하나로 된 자신의 체험을 표현했다. 이 글을 다시 풀이하면 이렇다. "내 마음과 몸속에서 위로 하늘과 통하고 아래로 땅을 뚫었네. 몸 펴고 하늘 우러러 끝까지 펴니 하늘 원기 가득하고, 맘 가라앉혀 잠기고 뚫어서 지구를 돌리는 힘 가운데 디뎠네." 몸을 펴서 하늘 원기와 통하고 마음을 뚫어서 땅 중심에 이른다고 했다. 흔히 몸을 땅과 연결시키고 맘을 하늘과 연결시키는데, 다석은 몸을 하늘과 연결하고 맘을 땅과 연결했다. 맘과 하늘, 몸과 땅을 일치시키면 몸과 맘의 이원론에 빠지기 쉽다. 다석은 몸과 하늘, 맘과 땅을 연결함으로써 몸과 맘을 통합적으로 보았다. 몸으로 하늘 숨을 쉬고 마음으로 땅의 힘 가운데를 밟는다. 몸으로 하늘과 하나가 되고 마음으로 세상의 중심과 주인, 주체가 된다. 하늘과 땅과 내가 하나로 되는 것은 물질과 정신, 몸과 영이 하나로 되는 것이다.

그에게 천지인 삼재의 합일은 이론이나 철학 이전에 몸과 마음으로 체험하는 사건이고 실재였다. 천지인 합일의 철학과 논리는 우주와 인간의 존재와 삶을 설명하는 것이기 이전에 삶의 실재이고 실천을 표현하고 드러내는 논리였다. 따라서 그는 '하늘과 땅과 자신'이 하나임을 체험하고 '하나'를 붙잡고 '하나'를 지향했다.

다석의 천지인 합일 체험은 갑작스러운 신비 체험이 아니다. 다석은 이미 20대 초반에 과학 교사로서 기독교 신앙을 확립하고 그 후 동양 경전을 깊이 연구하면서 '오늘살이'의 주체적 생명 철학에 들어갔다. 그리고 나서 동양 종교 사상을 바탕으로 보편적인 생명 철학을 세웠으며 다시 기독교 신앙에 깊이 들어가 체험적인 생명 철학을 확립했다. 믿음과 철학의 깊고 원숙한 경지에 들어간 다음 하늘과 땅이 하나가 되는 체험을 한 것이다.

다석의 천지인 합일 사상은 다석 사상의 종합이면서 씨올 사상의 뿌리다. 다석의 천지인 합일 사상은 여러 가지 요소와 내용을 아우른다.

다석의 천지인 합일 사상은 하늘과 땅 사이에 곧게 선 인간의 모습과 직결된다. 인간이 발을 땅에 딛고 머리를 하늘로 향하고서 곧게 선 것은 생명 진화 과정의 귀결일 뿐 아니라 하늘을 그리워하고 하늘과 하나가 되려는 인간의 형이상학적이고 종교 철학적인 인간 본성의 나타남이다.[2] 하늘을 향해 곧게 서서 천지인 합일을 이루는 것이 생명 진화 과정을 완성하고 그 목적을 이루는 것이며, 사람이 사람으로 되는 것이며, 하늘의 뜻과 사명을 이루는 것이다.

인간의 곧섬에서 천지인 합일을 위한 생물학적 진화는 완성되고 천지인 합일을 위한 영적 진화로 나아가게 되었다. 이미 우주는 자연의 천지인 합일을 이루고 있다. 하나의 씨알이 싹틀 때 하늘과 땅의 온 우주가 참여한다. 꽃 한 송이, 낟알 하나, 사과 한 알은 이미 하늘과 땅의 합일을 이룬 것이고, 사람이 농사를 짓는 것은 천지인 합일을 이루는 것이다. 인간의 삶은 천지인 합일을 이루고 있다. 인류 역사는 물리적·물질적 자연의 천지인 합일에서 정신과 영의 신령한 천지인 합일로, 물질의 성장에서 영의 성장으로 나아가는 역사다.

### 천지인 삼재 사상과 음양오행 사상

천지인 삼재(三才) 사상은 하늘을 중심으로 하늘과 땅과 인간을 통합하는 사상이다. 이것은 고대인들이 본능적이고 직관적으로 삶 속에서 체득한 우주관과 인생관이다. 천지인 삼재 사상은 하늘과 땅과 인간의 우주적·생명적·영적 실재에 근거하고 하늘과 땅, 영과 물질의 우주적·생명적·상호작용과 교감을 반영한다. 또한 하늘과 땅의 중심에 있는 인간이 하늘과 땅을 연결하고 소통함으로써 이루어지는 하늘과 땅과 인간의 합일은 인간의 생명과 정신 속에서 어느 정도 경험하고 확인한 것이다. 천지인 삼재 사상은 하늘을 그리워하고 하늘과 소통하며 하늘로 가려는 인간의 열망을 담고 있다.

문화와 문명이 발달하면서 많은 민족들은 자연 만물과 다른 민족을 정복하고 지배하는 생활에 길들여지면서 천지인 합일 사상에서 멀어져 갔다. 그러나 한민족은 남달리 천지인 삼재 사상을 오랜 세월 지켜왔다. 한국인은 옛날부터 하늘을 그리워하고 하늘과 통함으로써 천지인 합일에 이르려 했다. 한국은 오랜 세월 중앙아시아에서 만주와 한반도로 이주하는 과정에서 하늘을 보며 지냈고, 하늘의 별을 따라 이주했다. 또 유목 문화와 농업 문화가 섞여 있고 지역에 산이 많은 탓인지 하늘을 우러르는 종교 문화가 발달했다. 단군신화에서도 하늘을 열고 하늘에서 내려와 나라를 세운다. 중국의 왕들은 땅 제사와 하늘 제사를 모두 올렸으나 한국의 왕들은 하늘 제사만 드렸다.[3] 한국 민족은 하늘에 뿌리를 둔 백성이다. 예로부터 한민족은 하늘을 우러렀다. '한민족'의 '한'은 '하늘', '큰 하나'를 나타낸다.

한국 사회도 농업 중심 사회가 되고 중국의 영향을 받으면서 한국의 전통 사상이 음양오행 사상과 섞였다. 우실하에 따르면 한국 전통문화의 구성 원리는 종교 문화사적으로 삼재론을 중시했던 북방 수렵 문화와 음양오행설을 따랐던 남방 농경문화의 만남에서 비롯된 것이다. 그리하여 한국 전통문화는 삼재론 중심의 음양오행론*으로 정착되었다고 한다.[4]

---

• 음양(陰陽)은 햇빛 비치는 곳과 그늘진 곳을 나타내고 오행(五行)은 목(木), 화(火), 토(土), 금(金), 수(水)의 땅을 이루는 여러 요소들을 나타낸다. 음양오행론에 따르면 땅의 물질적 요소들에 의해 인생과 역사가 규정된다.

한글도 천지인 합일 사상을 중심으로 음양오행 사상을 따라 만들었다. 입안에서 나는 소리와 글자의 위치는 오행에 따라 설명되고 소리의 성격은 음양에 따라 규정된다. 그러나 기본 모음 'ㆍ ㅡ ㅣ'는 천지인 삼재 사상을 따라 만들어졌다. 기본 모음의 구성 원리가 한글의 중심 원리다.

다석은 기독교의 하나님 신앙을 체험적으로 깊이 받아들여 천지인 합일 체험을 하고 한글 철학과 민족종교 경전인 『삼일신고』를 연구함으로써 귀일 철학에 이르렀다. 그의 귀일 철학은 하늘을 지향하는 천지인 합일 철학이다. 이것은 한국 고대의 천지인 삼재 사상을 회복한 것이다.

한국의 정신과 사상은 본래 낙관적이고 감정적이다. 이것이 운명론적인 음양오행 사상과 결합함으로써 더욱 약하고 소극적으로 되었다. 유영모는 음양오행 사상을 운명론적이고 결정론적인 것으로 비판하고 천지인 삼재 사상으로 돌아갔다.[5] 운명론적인 음양오행 사상을 걷어 냄으로써 다석의 천지인 합일 사상, 다시 말해 귀일 사상은 '나'를 깊이 파는 주체 철학과 결합된다.[6] '나'를 깊이 파는 다석의 주체 철학은 조화와 합일을 추구한 낙관적 한국 전통 사상인 '천지인 합일 사상'에 깊이와 심각성을 부여했다.

### 고디(곧음)와 하나

다석은 인간의 곧섬에 주목하고 '고디(곧음)'의 철학을 제시했다. 하늘과 땅 사이에 곧게 선 인간은 하늘과 땅을 잇는 존재다. 인간이 곧게 서는 것은 하늘과 땅과 인간의 합일을 나타낸다. 천지인 합일은 물질, 생명, 지성, 영성, 신성의 합일을 뜻한다.

곧게 선 인간은 땅에서 하늘을 향해 솟아올라 가는 존재다. 오랜 생명 진화를 거쳐 땅 위에 곧게 선 인간은 생명 진화를 완성한다. 하늘을 향해 곧게 선 인간은 생각하는 존재이며 생각과 말씀으로 자아를 형성하고 하늘과 땅의 우주 생명을 완성으로 이끈다. 인간은 하늘과 땅 사이에서 하늘을 향해 하나 되어 나가는 존재다. 하늘 땅 사이에 곧게 선 인간은 저만 아니라 모두가 함께 하나인 전체, 하늘나라에 들어가자〔歸一〕는 것이다.

곧게 선 인간은 다양하고 복잡한 물질세계를 이끌고 하늘로 귀일하는 존재다. 귀일, 즉 하나로 돌아감은 생명 진화의 완성이며 천지인 합일, 전체 하나에 이름이다. 사람이 곧게 서서 하늘을 향해 나가는 것은 '나'의 속을 깊이 파서 나의 속, 본성이 뚫려서 하늘과 통하게 되는 것이다. 속이 뚫려서 비어야 곧을 수 있고 곧아야 하늘과 통한다.

전체 하나의 세계인 하늘로 가는 것은 나를 깊이 파고 속을 뚫어서 끊임없이 나를 새로 태어나게 하는 것이다. 곧게 선 사람은 나를 깊이 파고 끊임없이 새롭게 형성함으로써 천지인 합일의 길을 간다. 곧게 선 사람의 길에서 주체는 더욱 깊어지고 전체는 하나가 된다.

## 2. 천지인 합일 철학

유영모는 평생 하늘을 우러르고 하늘로 솟아올라 하늘, 땅, 사람의 '하나 됨'에 이르려 했다. 하늘로 오르려면 하늘과 땅 사이에 곧게 서야 한다. 땅으로 구부러들면 하늘로 오를 수 없다. 곧음은 사람의 주체

(ㅣ)를 나타내고 모든 것을 아우르는 하늘은 동그라미로 표시한다. 곧은 인간만이 하늘의 동그란 원만에 이른다. 곧음과 동그라미가 결합한다. 하늘은 막힘도 거리낌도 없이 두루 통하는 자리다. 곧으면 두루 통한다. 몸과 마음이 곧으면 숨이 깊고 편안하게 잘 쉬어지고, 몸과 마음의 기관과 기운이 두루 통한다. 곧으면 숨이 깊고 회통한다.

다석은 이른바 장생술, 양생술을 두루 실행해보았지만 몸과 마음을 곧게 하는 것이 가장 좋은 수련법이라고 했다. 그의 몸가짐과 마음가짐은 한결같이 곧았다.[7] 다석은 평생 '하나', '하나님'께로 돌아가는 삶을 추구했다. '하나'인 '하늘'로 돌아가는 것이 인생이고 철학이고 종교다.

## 가온 찍기와 천지인 합일: 한글 철학과 기독교 십자가의 만남[8]

다석은 『다석 일지』 1955년 12월 26일의 글에서 "+(— ㅣ ·) 낭게 달니신 예수"라고 함으로써 십자가와 한글 기본 모음 '— ㅣ ·'를 결합시켰다. 십자가의 표기 +는 '— ㅣ ·'를 합쳐 놓은 것임을 시사한다. 십자가는 하나님과 인간, 인간과 인간의 화해와 일치가 이루어지는 자리이고 —(땅), ㅣ(인간), ·(하늘)는 천지인 합일의 철학을 담고 있다.

십자가와 '— ㅣ ·'는 가온 찍기의 의미를 함축하고 있다. 예수는 스스로 십자가에 달려 죽음으로써 땅의 죄악과 불의를 뚫고 위로 솟아 하나님께 이른다. 십자가는 자기를 죽임으로써, 다시 말해 자기의 가운데를 점으로 찍음으로써 영원한 생명에 이른다. '— ㅣ ·'에서 '—'는 세상을 나타내고 'ㅣ'는 세상을 뚫고 위로 솟아오르는 인간을 나타내며, '·'는 가온 찍기를 통해 도달해야 할 영원한 생명과 하나님을 나타낸다. 다석은 이미 1956년 12월 17일에 쓴 한시에서 아래아 'ㆍ'로써 가온 찍기를 나타내기도 했다.

김흥호는 다석의 "+(ㅡ ㅣ ㆍ) 낭게 달니신 예수"를 이렇게 설명한다. "ㅡ ㅣ ㆍ는 수평선, 수직선, 태극점으로 세상 죄의 수평선(ㅡ)을 의(義)의 수직선(ㅣ)이 뚫고 올라가서 아버지 가슴 한가운데(ㆍ) 도달하는 '가온찍'이 점심(點心, 마음에 점 찍기)이 으이아(ㅡ ㅣ ㆍ)요 십자가다."[9] 이렇게 보면 한글과 십자가 신앙이 절묘하게 결합한다. 가온 찍기는 위로 솟아올라 하늘 아버지 가슴 한가운데 이르는 것이다.

한글과 십자가가 천지인 합일을 나타낸다. 땅의 권력인 국가권력(로마)과 종교권력(예루살렘 성전)이 세운 십자가가 땅의 권력을 깨트리고 하늘 문을 연다. 다석은 십자가에서 예수가 '묵은 누리(낡은 세상)'의 돌받침을 깨트리고 '하늘 문'을 세우셨다고 했다. 이로써 '새 천지의 개벽'은 시작되고 인간은 '천문(天門)으로 통하게 되었다".[10]

예수가 십자가에 달렸다가 몸으로 부활했다는 것도 천지인 합일을 이루었음을 뜻한다. 예수는 사람이고 몸은 땅이고 부활 생명은 하늘을 나타낸다. 예수(사람)가 몸(땅)으로 부활(하늘)했다는 것은 천지인 합일을 나타낸다. 하늘의 말씀〔天〕이 흙으로 빚어진 몸〔地〕을 입고 사람〔人〕이 되었다는 성육신 교리도 천지인 합일을 나타낸다. 십자가는 가온 찍기를 하고 하늘로 솟아올라 천지인 합일을 이루는 자리다.

### 줄곧 뚫림

다석은 중용을 줄곧 뚫림으로 이해함으로써 사람의 가운데〔中〕가 뚫려서 하늘과 통하고 이웃 만물(땅의 세계)과 통하는 삶, 다시 말해 천지인 합일을 추구했다. 다석의 중용 해석은 유학자들의 중용 해석과 다르다. 다석은 1968년 무등산에서 『중용』을 우리말로 완역했는데 중용을 '가온〔中〕 쓸〔用〕', '줄곧 뚫림'으로 옮겼다.[11] '중용'을 '가운데'를 '쓴다'는 의미로 풀이한 것도 다석의 중용 이해가 주체적이고 역동적임을 보여준다. 더 나아가서 다석은 '중'을 동사로 보고 '줄곧 뚫림'으로 이해했으며, '속의 속'인 '나'가 줄곧 뚫림으로써 비워져서 절대 초월자 하나님(성령)과 소통한다고 보았다.[12] 또한 다석은 '속의 속'을 중(中)이라 하고 '중'을 '참 나'라고 했다. 그리고 '나'가 '우주의 중심'이라고 함으로써 주체적으로 '중'을 파악했다.[13] 중용은 '속의 속'이 비고 뚫려서 하나님, 우주 생명, 성령과 소통하는 것이다. 이와 같은 다석의 '중' 이해는 매우 주체적이고 역동적이다.

다석은 '天命(천명)'에서 命을 파자(破字)하여 '관(管), 줄'로 보고, '천명'을 '하늘 뚫린 줄'이라고 옮겼다. 천명(天命)은 하늘의 명령, 말씀, 목숨이고 하늘과 통하는 '영(靈)'인데 이것을 '받홀'이라고 했다.[14] '받홀'은 바탈, 본성을 뜻하고 (천명을) '받아서 할'을 나타낸다. 천명은 사람의 바탈이고 사람의 바탈은 '하늘 뚫린 줄'이다〔天命之謂性〕. 다석은 '하늘 뚫린 줄'인 '바탈'을 '속 나〔中〕'라고 했고 '속 나'를 좇는 것〔率性之謂道〕을 '도(道), 용(庸)'이라 했다. '속 나'가 자율과 주체의 힘을 갖게 되는 것을 신통하여 성령을 받는 것이라고 했다. 그래서 다석은 "신통이 중용이다"[15]라고 했다. 다시 말해 중용을 '속 뚫림'이라고 하고 천명을 '하늘 뚫린 줄'이라 함으로써 마음속이 줄곧 뚫려서 위로 하늘과 통하고 옆으로 이웃, 만물과 통함을 말했다. 하늘과 통하고 이웃, 만물과 통하는 '줄곧 뚫림'에서 천지인 합일이 이루어진다.

## 숨: 천지인 합일

숨을 바로 쉼으로써 천지인의 '하나 됨'에 이른다. 유영모는 숨을 목숨, 말숨, 우숨으로 구분한다. 목숨은 목으로 쉬는 숨이고 말숨은 말씀과 생각으로 쉬는 숨이고 우숨은 '위', '하늘'의 얼숨으로 쉬는 숨이다. 그런데 목숨과 말숨과 우숨이 하나로 통한다. 목숨이 말숨이 되고 말숨이 우숨이 된다. 목으로 쉬는 숨이 생각과 뜻으로 울려서 말소리가 되고 말소리로 생각과 뜻을 나누는 것이 말숨을 쉬는 것이다. 말숨에 얼이 깃들면 시간과 공간을 넘어 하늘의 영원한 생명이 숨 쉬게 된다. 이것이 우숨이다.

우숨이 되어 신령한 얼의 세계와 통한 숨은 우주의 대자연의 생명과 통하고 무한 초월의 하늘과 통한다. 우숨을 쉬는 사람은 우주의 꼭대기에서 몸, 맘, 얼과 온 우주를 하나로 꿰뚫는 얼숨을 쉰다.

> (숨을 바로 쉬는 사람은) 태양계를 넘어 은하계, 우주도 넘어 허공의 하늘을 넘어 하늘을 먹음은 마음보다 높은 자리, 성령이 충만한 자리에 산다. 그런 자리에서 얼 김〔眞理靈氣〕을 맞으면 마음 문이 열리고 코가 뚫리고 귀가 띄며, 큰 기운이 온 몸의 세포들을 꿰뚫고, 땅과 바다와 온 우주를 하나로 꿰뚫는다.[16]

그러나 성령이 충만한 얼의 세계는 숨 쉬는 사람의 얼굴에 드러난다. 얼굴은 얼의 골짜기요 얼의 굴이다. "영혼을 드러내는 골짜기가 얼굴이다."[17] 다석은 사람의 얼굴 속에서 우주의 무한한 신비를 본다. "얼굴을 보니 그 골짜기가 한없이 깊다. …… 소뇌, 대뇌를 넘어서 우주의 무한한 신비가 얼굴 뒤로 연결되어 있다."[18] 그리고 얼굴 속에는 얼굴의 참된 주인인 얼(신)이 들어 있다. "...... 별 하늘 뒤에 뒤에 천천 만만의 별 하늘 ...... 그 뒤에 생각의 바다가 있고 신의 보좌가 있고 얼굴의 골짜기가 한없이 깊다. 그 깊은 그윽한 곳에 얼굴의 주인인 진짜 얼이 계신 것이다."[19] 사람의 얼굴 속에 "우주의 가장 깊고 깊은 성스러운 지성소"가 있고 그 지성소 속에 우주의 신비와 인간의 신성이 "튼튼하고 곧바르게 곧이곧게 ...... 들어 박혀 있다."[20] 우주 만물의 신비와 인간의 신성(영성)이 사람의 얼굴에서 하나로 통한다. 사람의 얼굴에서 천지인 합일이 이루어진다.

유영모에게 성신은 거룩한 영기(靈氣)이고 숨님이다. 하나님과의 부자유친은 거룩한 하늘 숨을 쉬는 것이다. 다석은 「어버이 섬기는 생각〔思事親〕」이란 시에서 이렇게 말했다. "하늘로 내려와 내 속을 만드시고 채우시는 어버이의 크신 허락이 이 외지(外地)에 나와 있는 내 손에 쥐어졌으니, 나는 내 생명의 전부이신 어버이께서 시시각각으로 친히 내게 보내시는 사랑과 생명의 보급을 호흡해 이 몸을 피이며 살으리."[21] 하늘 아버지를 그리워하고 하늘 아버지의 힘을 입어 흙으로 빚어진 몸으로 하늘 숨을 쉬며 산다. 몸으로 하늘 숨을 쉬는 것이 하나님과의 사귐이고 천지인 합일이다. 사는 것은 하늘의 은총이고 허락이면서 지금 여기서 내가 스스로 하는 것이다. 따라서 사는 것은 한없이 수동적이면서 철저히 능동적이다.

### 천지인 합일: 인간과 물건의 완성

천지인 합일에 이르면 천지 만물과 역사를 창조하는 하나님의 일에 참여해서 인간과 물건(일)을 완성할 수 있다. 『중용』에서 말하듯이 하늘과 땅과 인간의 본성을 따라 인간과 만물의 본성을 발휘시키고, "하늘과 땅이 변화시키고 육성시키는 일을 돕게 될 것이고 하늘과 땅이 변화시키고 육성시키는 일을 돕는다면 하늘과 땅과 더불어 대등하게 참여하게 될 것이다"(22장). 유영모의 천지인 합일 사상은 인간과 물건의 완성을 지향한다. 유영모는 하나님이 계신 데 이르러 인간과 물건을 완성한다고 했다.[22]

### ① 물체는 물질의 주체다

천지인 합일 체험에서 드러나듯이 유영모는 몸과 땅을 존중했다. 몸이 하늘의 원기와 통하고 마음은 땅의 중심과 통한다. 유영모는 물질에 대한 탐욕과 집착에서 자유로울 것을 강조하면서도 물질의 세계, 우주 만물 자체는 하나님(전체 하나)과 닿은 신령한 것으로 여겼다. 그의 천지인 합일 사상은 물질에서 영으로 솟아올라 하늘로 가자는 것이지만 땅에 속한 물질의 세계도 천지인 합일에 주체로 참여한다.

다석은 만물을 '죽은 물체'로, 단순한 분석의 대상으로 보지 않았다. 그에게 만물은 '말씀'을 드러내는 실마리이며, 자신의 존재를 피워내는 불꽃이다.[23] 더 나아가 다석은 만물을 신의 말씀을 나타낸 '글씨'라고도 했다. "하늘과 땅의 뭇 물질세계가 다 내 손을 대어 읽어야 할 점자(點字)로 된 (계시의) 글 문장들이다."[24] 만물을 '말씀'을 드러내는 실마리와 글씨로 본 것은 세상이 말씀으로 창조되었다는 기독교적 세계관을 반영한다.

다석은 더 나아가서 물체를 '물질의 덩어리'가 아니라 '물질의 주체'로 보았다. 다석은 물체의 주체를 물질의 '머사니', '거시기'라고 했다.²⁵ '머사니'와 '거시기'는 분명하게 특정 지을 수 없는 무엇을 나타내는 말이다. 다석은 하늘과 땅에 있는 모든 현상과 사물의 그 밑뿌리를 '머사니', '거시기'라 하고 '머사니'는 '하나'라고 했다. '하나'로서 '머사니'는 '하늘과 땅의 뿌리'다.²⁶

'머사니'와 '거시기'는 사물과 물건의 본질이 특정한 개체 속에 있는 것이면서 '전체적 하나〔全一〕'와 연결된 것임을 나타낸다. 모든 사물과 물체는 전체 '하나'와 이어져 있고 사물과 물체의 주체와 본질은 전체적인 '하나'다. 이처럼 다석은 '하나인 전체'를 나타내는 '머사니', '거시기'를 물건의 주체와 본질로 봄으로써 주체와 본질을 일치시키는 역동적이고 일원적인 물질관을 제시한다.

물체를 물질의 주체로 보고 물체의 본성이 우주 전체와 하나로 이어져 있다는 다석의 이러한 물질관은 인과율의 지배를 받는 현상적인 물질 이해와는 다르다. 인과율의 지배를 받는 물체들은 현상적으로 이해된 개체들이다. 이런 물질 이해에서는 물체의 깊이와 전체 연관성이 드러나지 않는다.

다석에 따르면 물건 하나하나에 '머사니'가 있다. '머사니'는 물건의 가치이며 본질이다. '머사니'가 떠나가면 물건의 성질이 없어진다. 머사니가 몸에 들어가면 활기가 있고, 떠나면 아무것도 아닌 것이 된다.²⁷ 또한 다석은 '머사니'를 '참', '뜻', '참 뜻'으로 보았다. 참(誠)은 물건의 시작과 끝이다.²⁸ 물건 속에 '참 뜻'이 있으면 물건은 '참'이 된다. 물건이 살고 죽는 가치를 나타내는 '참 뜻'을 다석은 신(神)이라고 한다. '머사니'는 '참 뜻'이고 '신'이다. 다석은 물건 속에 신이 있다고 했다. 머사니, 참 뜻, 신은 '전체 하나'를 나타내는 것이다. 만물에 들어가 자기를 주장하는 '머사니', '참', '뜻', '신'을 다석은 물건의 주체(主體)라

고 한다.[29]

　머사니를 지닌 물체는 우주 전체와 긴밀하게 결합되어 있다. 물체의 본성이며 주체인 '머사니'는 물체의 뿌리이고 참이며 보편적이고 영원하며 '하나'다. 모든 물체는 전체 하나와 이어지고 전체 하나를 드러내는 것이므로 한없이 깊고 신령한 것이다. 물체는 주체로서 무한한 깊이를 가지며, 우주 전체와 연결된 신성을 지니고 있다.

　따라서 물질의 주체이며 본성인 머사니를 탐구하면 끝없이 새로운 것이 나온다. 물체의 '참(진리)'을 따져 나가면 그 물체에서 새로운 것이 주체로서 자꾸 나온다. 이처럼 새롭게 나오는 것이 참(진리)다.[30] 다석은 『주역』에 나오는 개물성무(開物成務)를 "천하의 모든 현상과 물건의 이치와 그 뜻이 변하는 것을 규명"함으로써 "완전히 …… 연구해서" "물건이 점점 더 열리게 하여" 우리가 "점점 잘살게 된다"고 했다.[31]

　다석은 물체 속에서 신적 깊이를 보고 인간이 물체를 물질의 주체로 존중하고 연구하며 드러냄으로써 물질의 세계가 풍성하게 열리고 인간의 삶이 풍부해진다고 했다. 개물성무는 물질세계가 인간을 통해 천지인 합일에 참여하는 것이다. 다석의 이런 물질 이해는 물질의 법칙과 지식을 알아내 물질을 지배하고 정복함으로써 행복을 누릴 수 있다는 데카르트와 베이컨(Francis Bacon)의 물질관과는 근본적으로 다르다.

② **인간과 물건의 완성**

　물건이 열려서 풍성해지려면 물건을 주체로 여기고 물건이 물건 그대로 주체로서 드러나게 해야 한다. 다석은 물건이 물건으로서 그대로 드러나려면 물건과 인간이 서로에게서 해방되어야 한다고 보았다. 먼저 인간이 물건에서 해방되어야 한다. 물건에 욕심을 내고 집착하기 때문에 인간은 물건을 물건 그대로 주체로 보지 못하고 물건을 소유 대상으로만 여긴다. 인간이 물건에 집착하면 물건에 사로잡히고, 물건에 사로잡히면 물건에 갇힌다. 인간은 영적인 존재로서 물건에 대한 욕망과 집착에서 벗어나야 자유롭게 자기를 실현하고 완성될 수 있다.[32]

인간이 물건에 대한 욕심과 집착에 사로잡혀 있는 한, 물건도 인간의 욕심과 집착에 의해 갇히고 닫힌다. 물건은 물건 그 자체로서 드러나지 못하고 인간은 물성을 그 깊이와 전체의 맥락에서 알 수 없게 된다. 욕심과 집착에 휘둘린 인간의 인식론적 폭력에 희생된 물건은 은폐되고 왜곡되며 파괴된다. 다석은 욕심과 집착에서 벗어나 텅 빈 마음에 이르는 것이 인간이 물건에서 해방되고 물건이 인간에게서 해방되는 길이라고 보았다. 다석은 물건이 인간의 마음에 의해 왜곡되거나 조작되지 않고 그대로 드러나면, 인간의 속알, 정신이 밝아진다고 했다. 욕심과 집착에서 벗어난 맑고 빈 마음, 빈탕의 마음이 만물을 천연 그대로 조작 없이 주체로, 물성 그대로 드러나게 한다. "만물이······ 조작 없이 천연 그대로 마음에 제대로 보이면······ 우리의 속알은 밝아진다. 이것이 빈탕을 유지하는 것······ 빈탕의 마음을 만드는 것이다."[33] 또한 다석은 인간의 속마음에 물건에 대한 욕심이 생기면 속은 어두워지고 영적인 자유를 잃는다고 했다.[34]

다석은 '몬(물건)'에 '맘'이 살아나면〔生心〕몬도 맘도 못쓰게 된다고 했다. 몬과 맘이 서로 자유로워지려면 맘이 빈탕 마음을 지켜야 하고 빈탕 마음을 지키려면 빈탕한데로 가서, 빈탕한데의 주인인 '전체 하나' 하나님과 '빈탕한데에 맞혀 노는 놀이'를 해야 한다고 했다. 몬(물건)과 맘(속알)을 완성하려면 '빈탕한데', '하나', '하나님'께로 가야 한다.[35]

다석은 인간과 물건의 해방과 완성을 위한 좀 더 구체적인 지침을 제시한다. 인간과 물건이 서로 해방되어 완성되려면 '나'의 호기심이나 이해관계에서 벗어나야 한다. 그래야 사물과 인간을 있는 그대로 이해하고 그 존재와 본성이 실현되고 완성되도록 할 수 있다. 호기심이나 욕심을 가지고 지나치게 친절하거나 멸시하는 것은 덕이 부족하기 때문이다. 속알[德]이 영근 사람은 물성과 인간성이 스스로 완성된다. 성숙한 사람이 물성을 완성시킬 수 있다. 성숙해야 '좋고 싫은' 주관적인 편견에서 벗어날 수 있고 편견에서 벗어나야 모든 일이 법도대로 처리되고 사람의 삶이 올바르게 된다.

다석은 『대학』의 격물치지를, 마음과 물건을 주체로서 실현하고 완성하는 것으로 이해했다. 격물은 이치를 따져서 잘사는 방도를 찾는 것이다. 그리고 '남'과 물건을 완성시키는 과정은 '나'를 완성시키는 과정이기도 하다. 물건과 '남'을 주체로 세우고 완성하는 일은 '내'가 주체가 되고 완성되지 않고는 할 수 없는 일이기 때문이다. 따라서 물건과 '남'을 해방하고 완성하는 길은 '나' 자신이 해방되고 완성되는 길이다. 물성의 완성과 '나'의 완성은 순환적으로 맞물려 있다.[36]

## 3. 모름지기와 천지인 합일의 실천

### 모름지기

온갖 시비 판단을 넘어서서 물성과 인간을 완성시키는 일은 '어진 마음을 살려 인간과 만물을 모두 실현하고 완성하려는' 하나님의 마음에 이르러야 한다. '전체 하나'의 주인인 하나님께 가야 편견을 넘어서서 만물을 살리고 '내' 마음을 자유롭게 완성할 수 있다.[37]

온갖 시비 판단을 넘어 '나'와 '물질'을 왜곡하지 않고 전체 하나(천지인 합일)의 자리에서, 하나님의 심정으로 '나'와 만물을 실현하고 완성하려면 이성의 앎과 인식의 지평을 넘어서야 한다. 물질과 이성의 빛이 '나'와 '물질'의 깊이와 전체를 드러내지 못하기 때문이다. '나'와 '물질'의 깊이와 전체는 '전체 하나(하나님)'의 자리에서 온전히 드러난다. 그리고 '전체 하나'는 물질과 이성의 빛이 닿지 않는 모름의 어둠 속에서 드러난다.

따라서 유영모는 모름지기(모름직이)를 강조하면서 모름지기를 '모름을 지키는 이'로 풀이한다.[38] 모름지기는 '마땅히', '꼭'을 나타내는데, 모름을 지킬 때만 이 세상에서 '하나'를 붙들 수 있고 '하나'를 붙들 때 비로소 '마땅히', '꼭'이 성립한다는 것이다. 절대 진리의 세계는 '하나'의 세계, 필연의 세계이고 필연의 세계에서는 모름을 지켜야 한다. 절대 세계의 모름을 지켜야 상대 세계의 앎을 알 수 있고 상대 세계에서 '반드시', '꼭'이 성립한다. '마땅히', '꼭'이 성립해야 믿음이 있고 믿음이 있어야 '나'와 세상을 이끌고 만물과 생명을 실현하고 완성할 수 있다.

천지인 합일에 이르러 인간과 만물을 완성하려면 모름을 지켜야 한다. 물질과 이성의 빛이 드러내는 세계는 참된 세계의 작은 부분에 지나지 않는다. 물질과 이성의 빛에 의지한 인간의 지식과 앎은 삶의 실상에서 벗어난 것이고 전체 하나, 절대 하나(하나님)에게 미치지 못하는 것이다. 이런 지식은 '나'와 삶과 전체(하나님)를 은폐하거나 왜곡하기 쉽다. 모름을 지키는 것이 성숙한 것이다. 전부 안다고 생각하는 사람은 자신을 완성할 수 없고 인간과 일을 완성시킬 수 없다. 모름을 지킴으로써 '참 나'가 되고 자유로워져 몸과 물질을 본성에 따라 실현하고 완성할 수 있다.

'모른다'는 말 속에 이미 '모름지기'의 뜻과 자세가 담겨 있다. 우리말 '안다', '모른다'는 서구어나 일본어, 중국어와는 다른 구조로 되어 있다. 서구어는 'I know', 'I don't know'로 '안다', '안 안다'로 되어 있다. '안 안다'는 앎을 부정하거나 알고 있지 않은 상태를 나타낸다. 우리말 '안'과 '못'은 다르다. '안'은 사실을 부정하거나 거부하는 의지를 나타낸다. '못'은 능력이 없거나 능력이 미치지 않음을 나타낸다. 따라서 '모른다'는 알고 싶은데 능력이 없어서 앎에 이르지 못함을 나타낸다. 여기에는 인식 대상에 대한 존중과 신뢰가 들어 있고 인식 대상을 인식할 수 없는 무능에 대한 겸허한 인정과 고백이 있다. 알게 모르게 우리는 이미 어렴풋이 모름지기를 실천하고 있다. 한겨레는 모름지기를 깨닫고 실천할 준비가 된 민족이다.

탐욕에서 벗어나고 생사의 두려움에서 벗어나야 할 뿐 아니라 안다고 하는 착각, 지식에 대한 고정관념과 집착에서 벗어나야 한다. 탐욕, 생사의 두려움과 지식에서 벗어나야 하늘 땅 사이에 직립한 성숙하고 자유로운 인간이 되어 천지인 합일을 이루고 역사와 사회를 완성할 수 있다.

### 천지인 합일의 실천

다석의 제자 함석헌은 천지인 합일의 삶을 살았고 그의 철학과 사상의 바탕에는 다석이 밝힌 천지인 합일의 사상이 있었다. 필자는

1970년 봄, 강연장에서 함석헌을 처음 보았다. 70세 노인의 몸은 꼿꼿했고 눈에서는 불이 나오고 몸과 정신의 기운은 하늘을 뚫는 것 같았다. 함석헌은 천지인 합일을 보여주는 삶을 살았다. 그는 "머리는 하늘에 두고 발은 땅을 꽉 디뎌서 하늘과 땅을 하나로 잇는 것이 믿음이라고 했다.

> 믿음엔 겨냥이 둘이 있어야 한다. 어떤 사람도 머리가 있고 또 발이 있다. 머리는 하늘을 곧추 향해야 하는 것이요, 발은 땅을 꽉 디디어야 하는 것이다. 하늘에만 있고 땅을 모르는 것은 날개 돋은 천사요, 땅에만 있고 하늘을 모르는 것은 배로 기어 다니는 뱀이다. 사람은 뱀도 아니요, 천사도 아니다. 발로는 뱀의 대강이를 밟고 머리는 하늘을 향하는 것이 사람이다. 그리고 이 두 겨냥은 한 지팡이의 두 끝처럼 한 곧은 선을 이루어야 한다. 그 꼿꼿한 선이 믿음이다.[39]

사람이 머리를 하늘로 곧게 세우고 두 발로 선 것은 생명의 오랜 진화 과정 끝에 도달한 생명 진화의 목적이요, 하나님이 창조한 인간의 형상이고 본분이다. 성경에 따르면 인간은 뱀의 유혹을 받고 선악과를 따 먹음으로써 타락했다. 하늘과 땅 사이에 곧게 서서 천지인 합일을 이루어야 할 인간이 땅을 기는 뱀의 유혹을 받아 땅바닥을 기는 존재로 전락한 것이다. 하늘과 땅 사이에 곧게 서서 하늘과 땅을 아우르고, 물질적 욕망과 본능을 상징하는 뱀의 대강이를 밟아버리고 하늘로 향함으로써 사람은 참으로 사람이 되고 생명의 진화는 완성되며 하나님의 뜻은 이루어진다. 하늘과 땅 사이에 곧게 선 참 사람을 통해서 천지인 합일이 이루어진다.

사람의 몸 안에서 천지인 합일이 이루어지면 몸에서 얼 생명이 나온다. 시간과 공간을 새롭게 창조하는 주체가 되고, 새 생명과 정신의 역사가 시작된다.

제7장

# 존재와 삶의 중심 잡기: 가온 찍기

1. 가온 찍기:
   이제, 여기 나의 삶 속에서 영원한 생명의 중심을 찍기
2. 가온 찍기와 알맞은 삶
3. 가온 찍기 무등(無等) 세상

## 1. 가온 찍기
: 이제, 여기 나의 삶 속에서 영원한 생명의 중심을 찍기

가온 찍기는 마음을 한 점으로 만들어 그 점의 가운데를 찍는 것이다. 훈민정음에서 하늘은 한 점 'ㆍ'으로 표시했다. 허공의 하늘에 이르면 모든 것이 없음과 빔이 되어 한 점이 된다. 가온 찍기는 시간과 공간의 한가운데, 지금 여기의 한가운데를 찍어 하늘에 이르는 것이다. 지금 여기 삶의 '가운데'를 찍고 중심을 잡아 하늘로 솟아 자유로워지고 앞으로 나가는 '가온 찍기'가 다석의 삶과 사상의 핵심을 이룬다.

### 빛나려면 깨져야지

가온 찍기는 내가 나를 한 점으로 찍어 없애는 것이다. 내가 나를 깨트리는 것이고 내가 스스로 깨지는 것이다. 진리와 생명의 중심인 하늘을 내가 맞추려면 사욕에 사로잡힌 내가 깨져야 한다. 몸의 사욕과 물욕에 사로잡히면 사람이 시간과 공간에 붙잡혀서 세상을 옆으로 기게 된다. 그러므로 몸뚱이의 욕망을 충족시키는 삶은 물질을 섬기는 우상숭배생활이다. "몸뚱이의 충족은 죄를 낳는다. 맛을 그리워하는

것은 못쓴다. 무엇을 좀 갖겠다든지, 좋은 소식 좀 듣겠다 하는 것은 실제 마음이 거기 머뭇거리는 증거다. 이런 생각은 하나의 '우상'이니 삼가야 한다."[1] 물질이나 물질적인 삶에 대한 온갖 집착이나 생각이 '우상'이다. 이런 우상을 깨트려야 빛나는 삶, 참된 삶에 이른다.

다석은 1만 8,888일째 되는 날에 파사(破私: 사사로운 '나'가 깨어짐)를 체험했다. '나가 깨져 "무사(無私)만 하고 보면, 흑암이나 사망의 두려움이 없음을 알았다".[2] 다석은 파사의 깨달음을 이렇게 말했다. "목숨은 썩는 거야. 그러나 말씀은 빛나는 거야. 빛나려면 깨야지, 깨져야지. 죽어야지." 나의 자아가 깨져서 내 뜻 없이 볼 때 바로 보고, 분열 없는 절대의 진리에 이를 수 있다. 그럴 때 비로소 "영원한 평화가 깃들이는 그늘…… 완전과 성숙이 영그는 영원한 그늘에…… 들게 된다."[3]

## 가온 찍기

'이제', '여기'에서 사는 '나'의 참모습은 한 점이고, 이 점을 잘 찍는 일이 가온 찍기다. 가온은 가운데를 뜻하며 가고 오는 시간의 한가운데를 뜻하기도 하고 하늘과 땅 사이의 가운데, 우주의 한가운데, 사람 마음의 한가운데를 뜻하기도 한다. 가온 찍기는 이 가운데를 한 점으로 찍어서 점이 되어 참된 중심에 이르려는 것이다. 그래서 다석은 가온 찍기를 '가고 가고 오고 오는 시간의 가운데'를 찍는다는 뜻에서 'ㄱ(가)ㄴ(온)'이라 하기도 하고 하늘을 나타내는 'ㄱ'과 땅을 나타내는 'ㄴ' 사이에 아래아 · 를 찍어 'ㄹ'이라고도 한다.[4]

다석의 삶은 한마디로 가온 찍기다. 가온 찍기는 다석 사상의 중심을 이룬다. 다석은 숨 쉬는 한 점 ' · '으로서 하늘의 지순한 진리에 맞추어 살려고 했다.

거름거름 걸어만 가고지고, 내가 세상에 있기는 소식(消息)하는 'ㆍ'
요. 한울이로다, 지순한 진리에 명중하기는![5]

> 새김 글　나는 하늘을 우러러 숨 쉬는 한 점ㆍ으로서 세상에서 살아간다. 한 점으로서 나는 하늘의 지순한 진리에 명중하는 삶을 살아야 한다. 한 점으로서 나는 하늘의 지순한 진리에 꼭 맞는 삶의 길로 한 걸음 한 걸음 걸어만 가고 싶다.

사람이 할 일은 진리와 생명의 중심인 '하늘'을 맞추는 일이다. 이것이 인생의 목적이고 사명이다. 가온 찍기는 하늘을 맞추고 하늘에 꽂히는 일이다. 그래서 다석은 "꽂으려면 하늘에 꽂을 것이지 여인의 살에 꽂으려느냐?"고 말했다.

시간과 공간의 중심, 지금 여기의 한가운데, 우주적 생명의 중심, 마음의 중심을 찍어 바른 삶을 사는 게 인생의 핵심이자 목적이다. "하늘을 그리워하고 또 그리워해 고디고디 가온 찍기가 인생의 핵심이다."[6] 내 마음의 가운데를 찍으면 내 마음의 중심을 잡을 뿐 아니라 내 삶의 중심도 우주·자연·생명의 중심도 잡을 수 있다.

가온 찍기에 대한 다석의 논의는 유교(공자)의 중용사상에서 시작된다. 유교에서는 중용을 지나치거나 모자라지 않고 치우침이 없는 마음을 뜻한다. 사람의 마음은 천성(天性)과 일치하기 때문에 치우치지 않는 마음 그대로가 가운데 바름(中正)이다. 그러나 다석에게 중용은 치우치지 않는 마음의 상태가 아니라 몸과 정신의 실천적 통일을 통해 도달해야 할 목적이다. "공자가 중용을 왜 말했는가? 사람의 목숨은 정중용(正中庸)에 있고 용기가 나와서 일을 바로잡는 것이다. 인간은 하나의 목적을 가진 과녁과 같다. 몸은 활이고 고디 정신은 화살이다. 몸이라는 활에 정신이란 화살을 끼워 쏘아 중정(中正)을 얻을 수 있다."[7] 다석은 몸을 활로 보고 마음의 곧음을 화살로 봄으로써 몸과 맘의 긴밀한 관계를 드러내고 몸의 중요성을 강조했다. 몸과 정신이 팽팽한 긴장 속에서 통일될 때 삶과 일의 가운데 바름을 얻을 수 있다.

가운데 바름, 중정은 몸과 정신이 혼신을 다해 도달할 목적이다. 사람의 몸과 정신은 그 자체로서 중정이 아니다. 중정에 이르기 위해서는 몸과 정신을 변화시켜야 하며, 중정은 변화된 몸과 정신이 맞추어야 할 과녁과 같은 것이다. 중정이 내 몸과 맘 안에서 이루어지는 게 아니라 내 몸과 맘을 넘어서 도달되는 것이라는 다석의 이런 중용이해에는 생명의 상호 주체적 관계성과 역사의 시간적 과정과 목적 지향성이 반영되어 있다. 중정은 나와 너, 우리와 그들 사이에서 그리고 오늘의 현실과 미래의 이상 사이에서 모든 주체에게 저마다 알맞은 방식으로 늘 새롭게 찾아지고 실현되어야 할 것이다.

다석은 중용을 '가온대 쓸'로 옮기고 가온대 중(中)을 "…… 좋고 싫고 섧고 즐검이 퍼져 아니한 적(좋고 싫고 슬프고 즐거운 감정이 드러나지 않은 때)"이라 하고 고론[和]을 "픠여서 다 마다에 마딤(퍼서 모두 저마다 알맞음)"이라 했다. "가온은 뉘웋에 한밑이오 고론은 뉘웋에 드딈발이니라(가온은 세상의 근본이요 고론은 세상의 기초다)." 가온과 고론이 일치하면 "한늘 땅이 자리로 스며 잘몬이 길리위나니라(하늘 땅이 제자리에 서고 만물이 잘 자란다)."[8]

다석은 '중'을 "······ 좋고 싫고 섧고 즐검이 펴지 아니한 적(때)"이라고 함으로써 때와 관련시켰다. 또 고론〔和〕을 "펴서 모두 저마다 알맞음"이라고 했다. 화(和)는 저마다(사람과 일마다) 알맞은 것이다. 다석은 사람과 일을 모두 주체로 보고 그 주체들에게 알맞게 되는 것이 '화'라고 본 것이다. 다석에게 중용은 때와 관련된 것이며 사람과 일의 모든 주체에게 알맞은 것이다. 다석에게 중용은 사람의 마음에 있는 것이면서 또 사람과 사람, 사람과 일(물건) 사이에 그리고 때와 때 사이에 있는 것이다. 중용은 알맞은 상태가 아니라 저마다 알맞게 사람이 힘 있어지고 만물이 자라는 과정이고 길이다.

그러므로 가온 찍기를 해서 편협한 자기(마음)를 깨트리고 중심을 잡은 사람이 빈 마음으로 사나운 감정을 불태우고 조화시켜 가운뎃길을 갈 수 있다. "······ 내 마음을 내가 내야 한다. ······ 희로애락 따위 태울 것은 태워야 한다. 희로애락을 화합해나가는 가운뎃길을 가야 한다. 그것은 본래 빈 데서 이루어진다. 그것이 중화(中和)의 길이다."[9]


## 2. 가온 찍기와 알맞은 삶

다석은 가온 찍기를 일상의 삶에서 알맞게 먹고 살며 중용의 길을 걷는 것으로 풀이한다. 먹고 싶다고 많이 먹어도 고생이고, 힘들다고 힘을 아껴도 배설물로 나가버리므로 더도 덜도 말고 중용을 지켜서 살아야 한다는 것이다.

『다석 일지』 1968년 12월 9일의 글에서 가온 찍기에 대해 이렇게 말한다.

ㄱ온 찍기

고싶 더더 채고싶되 챗다거워 고생이고, 힘듬 덜덜 액겨보되 액긴 것도 찌로가고 더더도 덜덜도 대중 가온 찍기 우리론

새김 글   가온 찍기

먹고 싶다고 더 먹고 채우고 싶다고 채우기만 하다가는 지겨워 고생이고,

힘들다고 덜덜 하며 아껴보지만 아낀 것도 결국 배설물이 되고 만다.

그래서 우리는 더도 말고 덜도 말고 큰 가운데 가온 찍기로 산다.

김흥호는 이 글을 해석하면서 알맞게 먹고 알맞게 일하는 가온 찍기 중용의 삶에 대해서 말했다. 가온 찍기는 중심을 잡고 중용을 지켜서 알맞게 먹고 알맞게 일을 해서 건강한 육체와 건강한 정신으로 "알맞이 지혜로운 삶"*을 사는 것이다. "가온 찍기 중용지도(中庸之道)가 우리를 우리로 살게 하는 알맞이 길이다. 욕심을 버리고 진공(眞空)이 되고 근면하게 일해 묘유(妙有)가 된다. 마음은 없게 무심(無心)이 되고 몸은 있게 유신(有身)이 된다. 중심을 잡는 것이 가온 찍기요, 알맞이 지혜(知慧)로운 삶이다."[10]

다석의 중용 이해는 우주 만물과 생명의 중심으로 확장된다. 그에 따르면 가온(ㄱ)은 만물과 삶의 중심이다. 만물과 삶에는 중용의 원리와 이치가 있다. 만물과 삶에 중심이 있기 때문에 "저절로 제 가운데

---

● 다석에게 '알맞이'는 앎에 맞게 행하는 지행합일의 철학이고 알맞은 중용의 지혜로운 삶이다.

돌아온다. …… 우주·인생의 모든 것은 모순된 것, 못된 것을 다 버리고 돌아가면 ᄀᆞᆫ으로 돌아간다."[11] 모순된 것, 못된 것을 버리고 돌아가면 중심으로 돌아간다는 다석의 생각에는 자연과 우주 만물, 생명에 대한 낙관적 신뢰가 있다. 그리고 근원의 중심으로 돌아간다는 것은 동양적인 사고를 나타낸다.

그러나 다석의 가운데는 되풀이되는 가운데, 과거 상태로 돌아가는 가운데가 아니다. 자연 생명의 중심에서 생명의 본성을 실현하고 완성하는 가운데다. 그는 1971년 12월 9일의 '솟낳가온'이란 글에서 이러한 자신의 가온 찍기 중용사상을 밝힌다.

솟ᄂᆞᆯ ᄀᆞᆫ
죽 거어서 것건ᄆᆞᆫ 드시드시 되솔ᄋᆞᄂᆞ오.
ᄀᆞᆫᄀᆞᆫᄀᆞᆫ 인ᄀᆞ? ᄀᆞᆫᄀᆞᆫᄀᆞᆫ 인ᄀᆞ?

솔지라고 먹건ᄆᆞᆫ. 드시드시 되돌ᄋᆞᄀᆞ오.
ᄀᆞᆫᄀᆞᆫᄀᆞᆫ 인ᄀᆞ? ᄀᆞᆫᄀᆞᆫᄀᆞᆫ 인ᄀᆞ?

울얼어 울월울림ᄆᆞᆫ 한읗ᄂᆞᆮ 솟ᄂᆞᆯ ᄀᆞᆫ.

[새김 글]  솟아올라 새로 나서 가운데 이름

자기를 죽이고 이기기 위해서 자아를 긋고 그었건만, 죽어서 간 것 같은 자아는 다시 다시 되살아난다. 자아는 가고 오고 가고 오고 가고 오는 것인가? 갔다가 오고 갔다가 오고 갔다가 오는 것인가?

살찌라고 먹건만 다시 다시 이전 상태의 몸으로 되돌아간다. 몸은 그렇게 가고 오고 가고 오고 가고 오는 것인가? 가고 오고 가고 오고 가고 오는 것인가?

자아와 몸은 가고 오고 가고 오는 맴돌이에서 벗어나지 못한다. 이런 맴돌이에서 벗어나 하늘로 솟아오르려면 하늘을 우러러 얼을 울려야 한다. 하늘을 우러러 울고 얼을 울림으로써만 하늘나라로 솟아올라 새로 나서 가운데 이른다.

이 글에서 다석은 자아를 부정해도 자아의 중심이 되살아나고, 밥을 먹어도 몸은 다시 본래의 상태로 돌아간다고 말한다. 자아의 중심과 자연의 중심이 있어서 그렇다. 자아(마음)와 자연(몸)은 순환 반복하는 삶에서 벗어날 수 없다. 자아와 자연의 되풀이에서 벗어나려면 하늘을 우러러 얼을 울려야 한다. 이 글의 마지막 연은 얼의 울림과 하늘나라로 솟아올라 가운데 이름을 말한다. 반복되는 자아와 자연의 중심에서 하늘의 중심으로 올라가려면 하늘을 우러러 얼을 울려서 하늘로 솟아올라야 한다.

김흥호는 이 구절을 기독교 신앙에 비추어 풀이한다. "우러러 하늘을 쳐다보고 울월 하나님의 성령을 받아서 내 마음속을 울려 회개하고 하웋(하늘 위에 있는) 나라를 …… 솟아나가 올라가서 하나님 가온 하나님 중심으로 사는 것이 참 삶이다."[12] 본능적 자아의 중심과 자연의 중심으로 돌아가는 흐름에서 하늘로 솟아올라 새로 나서 가운데 이르는 것이 중요하다. 가온 찍기는 자연과 자아의 중심을 찍고 하늘로 솟아올라 새로 나서 새로운 가운데를 얻는 것이다. 다석에게 가온은 사람의 중심을 가리킬 뿐 아니라 뭇 생명의 참된 중심인 하늘(하나님)을 가리킨다. 가온은 '내'가 서는 자리이면서 하늘(하나님)을 만나는 자리다.

하나님께 위로 솟아오르려면 먼저 마음에 한 점을 찍어야 한다. 다석은 가온 찍기를 이렇게 표현한다. "心線路 接境이오. 一線이다. 前進이 一路다. 直上 一點心."¹³ 풀어보면 "마음에 한 줄기 길이 생기고 길은 끝에 이른다. 하나의 선밖에 없다. 앞으로 나가는 한 길밖에 없다. 곧게 위로 올라 마음에 한 점을 찍는다". 마음이 경계에 부딪히면 앞으로 나아갈 길은 마음에 한 점을 찍고 위로 곧게 올라가는 길밖에 없다. 마음에 한 점을 찍어 마음의 온갖 욕심과 허영을 한 점으로 줄이면 "그저 나므름 업시 제게로브터(그저 나무람 없이 제게로부터)"¹⁴의 경지에 이른다. 남을 나무람 없이 불평불만 없이 제 속에서 하늘 길을 열고 무한 영원의 생명을 이끌어낼 수 있다.

다석은 가온 찍기가 영원을 만나는 순간임을 말한다.

> 날아가는 새를 화살로 맞히듯이 곧이 곧아 신성(神聖)하고 영명(靈明)하고 영원한 나(하나님)의 한복판을 똑바로 맞추어 참 나를 깨닫는 것이 가온 찍기(ㄱㄴ)다. 내 맘에 하나님으로부터 온 영원한 생명(얼나)의 긋〔點〕이 나타난 것이다. 이 가온 찍기야말로 진리를 깨닫는 순간이요, 영원을 만나는 순간이다.¹⁵

다석은 지금 여기의 나에 집중한 사상가다. 다석은 영원한 생명의 나, 전체의 나, 참 나를 하나님으로 보았다. 히브리 성경에서 모세가 하나님께 이름을 물었을 때 하나님은 이름을 말하는 대신 "나는 나다!"라고 대답했다. 다석은 이 대목을 매우 중요하게 받아들였고 하나님을 참 나, 영원한 나로 보았다. 다석에게 삶이란 나를 찾는 것이고 경전을 읽는 것도 나를 찾는 일이다.[16] 가온 찍기는 참된 나에게로 들어가는 것이다.

가온 찍기는 영원의 한복판을 찍어 진리를 깨닫는 것이다. "가온 찍기는 고디고디 신성하고 영특한 영원의 한복판을 명중시켜 진리를 깨닫는 것이다." 가온 찍기는 'ㄹ', 'ㄱ ㄷ(가 온)'이며, "가고 가고 영원히 가고, 오고 오고 영원히 오는 그 한복판을 탁 찍는 가온 찍기, 진리를 깨닫는 순간, 찰나 속에 영원을 보는 것"[17]이다. 다시 말해 흘러가고 흘러오는 시간의 한복판을 찍어서 영원을 잡는 일이며 하늘과 땅 사이에 있는 사람의 마음 가운데를 찍어 천지인 합일을 이루는 것이다. 가온 찍기한 끝은 천지인 합일이 되어 타오르는 "일점영명(一點靈明), 즉 우주의 켜진 하나의 불꽃이다."[18]

### 나가면서 돌아오는 길

가온 찍기는 이제 여기서 영원의 한 점을 찍는 것인데 이 한 점은 앞으로 나가는 원점이다. 이것은 영원한 생명의 우주적 중심을 찍는 일이고 '나'의 중심을 찍는 일이다. 그리고 그 중심에 머무름이 아니라 영원히 오고 영원히 가는 길에 들어서는 것이다. 그 길은 "내가 있는 곳에 오고 있는 것으로 느껴진다". 영원히 오고 가는 길을 내가 자꾸 가다 보면 "내가 곧 길이 된다. 이쯤 되면 내가 진리가 되고 생명이 된다. …… '내'가 없으면 길이 없다. …… 나 있는 곳에 길이 있다".[19]

다석에게 가온 찍기는 영원한 생명의 중심으로 돌아오는 것이면서 지금 여기의 시간과 공간 속에서 머무름 없이 앞으로 나가는 것이다.

그가 자주 '솟아올라 앞으로 나감'을 말한 것은 영원한 생명의 중심인 하늘로 솟아오름과 시간·역사·사회 속에서 앞으로 나감을 함께 말한 것이다.

### 바탈을 살려라

가온 찍기의 목적은 바탈, 속알〔德性〕을 살리는 것이다. "나는 영원자의 아들이요 내 속에는 속알이 있다. 속알은 덕이요, 인간성이요, 인격(이며, 그 속에) 신성, 하나님 아버지의 형상이 있다. 나는 그릇에 담긴 보배요, 속알 실은 수레다."[20] 가온 찍기는 "고디 곧장 오르고 올라 내 속에 있는 고디〔神〕를 살려 내어 …… 내 속에 가장 옹근 속알이 있는 것을 자각해 깨닫고 나오는"[21] 것이다.

속알을 깨침으로 영원에 이른다. 사람은 만물의 근원이요, 밑동이다.[22] 사람의 바탈이 하늘과 통하고 영원에 닿아 있기 때문에 바탈, 속알을 꿰뚫고 자기 생명의 목적과 사명을 완성하는 것이 중요하다. 다석은 한국 전통 사상의 핵심으로 여겨지는 『삼일신고』「진리훈(眞理訓)」의 문구 '성통공완시(性通功完是)'를 "바탈을 트고 마틈을 마츰이 이다"고 풀이한다.[23] 이것은 "바탈이 뚫리고 통하여 자기 사명을 마치는 일이 나의 일이다"라는 뜻으로 이해된다. 자기 본성을 뚫어서 하늘과 통하고 역사와 사회 속에서 하늘이 준 사명을 이루는 것이다. 『삼일신고』의 결론에서 "안으로 본성을 통하고 밖으로 사명을 이룬 사람은 영원한 즐거움을 얻는다(性通功完者 永得快樂)"고 했다. 다석은 하나님이 내게 주신 하나님의 본성을 완성하는 것이 진리이고 진리를 깨쳤다는 것은 본성이 완성된 것이라고 한다.

다석에게 인간의 본성은 완결된 천성과 신성이 아니다. 씨알이 싹이 트듯이 본성이 트이고 뚫려서 영원한 신적 생명의 꽃과 열매를 맺어야 한다. 가온 찍기는 본성을 트는 일이다. 다석의 가온 찍기에는 '나의 바탈', '속알' '한가운데'를 찍는다는 뜻과 내 중심을 찍고 위로 솟구쳐 오르고 앞으로 뛰쳐나간다는 뜻이 있다.[24] 나의 바탈, 속알이 영원, 하늘과 통하고 하늘과 통하는 '나'가 '참된 나'라고 본 것이나 가온 찍기를 통해 '참된 나', '영원한 가운데'로 돌아간다는 것은 동양적이고 한국적이다. 그러나 가온 찍기를 통해 곧게 솟아오르고 앞으로 나가는 것을 강조한 점은 기독교적이고 현대적이다.

## 3. 가온 찍기 무등(無等) 세상

'나'를 한 점으로 찍고 하늘과 영원을 살면 걸림 없이 자유로우면서 서로 하나 되고〔大同〕, 평등한 삶을 이룰 수 있다.

### 미정론

지금 여기 나의 한가운데를 점으로 찍으면 이 한 점밖에 없고 이 한 점에서 영원한 하나님과 통할 수 있다. 과거도 미래도 없고 있는 것은 오직 지금, 여기만 있으므로 모든 일은 지금 여기의 한 점에서 결정된다. 그러므로 다석은 기정론(旣定論)과 결정론을 거부하고 미정론(未定論)을 내세운다. "무슨 종교, 무슨 신조, 무슨 사상을 내세워 생평(生平, 인생의 편안함)을 얻을 수 있다고 하지만 이것은 기정론에 지나지 않는다. …… 인생이란 끝날 때까지 미정일 것이다."[25] 인생은 미리 결정된 것이 없다. 처음부터 운명이나 숙명은 없다. 인생은 언제나 그때그때 주어지는 순간의 삶에서 결정되고, 모든 일이 하나님과 내가 한 점으로 만나는 가온 찍기에서 정해지기 때문이다. 욕심과 집착에 매인 마음에 가온 찍기로 한 점을 찍으면 '마음을 마음대로'하는 자유에 이르고 마음이 자유로워지면 일을 이룰 수 있다.[26] 나는 내 때의 주인으로, 내 삶의 주인으로, 역사와 사회의 자유로운 창조자로 살 수 있다.

가온 찍기의 삶은 과거와 미래에 매이거나 공간에 사로잡히지 않고, 있고〔有〕없고〔無〕를 넘어서서 자유롭게 사는 삶이다. 그것은 하나님 (없이 계신 임)이 시키신 대로만 사는 삶[27]이면서 있음에도 매이지 않고 없음에도 매이지 않는 자유롭고 주체적인 삶이다. 지금 여기에 가온 찍는 자리는 한 점이면서 우주이며 순간이면서 '미래와 과거의 영원'에 닿아 있고, "자꾸 움직여 나가는" 원점이다.[28] 마음에 한 점을 찍는다는 것은 마음을 텅 비게 하는 것, 빈탕한데서 노는 것이다. 내 속에서 빈탕한데를 보고 그 빈탕한데에 맞추어 놀자는 의미다.[29] 가온 찍기의 삶은 지금 여기에서 치열하게 지극정성을 다해 앞으로 나가는 삶이면서 하늘(빈탕한데)의 자유를 누리는 삶이다.

다석은 이런 삶을 1969년 6월 20일 일지에서 '이 세상 중도(中道)를 사는 노래'로 표현했다.

노래 누리 ㄹ

몸몸 하루ㄹ이 늘금 가까?
주금넘에 올금 그믐! 몸몸

올늘 근이 올늘 제날 그픔 업시

늘늘 늘늘 늘느리야


우리 오늘 올. 하이아해 햇것! 올 것!

하이아해. 들. 올 것! 햇것!


모려는 뭄으로 쓰지 뭄: 예.

ᄆᆞ는 뭄이 모인 몸: 계.

올늘 느리 숨


> 새김 글    이 세상 중도를 사는 노래

몸으로 사는 맘에 날마다 가온 찍기를 하여 늙어갈수록 늘금〔法度〕에 가까이 살아? 죽음 넘어 올라가는 금을 넘어 그믐밤의 어둠을 넘어 맘으로 사는 몸에 이르리

오늘에서 늘을 사는 가온 찍기를 하면 그믐과 같은 어둠 없이 오늘을 영원히 제 날로 살리라. 오늘에서 늘을 잡아 살면 삶이 늘어나고 늘늘해서 늘늘늘늘 늘느리야 신이 난다.

우리는 오늘을 올(지금 여기의 새것)로, 해야 할 것으로, 햇것(새것), 올(올해) 것으로 살아야 한다! 해야 할 것을 힘껏 해서, 들에 올 것, 햇것이 가득하게 해야 한다!

> 예는 이 세상이고 계는 하나님 계신 곳이다.
>
> 이 세상에서는 맘을 모으려고 맘을 쓰고
>
> 그만두는 맘이 모인 몸이 있는 하나님 계신 하늘
>
> 오늘 여기서 늘을 살아, 늘어나는 삶

다석은 육욕에서 벗어난 마음을 나타내기 위해 '뭄'으로 썼다. 몸과 뭄의 하루를 가온 찍기로 살면 늘 법도에 어긋나지 않고 "오늘 하루가 자기의 날이고 영원을 사는 날"이라고 했다. 불평불만 없이 기쁘게 사는 삶에서 "늘늘늘늘 늘느리야" 노랫가락이 터져 나온다고 했다. 오늘 우리가 "새것, 옳은 것을 힘껏 하여 …… 햇것, 올 것이 밝아지는 하루"가 되어야 한다. 여기 이 세상에는 마음을 모으고 살고 "마는 마음이 모인 몸", 그만두고 그만하는 맘이 모인 몸, 영화(靈化)된 몸은 하나님 계신 하늘에 있다. 그러면 오늘 삶은 늘어난다.[30]

## 가온 찍기로 무등 세상에 이르다

다석은 현대인을 "오줌똥도 못 가리고 밤낮 싸는 싸개들"이라면서 "밥을 끊고 남녀를 끊어야 부처다. 부처가 되어야 이 누리 건너 제 그늘(안식)에 드느니라"[31]고 했다. 식욕과 육욕에서 벗어나 "오직 참 하나신 한우님 계 맨 꼭대기(오직 참 하나이신 하나님 계신 하늘 맨 꼭대기)"에 서야 참 평안과 영원한 삶을 살 수 있다는 것이다. 다석은 50세에 이르러 아내와 해혼하고 금욕했으며 하루 한 끼를 먹으며 공복의 자유와 기쁨을 누렸다.

인간은 자기의 욕심과 주장을 점으로 가온 찍어 버리면 자유로워지고 남을 섬기는 평등, 무등 세상을 이룰 수 있다. 가온 찍기는 사사로운 자기의 중심을 비워 참된 중심, 하나님 중심을 세우는 것이다.

다석은 이것을 1969년 3월 1일의 일지에서 '아 가온 따위 가온 맨 꼭대'라는 글로 표현한다.

· ᄀ 따위 ᄀ 맨 꼭대 ·

내 ᄂ(나)를 내가 가지고 제절롤 제가 쓰는뉠
맨들 수 잇사오릿가 돼됨도(될 수가) 잇사오릿가
두어라 ᄒᆞ(ᄒᄂ)둘 셈판 땅땅따딜? 따위가온!

[새김 글]  땅위의 가온 찍기, 하늘 맨 꼭대기의 가온 찍기

나의 참 나를 내가 가지고 제절로 제가 쓰는 세상
만들 수 있을까요. 변화되어 새롭게 되는 일도 있을까요.
두어라. 하나님 아들이 주관하면 땅 위에 땅땅한 굳건한 중심이 세워진다.

다석의 글은 이중으로 되어 있다. 첫 연에서 ᄂ와 나를 위아래로 쓰고 둘째 연에서 '돼됨도'와 '될 수가'를 위아래로 겹쳐 쓰고 셋째 연에서는 'ᄒᆞ'와 'ᄒᄂ'를 겹쳐 썼다. 아래아 ' · '를 넣은 ᄂ는 하늘을 품은 참 나이고 '나'는 세상적인 나다. '돼됨'은 변화하고 새로워지는 것을 뜻하고 'ᄒᆞ둘'은 '한의 아들', '하나님 아들'을 뜻한다.[32] 'ᄒᆞ둘 셈판'은 하나님의 아들이 셈판을 가지고 주관하는 것을 뜻하고 'ᄒᄂ둘

셈판'은 계산적인 생각으로 세상을 이끌어가는 것을 뜻한다.

땅 위에 가온을 찍고 하늘 맨 꼭대기에 가온을 찍는다. 내 스스로 자유로워져서 저절로 내가 나를 쓰는 세상을 이룰 수 있을까. 그렇게 될 수 있을까. 한의 아들, 하늘(하나님) 아들에게 맡겨서 하나님 아들이 주관하면 땅 위에 땅땅한 굳건한 중심이 세워진다. 가온 찍기를 한 사람은 누구나 '한'의 아들, 하늘(하나님)의 아들이다. 하늘의 아들이 민주가 되고 세상에 중심을 세울 수 있다. 가온 찍기가 제대로 되어야 세상에도 중심이 세워진다. 내 마음에 가온·을 찍어 하늘을 맞춤이 땅 위에 하늘나라를 든든히 세우는 일이다.

그러나 가온 찍기를 하지 않은 자아를 가지고 제멋대로 사는 세상을 만들 수도 있다. 셈판(주판)을 두드리며 계산하고 꾀를 써서 땅 위에 땅땅한 중심을 세울 수도 있다. 그런 세상은 오래가지 못한다. 땅 위에 가온 찍기를 해서 참된 가온(중심)을 세워야 한다.

가온 찍기를 한 사람들이 모여 사는 세상은 저마다 주인이 되어 자유롭고 평등하게 사는 세상이다. "내 ㄴ(나)를 내가 가지고 제절롤 제가 쓰는 닐"은 내가 나답게 네가 너답게 저마다 주인이 되고 주체가 되어 사는 세상을 뜻한다. 가온 찍기를 하지 않은 사람들의 세상은 결코 서로 주체가 되는 자유와 평등의 세상이 될 수 없다.

다석의 가온 찍기에서 '나'는 없음, 무(無), 영(零)으로서 자리가 없는 무위(無位)의 존재이면서 하나님과 통하는 '나', 내 생명의 본성과 통하는 '나'다. '나'는 생명의 본성인 참과 어짐[仁]을 이루는 책임적 실천의 주체다. 가온 찍기를 한 '나'만이 땅에서 자유인이 되어 책임적인 실천을 할 수 있다. 내 삶의 한가운데를 점으로 찍으면 한 점으로서의 '나'는 세상에 대한 권리도 소유도 없으므로 남과 부딪치지 않는다. 하늘의 중심에 한 점으로 가온 찍은 '나'에게는 원수가 없다. 누구와도 더불어 살 수 있다.

이런 다석의 사상은 권리 개념에 기초한 서양의 사상과는 구별된다. 서양에서는 자아의 권리를 실현하고 보호하는 데 법적·정치적 노력이 집중되었다. 법은 자아의 권리를 실현하자는 것이다. 독일어 recht, 라틴어 ius는 법과 권리를 함께 나타낸다. 영어에서도 right는 법, 정의, 권리를 의미한다. 여기에는 권리가 곧 정의이자 법이라는 생각이 전제되어 있고 권리를 지키고 실현하기 위해 줄기차게 투쟁해온 서양의 정치사가 반영되어 있다. 그러나 자아의 권리를 위한 투쟁만으로는 자유롭고 평등한 공동체 세상을 이룰 수 없다. 자아와 자아가 화해하고 공존할 수 없는 한 권리를 위한 투쟁은 갈등과 대립에서 벗어날 수 없기 때문이다. 권리는 자유와 평등을 위한 최소 조건일 뿐, 충분 조건은 못 된다.

불교와 다석의 인간관에서는 자아를 없음과 빔으로 보기 때문에 권리 개념이 없는 셈이다. 자아가 없으니 권리도 없고 싸울 일도 없다. 불교에서는 자아가 부정되고 해탈의 몰아(沒我) 세계로 몰입하는 경향이 있다. 그러나 다석은 사람의 존재와 본성을 이해할 때 없음과 빔에만 머물지 않는다. 그에 따르면 사람은 저마다 하늘로부터 타고난 분깃을 가지고 있으며 이 생명의 분깃이 인권의 근거가 된다고 했다.[33] 다석의 가온 찍기는 인간의 자아를 부정하고 없애면서 역사 속에서 똑똑하고 분명한 실천 주체로 다시 땅 위에 세운다. 여기서 다석의 인간 이해가 돋보인다.

다석은 가온 찍기를 통해서 자연의 중심을 넘어 얼 생명의 중심에 이르고 자아의 중심을 비워 전체 생명의 중심을 드러내려고 했다. 그는 지배와 독점을 추구하는 권력과 부의 중심을 깨고 서로 주체와 서로 살림의 공동체적 중심을 세우려 했다.

제8장

# 한글 철학 I:
# 한글과 십자가의 만남

1. 한글로 철학하기
2. 한글의 구조와 철학
3. 고디(곧음) 철학
4. 한글과 십자가의 만남

하이데거(Martin Heidegger)는 언어가 존재의 집이라고 했고, 라캉(Jacques Lacan)은 언어가 무의식의 조건이라고 했다. 사람은 말을 하며 사는 존재일 뿐 아니라 말 속에서 산다. 언어는 의식의 표현일 뿐 아니라 무의식을 규정하고 형성한다. 언어는 생각의 표현일 뿐 아니라 생각을 낳고 만든다.

사람의 삶과 정신을 형성하는 언어는 "자라면서 자연스럽게 습득하는 자연어, 즉 모국어"다. 그리고 모국어에는 "그 민족의 세계관이 잘 갈무리되어 있으며", 우리는 이 세계관을 "모국어를 통해 전수받으며 그 속에서 성장하는 것이다."[1] 사람은 모국어로 생각하고 모국어로 세계관을 배우고 익힌다. 따라서 삶에서 우러난, 삶에 영향을 미치는 살아 있는 사상과 철학이 되려면 모국어로 사상과 철학을 형성해야 한다.

## 1. 한글로 철학하기

다석은 우리말과 우리글로 철학한 첫 번째 사람이다. 한민족은 수천 년 동안 우리말을 쓰면서도 우리말로 사상과 철학을 닦지 못했었다. 세종이 한글을 만든 후 600년이 지나도록 우리글로 우리 사상과 철학을 닦아내지 못했던 것이다. 조선 시대까지 학자들은 한문으로 사상을 표현했고 종교 경전은 한자로 되어 있었다. 유교와 불교 경전이 한글로 번역되기도 했으나 널리 읽히지 못했고 한글 경전의 새로운 해석에 의한 정신운동이 일어나지도 않았다. 19세기 후반에 서양 세력과 문화가 들어오면서 한국 민중 종교가 나타났으나 경전을 한글로 쓰지는 못했다. 동학의 『동경대전(東經大全)』은 한문으로 쓰였고 『용담유사(龍潭遺詞)』는 한글로 되어 있지만 한문 용어로 가득하다. 증산교의 경전도 원불교의 경전도 한자 문구로 가득하다.

다석은 한시를 쓰기도 하고 한자를 파자하고 풀이해서 깊은 뜻을 드러내기도 했으나 우리말과 우리글로 씨름하면서 우리말과 글에서 깊은 철학과 뜻을 찾으려고 평생 애썼다. 나라를 잃고 우리말과 글을 쓰지 못하는 일제강점기와 중국 문화와 서양 문화에 짓눌려 우리말과 글이 오염되고 굴절된 시대에 우리말과 글로 사상과 철학을 닦아내는 일은 어렵고도 소중한 일이다. 삶의 깊은 체험과 깨달음, 주체적인 정신의 용기가 없으면 할 수 없는 일이다.

### 우리말과 우리글의 사상

우리 역사에서 우리말과 우리글로 사상을 형성하고 펼친 철학자는 다석 유영모와 씨올 함석헌뿐이다. 다석의 우리말과 글에 대한 존중과 철학적 관심은 그의 사상이 지닌 기본 성격과 특징을 드러낸다. 말과 글은 소통과 관계의 내용이며 수단이다. 말과 글을 강조하는 사상가는 고립된 실체론적 사고, 정태적인 존재론적 사고, 두루뭉술하게 그리는 신비주의적 사고에 머물지 않고 관계적·역동적·과정적 사고를 지향한다. 또한 말과 글을 중시함은 말과 글의 바탕이 되는 이성과 생각을 중시하는 것이다. 말과 글을 중시한 다석의 사상에는 생각이 중심에 있다.

그렇기 때문에 다석의 사상은 동학의 사상과 비슷하면서도 다르다. 예컨대 사람과 하늘(하나님)의 관계에 대해서도 다석은 좀 더 역동적이고 관계적으로 생각한다. 다석의 씨울 사상은 동학에서 제시했던 시천주, 사인여천, 인내천의 핵심 사상을 그대로 포함한다. 사람은 속에 하늘 얼과 생명의 씨울을 품고 있다. 사람의 속의 속에 하늘이 깃들어 있다. 따라서 하늘을 만나려면 사람의 속의 속을 파고들어 가야 한다. 씨울 사상은 사람의 속의 속에서 하늘(하나님)을 만난다는 점에서 동학의 시천주, 사인여천, 인내천 사상과 가까워진다.

그러나 다석의 사상은 동학의 사상과 다른 점이 있다. 동학에서는 사람과 하늘(하나님)의 관계가 분명하게 논의되지 않는다. 수운 최제우가 시천주를 말했을 때는 사람과 하나님이 동일시되기도 하지만 하나님을 모시는 사람과 모셔지는 하나님 사이가 뚜렷이 구별되는 경향이 있었다. 그러나 해월 최시형이 사람을 하나님처럼 섬기라고 하면서 사람과 하나님을 동일시하는 범신론적 경향이 강화된다. 이후 손병희가 사람이 곧 하나님이라는 인내천 사상을 제시하면서 사람과 하나님을 일치시키는 경향은 더욱 강화되었다. 동학에서 사람과 하나님을 어떻게 구별하고 동일시하는지에 대해 적어도 수운, 해월, 손병희 사이에는 분명한 논의가 이루어지지 않은 것 같다.

이에 반해 다석은 사람과 하나님 사이의 관계를 좀 더 분명히 제시한다. 사람의 속의 속에 하나님의 얼 생명이 씨울의 형태로 있고 속으로 파고들어서 하나님과 만나고 하나님과 소통한다고 하는 점에서는 사람과 하나님의 일치를 강조한다. 하나님은 사람의 속의 속에 바탈 속에 있다. 그러나 다석에게 사람의 속의 속으로 파고들어 가는 것은 결국 사람이 자기를 초월하는 것이다. 사람은 자기의 속의 속에서 자기를 초월해 하나님께로 간다.

자기의 초월을 말한다는 점에서 사람은 하나님과 구별된다. 사람이 하나님의 모습을 지닌 하나님의 아들이라는 점에서 하나님과 사람은 부자유친의 관계라는 다석의 말도 하나님과 사람의 동일성과 차이점을 함께 말하는 것으로 볼 수 있다. 『삼일신고』의 '성통공완(性通功完)'을 '바탈을 트고 맡음(하늘로부터 맡은 사명)을 마침'[2]으로 풀이한 것은 그가 사람의 본성(바탈)을 그대로 하나님(불성, 진리 자체)과 동일시하지 않음을 나타낸다. 씨올이 싹트듯이 사람의 본성이 싹트고 뚫리고 통하여 하늘이 준 사명과 보람을 이룬다는 것은 사람과 하나님의 단순한 동일시에서 벗어나 사람과 하나님의 긴밀한 관계와 작용을 강조하는 것이다.

다석은 사람과 하나님을 긴밀히 결합하고 동일시함으로써 하나님과 사람을 분리하는 기독교 정통주의에서 벗어날 뿐 아니라 사람과 하나님의 차이와 구별을 강조함으로써 사람의 본성과 하늘의 관계를 역사적이고 사회적인 시공간적 구체성과 책임성 속에서 현대적으로 이해한다.

동학과 다석의 이런 차이는 다석이 생각으로 영혼을 깊이 파고들 뿐 아니라 생각을 그 정신과 사상의 중심에 놓음으로써 비롯된 것으로 보인다. 사람이 제 속의 속 바탈을 파고들어 바탈을 트고 뚫어서 신(하늘)에게 이르는 길은 생각하는 것뿐이다. 사람은 생각함으로써 제 속을 깊이 파고 뚫어서 신과 통하고 사귄다.

다석이 우리말과 우리글을 중시한 것은 생각을 중시한 것이다. 말과 글은 생각에서 나온 것이면서 생각의 도구이고 집이다. 다석이 우리말과 우리글로 철학한 것은 자신의 말과 글로 스스로 생각하는 철학을 추구한 것이다. 생각을 중심에 놓았다는 점에서 동학이나 증산교와는 매우 달라진다. 동학이나 증산의 사상은 주술과 부적, 주문에 의존하고 있으니 (동학이나 증산도가) 현대의 과학적인 사고를 하는 사람에게는 받아들이기 어려운 측면이 있다. 이 점에서 다석 사상은 좀 더 현대적이고 과학적이라고 할 수 있다. 생각은 사람을 하나님(하늘)과의 몰아적 동일시에서 역사와 사회의 주체적 자각과 구체적 책임으로 이끈다.

### 말: 이성과 영성의 소통

다석은 깊이 생각해 제소리를 낸 사람이다. 그에게서 많은 말과 글이 나왔으나 그의 말과 글은 그의 삶과 체험에서 우러난 것이고 그의 생각은 '몸에서 캐낸' 것이다.[3] 그의 말, 글, 생각 속에 몸과 삶이 담겨 있고 그의 몸과 삶에 말, 글, 생각이 녹아 있다. 생명과 얼이 담긴 말은 인간 정신과 관계를 창조하고 형성한다. 다석은 말에서 생각이 나오고 생각함으로써 내가 생겨나고 존재한다고 보았다. 그렇다면 말이 나의 근원이고 토대다.

말은 서로 통하자는 것이고 속을 드러내는 것이다. 말은 속의 나를 남의 속에 전하는 것이고 남의 속을 내 속에 받아들이는 것이다. 말은 생명의 소통 의지가 표현된 것이다. 숨 쉬며 밥 먹고 사는 생명 자체가 안과 밖, 나와 너의 사귐이고 소통이며 뚫림이다. 물질과 본능의 굴레에 갇힌 생명이 무한·초월·절대의 하나님을 그리워하고 찾는 꿈틀거림이 말로 표현된 것이다. 말은 하나님과의 사귐, 소통, 뚫림을 추구한다. 생명과 말은 모두 생명과 존재의 근원인 하나님의 뜻에서 나온 것이다. 다석에 따르면 생명을 창조하고 생명과 소통하고 사귀려는 하나님의 뜻과 의지가 말 속에 이미 담겨 있다. "성경에는 천지 만물이 말씀으로 지었다고 하고 말씀만이 남는다고 했습니다. 말씀은 존재이며, 말 가운데 으뜸가는 말이 말씨입니다."[4]

다석은 『요한복음』 제1장 1~4절을 가장 중요한 성경 구절로 보았다. 이 성경 구절에서 세상을 창조한 하나님의 말씀을 '로고스'라고 했다. 그리스어 '로고스'는 말, 생각, 이성, 이유, 주장을 나타내는데 중립적이고 객관적인 의미를 지닌다. 히브리어 '다바르'는 말과 사건을 뜻하는데 행동, 의지, 역사와 관련 있다. 세상을 창조한 하나님의 말씀은 역사와 사회를 창조하고 변혁하는 주체적이고 행동적인 의지와 명령을 나타낸다. 신의 말씀은 율법과 계명(정의), 사랑의 복음으로 표현되었다. 그리스어 '로고스'와 히브리어 '다바르'는 아주 다른 말이다. 세계를 창조하는 신의 말씀을 로고스로 번역한 것은 의지적이고 주체적인 히브리 정신과 논리적이고 설명적인 그리스 정신을 통합한 것이다. 신의 말씀은 인간의 영혼을 깨워 일으키고 살려내는 신적 의지이고 로고스는 이해하고 설명하는 인간 이성이므로 신의 말씀을 로고스로 번역한 것은 영성과 이성의 통합을 지향했다고 볼 수 있다.

다석은 말씀을 신의 뜻과 명령, 천명으로 볼 뿐 아니라 인간의 생각을 불태우고 낳는 것으로 봄으로써 신적 영성과 인간적 이성을 통합한다. 말씀은 신의 뜻을 담은 것이며 인간의 생각과 정신을 깨워 일으켜 솟아오르게 하고 내 속의 속이 뚫려 하나님과 통하는 것이다. "말〔言〕

은 우리가 하나님께 타고 갈 말〔馬〕이다"라는 다석의 말은 여기서 연유한다.[5] 그는 말이 인간과 인간의 소통일 뿐 아니라 인간과 신의 소통, 인간 이성과 영성의 소통이라고 보았다.

## 우리말 갈고닦기

말에는 말을 쓰는 이들의 삶과 혼이 담겨 있다. 말이 낡고 오염되고 약해지고 밀려나는 것은 삶과 정신이 그렇게 되는 것과 같다. 오랜 세월 중국의 정치와 문화에 눌려 한겨레의 삶과 정신이 오그라들면서 말도 함께 오그라들었다. 강(江)이나 산(山)이라는 말에 밀려 가람이나 뫼는 거의 쓰지 않는 말이 되었고, 내일(來日)이나 형(兄)이라는 말에 밀려 본래 우리말을 잊어버렸거나 쓰지 않고 있다. 과거, 현재, 미래를 나타내는 우리말도 잊혔거나 발달하지 못했다. 한자어는 격조 있는 말이고 우리말은 교양 없는 말이 된 것은 자신을 업신여긴 것이다. 밥보다 식사(食事), '잘'보다 '편안히'가 높임말이다. '숙녀', '레이디'보다 '아가씨', '아줌마'가 '여성'보다 '계집'이 낮고 천한 말이 되었다. 다행히 부(父)나 모(母)에 대해서는 '아버지', '어머니'가 제자리를 지켰다.

삶이나 문화가 그렇듯이 말도 다른 나라의 말과 교류하고 뒤섞이기 마련이다. 순수한 우리만의 삶이나 문화가 없듯이 말도 순수한 우리말만 있을 수 없다. 그러나 외국어와 뒤섞이고 외국어를 받아들이더라도 주체적으로 우리말을 지키고 발전시키면서 받아들여야 한다. 제 나라 말이 건강하고 힘 있게 살아 있어야 남의 말을 받아들여 풍부하고 품위 있는 말살이와 글살이를 할 수 있다.

주체적이고 건강한 정신문화를 가지려면 쓰는 말이 깊고 맑으며 또

렷해야 한다. 그러기 위해서는 말을 갈고닦는 데 힘써야 한다. 일제강점기 35년 동안 말과 글이 우리말이 입은 상처와 피해는 매우 크다. 해방 이후 외래어와 서양 문화가 홍수처럼 밀려와 우리 정신과 문화를 덮어버렸다. 도시의 간판과 인터넷에서 쓰이는 말들은 외래어가 지배하고 우리말은 뒤틀리고 억눌려 있음을 알 수 있다.

다석은 일찍이 우리말과 글을 연구하고 갈고닦는 데 힘썼다. 다석이 찾아내거나 만들어낸 말들은 다음과 같다.

가늠〔權力〕, 하이금〔使命〕, 맨참(순수), 글월〔文章〕, 알맞이(철학), 마침보람(졸업), 알짬〔精〕, 짓수(예술), 빈탕(허공), 살알〔細胞〕, 환빛〔榮光〕, 제계〔天國〕, 힘입(은혜), 그이(군자), 바탈〔天性〕, 바람울림〔風樂〕, 몬〔物〕, 고디(정조), 는지름(음란), 짬잼(조직), 맞긋(종말), 덛(시간), 덜(악마), 긋(점), 속알(덕), 읗이〔詩〕, 예(여기, 상대 세계), 숨줄(생명), 다세움〔民主〕, 외누리(독재), 님〔主〕, 좋싫〔好惡〕, 옳음〔義〕, 올〔理〕, 굳잊이(건망), 누리(세상), 사람새〔人間〕, 나위힘(능력), 땅구슬(지구), 몬돌〔坤〕, 성큼〔乾〕, 김〔氣〕, 가온쓸〔中庸〕, 얼〔靈〕, 씨알〔民〕, 낸감(제도), 뭉킴(협동), 밑일(기초공사), 굶고뱀(고학), 떼몸(조합), 맨듬(창조), 빛골〔光州〕, 잎글(엽서), 씨볼맞이(인연), 키임(긴장), 뫼신살이〔侍下〕, 등걸〔檀君〕, 그늠〔無漏〕, 가라치킴(교육), 잘몬〔萬物〕, 싶뜻(욕심), 푸른나이(청년), 우리오리〔倫理〕, 늙은이〔老子〕, 말씀마루〔宗敎〕, 조히〔無故〕, 한늘(우주), 맘줄〔心經〕, 다섯 꾸럼이〔五蘊〕, 꼴위〔形而上〕, 꼴아래〔形而下〕, 맨지(접촉), 엉큼(마하트마), 씻어난이〔聖人〕, 닦아나이〔賢人〕, 없긋〔無極〕, 어둠맺이〔婚姻〕, 같이늙〔偕老〕, 맘아들〔弟子〕, 여름질(농사), 여름아비, 여름지기〔農夫〕

또한 다석은 모호한 말뜻을 살려내려 했다.

사나이(산 아이), 고맙다(고만하다), 깨끗(끝까지 깨다), 모름지기(모름은 꼭 지키는), 더욱(더 위로), 실어금(실어갈 금), 하여금(할금), 끈이(끊었다 이음), 사람(사리는 이), 엉큼(얼이 큰), 말미암아(그만하고 말아서), 성큼(성하고 큼), 어버이(업을 이), 이튿날(이어트인 날), 아침(아 처음), 칼(갈고 갈은), 여덟(열에 둘 없는), 아홉(아 없는), 열(열리는), 얼굴(얼이 든 골자구니).[6]

## 2. 한글의 구조와 철학

### 한글은 소리글이면서 뜻글이다

한글 모음은 천지인을 본떠 만들고 자음은 음양오행의 원리에 따라 입(목구멍·입천장·혀·입술·이)의 모양을 본떠 만든 것이다. 한글은 전형적인 소리글〔表音文字〕이다. 다석은 소리글로서 한글의 가치를 매우 높이 평가했다. 한글은 세종의 말대로 '바른 소리〔正音〕'다. 다석은 '바른 소리 옳은 소리'라는 시조 형태의 글에서 한글이 소리글임을 밝혔다.

우리 사리사리 똑바른 말소리: 우리 글씨
할우(하루) 짓음 맨듬 오랜 우리 앞틜람 참잘
암은요 우리 씨알이 터낸 소리 아름답[7]

새김 글   우리 살림살이 담은 말소리를 똑바로 드러내는 우리 글씨
하루하루 우리 글씨로 짓고 만드는 일을 우리가 오래 하면
우리 앞길은 참 잘 트일 겁니다. 아무렴요 우리 씨알(민중)이

터낸 소리 아름답지요.

우리 말소리는 우리의 삶을 바르게 드러낸 옳은 소리이며 우리 겨레가 '터낸 소리'로서 '아름답'다. 한글은 바른 말소리를 그대로 나타내는 '소리 글씨'다.

그러나 다석은 한글이 소리글자일 뿐 아니라 깊은 철학 원리에 따라 만들어진 뜻글자〔表意文字〕로 보았다. 그에 따르면 우리말과 글에는 깊은 뜻이 담겨 있고 한글은 '하나님의 계시로 이루어진 글'이라 했다. 한글의 기본 모음 '·ㅣㅡ'가 하늘, 사람, 땅을 나타낸다는 점에서 천지인 합일 철학을 담고 있고 한글 자음, 특히 'ㄱ'과 'ㄴ'은 '하늘과 땅, 머리와 발'을 나타내고 깊은 철학적 의미를 지닌다. 다석은 소리글자와 뜻글자로서 한글이 지닌 가치와 의미를 최대한 밝히고 강조했다.

다석은 한글이 씨올(민중)의 글이라는 사실도 강조했다. 한글은 누구나 쉽게 쓰고 익힐 수 있는 씨올 글씨다. 다석은 '씨알 글씨〔訓民〕'란 글에서 한글은 "우리 뜻을 낸 소리로 쓴 우리 글씨"고, 뜻을 나타낸 소리면서 바른 소리를 그대로 쓰면 글씨가 된다고 했다. 한글은 보통 사람들의 삶과 뜻과 소리를 그대로 담아내는 글씨다. 그래서 '우리의 뜻과 소리'를 나타내는 한글을 쓰면 '우리 속'이 '솟는'다. 한글은 쓰는 사람의 속알이 솟아나게 하는 씨올 글씨다. 한글은 우리의 삶을 밝히고 힘 있게 하는 글이다. 다석은 우리말과 글에 담긴 하나님의 뜻을 따라 날마다 짓고 만들면 "우리 앞길이 환히 트이고 일이 참 잘 될 것"이라 했다.[8]

## 한글에 나타난 천지인 삼재 사상과 음양오행의 원리

『훈민정음 해례본』에서 삼재론 중심의 음양오행론을 확인할 수 있다. 『훈민정음 해례본』에 따르면 "하늘과 땅의 이치는 하나의 음양과 오행뿐"이라며 음양오행론을 전제하고 사람의 목소리도 음양의 이치가 있다고 한다.[9] 첫소리 열일곱 자는 오행에 따라 구성되었다. 첫소리의 기본 글자는 어금닛소리 'ㄱ', 혓소리 'ㄴ', 입술소리 'ㅁ', 잇소리 'ㅅ', 목구멍소리 'ㅇ'인데, 목구멍은 수(水), 어금니는 목(木), 혀는 불(火), 이는 금(金), 입술은 토(土)와 관련이 있다.[10] 한글에서 중심적인 구실을 하는 가운뎃소리 열한 자는 천지인 삼재에 따라 만들어졌다. 가운뎃소리의 기본음은 'ㆍ ㅡ ㅣ'인데 'ㆍ'는 하늘, 'ㅡ'는 땅, 'ㅣ'는 사람을 나타낸다.[11] 'ㆍ'가 'ㅡ'나 'ㅣ'에 붙여져서 다양한 형태의 가운뎃소리가 생겨나는데 'ㆍ'가 '위'와 '밖'에 놓이면 양(陽)이고 '아래'와 '안'에 붙으면 음(陰)이 된다.[12] 가운뎃소리는 음양오행론에 따라 각기 자리와 수(數)가 주어지는데 'ㅣ'만은 자리와 수가 없다. 그 까닭은 "사람은 무극(無極)의 진리와 음양오행의 정기가 신묘(神妙)하게 합해서 엉긴 것이니 참으로 일정한 자리와 수를 가지고 논할 수 없기 때문이다".[13]

또한 첫소리는 하늘, 가운뎃소리는 사람, 끝소리는 땅과 관련짓고 첫소리, 가운뎃소리, 끝소리를 합해서 글자의 음을 이루는 것이 천지인의 협력과 조화를 나타낸다고 했다.

> 첫소리와 끝소리가 (가운뎃소리와) 합하여 글자의 음(音)을 이루는 것이 마치 하늘과 땅이 만물을 생하고 이루되, 그 마르재어 이루고 보필하여 돕는 것은 반드시 사람의 힘에 자뢰(資賴)함과 같다.[14]

이와 같이 『훈민정음 해례본』은 다시 천지인 삼재 사상을 부각시킨다. 초성과 중성만 있는 중국의 음운과는 달리 초성·중성·종성으로 글자를 구성하고 천지인 삼재 사상이 중성 기본음 형성의 기본 원리가 되었다는 점에서 훈민정음의 주체성과 독창성을 확인할 수 있다.[15]

한글의 창제 원리와 성격을 정리해보자. 한글은 천지인 사상과 음양오행설로 창제되었다. 'ㆍ ㅡ ㅣ'가 기본 모음이며 천지인을 나타낸다. 이 세 가지로 모든 모음을 표기한다. 컴퓨터의 글자판으로 글을 입력하거나 휴대폰 자판에서 문자를 쓰기에 매우 편리하고 효율적이다. 아래 'ㆍ'를 'ㅡ, ㅣ'의 밖과 위에 놓으면 양모음이 되고 'ㆍ'를 'ㅡ, ㅣ'의 안과 아래에 놓으면 음모음이 된다. 자음과 모음의 발음 위치가 오행에 따라 정해진 것으로 설명한다. 한글은 천지인 삼재 사상이 주도하고 음양오행 사상이 작용한다.

### 하늘과 땅을 나타내는 ㄱ과 ㄴ

음양오행설을 비판하고 하늘을 중심으로 천지인 합일의 영성 철학을 추구한 다석은 한글의 모음뿐 아니라 자음의 형태와 뜻을 천지인 합일 철학과 하늘을 중심으로 한 영성 철학에 비추어 확장·심화했다. 다석은 하늘의 무극과 태극에서 독립해 음양과 오행이 독자적으로 움직이거나 결정한다는 것을 부정했다. 음양과 오행이 사람과 일을 결정하는 힘을 가진다고 보면 결국 물질적 결정론에 이른다. 생명과 정신의 주체인 사람이 하늘의 무극과 태극에 이르러야 사람과 일이 결정된다.[16]

다석은 천지인 합일 철학과 영성적 생명 철학의 큰 틀에서 글과 글자를 보았다. 그에 따르면 글이란 "천지(天地), 인사(人事), 만유(萬有)를 실어내고 그려내려는 말씀을 거듭 그리는" 것이다. 다석은 한글 자음 'ㄱ'과 'ㄴ'이 지닌 깊은 뜻을 밝혔다. 『훈민정음 해례본』에 따르면 'ㄱ'은 'ㄱ' 소리를 낼 때 혀가 입천장에 닿는 모양을 그린 것이다. 다석은 'ㄱ'이 "엄 어금니 깊은 속으로부터 크게 내밀어 벋힌 꼴을 보이는" 글자라고 함으로써 『훈민정음 해례본』의 설명과 비슷하면서도 'ㄱ'의 꼴이 속에서부터 내밀어 뻗히는 생명력을 담고 있음을 시사한다.

더 나아가서 다석은 'ㄱ'의 꼴을 사람의 머리 모양과 연결한다. 서구 문자 R의 밑동인 히브리어 문자 ﬧ(레쉬)는 'ㄱ'과 비슷한데 "사람 머리 뼈를 생략한 것"이라면서 'ㄱ'을 사람의 머리와, 머리를 다시 하늘과 관련시킨다. 사람은 머리를 하늘에 두는 존재며, 하늘에 둔 머리를 그린 꼴이 'ㄱ'이라는 것이다. "머리가 하늘을 어르는 어름을 그어 가지고 …… 배후를 방어하는 금을 긋게 되는 것이 자연이다. 우리 머리 두는 데가 'ㄱ'이 되는 수밖에 없다." 다석은 'ㄱ'의 모습이 "천생(天生) 그늘! 그윽함을, 사람 거처의 상부 곡선을 표시한다"고 했다. 'ㄱ'은 하늘이 낸 그윽한 그늘, 사람의 정신이 거하는 자리를 나타낸다. 다석에 따르면 'ㄱ'의 소리와 글자가 나타내는 '그이〔其人〕'와 '군자'는 하늘에 떳떳한 사람을 뜻하고, 좋은 일〔好事〕을 뜻하는 방언 '기'도 'ㄱ'의 소리와 뜻을 나타낸다. 다석에게 '그', '그이'는 단순한 3인칭 단수가 아니라 '높은 데 그, 그리운 그'이며 'ㄱ(기, 그이)'은 '높은 데 계신 그리운 그를 생각하게' 한다. 하늘과 사람의 머리를 함께 나타내는 'ㄱ'이 한글 첫소리의 머리글자가 된 것은 깊은 의미가 있다.

다석에 따르면 'ㄴ'은 "아래턱 안 바닥으로 가라앉은 혓바닥의 꼴을 그린 것"이고, "발바닥이 땅바닥을 디딘 선"을 나타낸다. 사람은 "크나적으나 땅에 닿는 데다 'ㄴ' 비슷한 기구를 쓰는" 존재이기 때문에 "ㄴ 이 둘째 자리에 간 것이다". 자음의 첫 두 글자 'ㄱ, ㄴ'은 "하늘과 땅, 위와 아래, 머리와 발"을 나타낸다.[17]

'ㄱ'과 'ㄴ'을 하늘과 땅, 위와 아래, 머리와 발에 관련지은 다석의 해석은 철학적인 깊이에서 『훈민정음 해례본』의 'ㄱ', 'ㄴ'에 대한 풀이를 넘어선다. 『훈민정음 해례본』에서 'ㄱ'은 어금닛소리고 'ㄴ'은 헛소리며 둘 다 소리날 때 혀의 모양을 그린 것이다. 다석은 'ㄱ', 'ㄴ'의 모습과 의미를 우주적으로 확대하고 깊은 철학적 의미를 부여했다. 하늘을 나타내는 'ㄱ'과 땅을 나타내는 'ㄴ' 사이 가운데에 하늘을 나타내는 아래아 'ㆍ'을 찍어 ㄹ으로 써서 '가온 찍기'를 나타냈다. 'ㄱ'은 하늘에서 기운이 내려오는 것을 나타내고 'ㄴ'은 땅에서 기운이 올라오는 것을 나타낸다. 하늘의 기운과 땅의 기운이 마주치는 사람의 몸과 마음 한가운데를 점(ㆍ) 찍음으로써 천지인이 합일되는 '늘 삶[永生]'에 이른다.

## 한글의 기본 모음 'ㆍ ㅡ ㅣ'에 담긴 뜻

한글의 기본 모음은 'ㆍ ㅡ ㅣ'인데, 'ㆍ'는 하늘[天], 'ㅡ'는 땅[地], 'ㅣ'는 사람[人]을 나타내는 글자로 만들었다. 하늘을 나타내는 아래아 'ㆍ'는 모든 모음의 원음(原音)이다. 원음 'ㆍ'가 수직으로 내려 사람인 'ㅣ'가 되고 원음이 수평으로 내려 땅인 'ㅡ'가 되었다. 아래아 'ㆍ'는 모든 모음의 원음이면서 깊은 철학적 뜻을 지녔다. 그런데 주시경이 19세 때 배재학당에 입학하던 해에 'ㆍ' 모음이 합음(合音)임을 알아내고서 소리를 표현하는 데 필요 없다고 주장했기 때문에 결국 쓰지 않게 되었다. 다석은 'ㆍ'를 없애면 한글의 철학적인 뜻이 줄어들기 때문에 다시 살려 써야 한다고 주장했으며 훗날 반드시 'ㆍ'를 다시 쓰게 될 것으로 예견했다.[18]

다석에 따르면 'ㆍ'는 우리말의 원음을 나타내며 "ㅡ, ㅏ, ㅗ, ㅡ가 합동한 근원적 소리"다. "말소리 밑동은 모음, 밑동의 밑동은 ㆍ ㅡ ㅣ 셋, 셋의 밑은 'ㆍ'이다."[19] 다석은 'ㆍ'가 모든 것을 하늘에 근원을 두고 하늘에서 시작하고 하늘로 돌아가는 원만(圓滿)을 나타낸다고 보았다. 하늘은 모든 것의 처음이고 원만이므로 한 점 'ㆍ'로 나타낸다는 것이다. 다석은 하나의 점 'ㆍ'가 하늘을 나타내고 'ㅇ'은 아들을 나타내는 자음이라는 사실에 주목한다. 모든 것의 근원이고 목적인 하늘, 크고 하나인 무한대의 하늘을 점으로 나타내고, 원으로 표시된 'ㅇ'은 아들인 자음이다. 다석은 'ㅇ'이 "하늘에 대하여 아들된 우리의 발전대원만(發展大圓滿)을 그려" 보인다고 했다.[20]

'ㅡ'는 "우리 눈앞에 벌어진 평지(平地), 곧 세상(世上)을 보이며, 동시에 '으' 음을 낼 때는 조금 틈만 벌린 입의 꼴 그대로도 된 것"이다. 다석에 따르면 "문명민의 글 가운데 'ㅡ' 음을 기록한 것은 우리밖에 없다".[21]

다석에 따르면 사람을 나타내는 'ㅣ(이)'는 "최근칭(最近稱), 꼴은 사람이 꼿꼿이 선 꼴을 법(法)받은 것"이다. 이는 주어를 나타내는 말로서 "그이, 저이, 복남(福男)이, 광주리, 빨강이, 인칭(人稱), 물칭(物稱), 명형격(名形格)을 보이는 소리로 세계적이다".[22] 중국어〔漢語〕에서도 이(伊)라 하고, 영어에서도 'ㅣ'를 '나'라 한다.

다석은 사람을 나타내는 'ㅣ' 글자의 위 '끗(끝)'에 주목한다. 우주, 인생, 사물이 함께 엉클어진 실 뭉텅이를 푸는 실오라기 한끝은 'ㅣ'의 위 '끗'에 있다. 'ㅣ'의 'ㅣ'된 끗은 그 전신(全身)에 있지 않고 "그 끗의 끝

(ㅣ) 뾰족한 곳"이다. 'ㅣ'는 사람, 나를 가리킨다. '나'는 생각과 의식의 끄트머리다. 'ㅣ'의 "바른〔正〕 끗은 …… 발아(發芽)의 끗, 사람의 의식의 끗, 최초 일념(最初一念)인 끗, 성의(誠意), 차라리 모의(母意)다."²³

우주와 인생과 사물의 엉클어진 문제들을 푸는 실마리는 생명의 씨알맹이가 싹트는 끝, 사람의 마음 끝, 의식·생각의 끝에 있다. 사람은 하늘과 땅 사이에 곧게 서서 생각하는 존재다. 다석에게 생각은 사변과 관념의 행위만이 아니라 몸과 맘과 얼을 불태우는 생명과 혼의 행위며 자신의 존재를 새롭게 생성하는 존재의 행위고 천지인 합일에 이르는 우주적 행위다. 사람의 생각 속에 문제 해결의 실마리가 있다.

## 3. 고디(곧음) 철학

다석은 곧은 막대기처럼 위에서 아래로 직선을 내리 그은 'ㅣ'로 사람의 존재를 나타냈다. 'ㅣ'는 하늘을 머리에 이고 하늘과 땅 사이에 곧게 서서 하늘로 고디(곧게) 솟아오르는 사람이다. 다석은 사람을 나타내는 'ㅣ'의 철학을 고디 철학으로 제시했다.

### 고디 철학이란?

다석은 맨발의 성자로 알려진 이현필과 깊이 사귀었다. 겨울에도 맨발로 다녔던 이현필은 '동광원'이란 수도원을 세우고 가족 없는 금욕 생활을 추구했다. 이 땅에 성인이 나기를 고대했던 당시 YMCA 총무 현동완은 이현필이 광주에서 성자처럼 산다는 말을 듣고 유영모와 함께 그를 만나보기로 했다. 1946년 봄 다석과 이현필이 광주역에서 만나 말없이 걷다가 다석이 혼잣말로 "이이이이……"라는 소리를 계속했다. 그러자 이현필이 "이보다는 아가 먼저지요"라고 했고 유영모는 "아보다는 이가 먼저지요"라고 했다.[24]

다석이 "이이이이……" 소리를 낸 것은 하늘과 땅 사이에 곧게 선 사람의 사명과 철학을 나타낸 것이다. 한글의 기본 모음 'ㅣ'는 사람을 나타내며 사람의 고디(곧음)를 나타낸다. 다석은 사람이 하늘과 땅 사이에 곧게 설 때 천지인 합일에 이를 수 있다고 보았다. 다석은 평생 몸과 마음을 단련하고 닦는 일에 힘썼고 단전호흡과 명상을 통해 깊은 경지에 이르렀다. 그는 장생법(長生法)과 양생법(養生法)을 두루 실행해 보았으나 몸과 맘을 곧게 하고 숨을 깊고 편히 쉬는 길밖에 없다는 결론에 이르렀다.[25] 몸과 맘을 곧게 하면 숨이 깊고 편안하게 쉬어지고, 숨이 깊고 편안하면 몸에 기운이 가득하고 목숨이 말숨으로 말숨이 얼숨으로 승화한다.

'곧음'은 다석 사상과 정신의 핵심이다. 다석은 1954년 1월 3일의 공개 강연에서 인간의 "천성은 원래 직(直)이므로 직으로만 가면 영생할 것"이라고 말하면서 "나는 성직설(性直設)을 내세우고 싶다"[26]고 했다. 다석은 곧음과 통함을 직결시킨다. "화살처럼 정직해야 뚫고 나갈 수 있다. 세상에 사실처럼 강한 것은 없다. …… 고디가 제일 강하다. …… 고디만이 하나님과 통할 수 있다."[27] 마음이 곧은 사람만이 글과 진리에 통할 수 있다.

또한 다석은 '곧음'이 인간을 하늘로 올려 보낸다고 했다. 'ㅣ'처럼 곧게 하늘로 오르는 것이 인간의 본성이고 천명이다.[28] 다석은 다음과 같이 말한다. "이 '곧음'이 우리를 부처로 만든다. 곧음이 우리를 영생으로 인도한다. …… 이 곧음이 또한 우리를 사람 되게 한다."[29] 다석의 철학은 '고디(ㅣ)'의 철학이다.

다석의 고디(ㅣ) 철학은 ≪성서조선(聖書朝鮮)≫이 폐간된 뒤에 생겨난 것이다. ≪성서조선≫의 글에서는 한글, 단군, 천지인 합일에 대한 논의가 나오지 않는다. 짐작하건대 1943년 2월 5일 북악산 마루에서 천지인 합일의 체험에서 얻은 것으로 생각한다. 천지인 합일 체험으로 다석의 몸과 맘 한가운데가 곧게 뚫리고 하늘의 기운과 땅의 기운이 하나가 되었다. 다석의 천지인 합일 체험 이후에 동양 사상, 한글 철학, 기독교 신앙, 이성 철학을 회통하고 종합하는 다석 사상이 완성되었다. 본성을 실현하고 완성하는 유교 사상, 생각을 강조하는 이성 철학, 주체를 추구하는 민주 사상, 모든 것을 초월하고 하나 되게 하는 기독교의 하나님 사상이 결합해서 '고디' 철학이 되었다.

다석의 고디 철학은 천지인 체험 이후에 구체화되었지만 그 이전부터 싹트고 있었던 것으로 보인다. 그가 20세 때 오산학교 교사로 있었을 때 나라가 망하고 여러 우국 독립지사가 오산학교에 머물렀다. 국권 침탈이 이루어진 해 오산에 머물던 신채호는 허리를 꼿꼿이 세워 고개를 들고 세수했다. 아침에 세수할 때마다 옷을 적시는 신채호를 본 교장 여준이 "고개를 숙이면 옷을 적시지 않지!" 하니까 단재는 일본놈 세상에서는 머리도 허리도 숙일 수 없다고 했다. 그로부터 11년 후 다석이 오산학교 교장으로 부임했을 때 먼저 교장실의 의자 등받이를 자르고 평상에서 꼿꼿이 앉아 일했다.[30] 중국의 정치 문화에 굽실대는 사대주의, 일제와 외세에 굴복한 민족의 운명을 떨치고 꼿꼿하게 일어서려는 주체적 의지와 정신이 고디 철학으로 나왔다.

일제강점기 그의 작은 수첩에는 이렇게 적혀 있다.

ㅣ(이) 소리

ㅣㅣㅣㅣ ㅣㅣㅣㅣ ㅣㅓㅣㅓ ㅣㅓㅣㅓ
ㅓㅣㅓㅣ ㅓㅣㅓㅣ ㅣㅣㅣㅣ ㅣㅣㅣㅣ
ㅣㅓㅣ ㅣㅓㅣ ㅡㄹㅣ ㅣㅣㅓ ㅣㅓㄹㅏ

이어여라 어이 이어라 비키여라 저리가라
어이 나를 슬미시나 어인 말씀 이여라시나
아니다 이여 이여라 어이이여 이렴아[31]

'ㅣ'는 하늘과 땅을 곧게 잇는 사람의 몸과 정신을 나타낸다. 이 글의 제목은 'ㅣ(이) 소리'로 'ㅣ' 소리의 뜻을 밝힌다. 첫 줄에서 'ㅣ'가 8회 계속되다가 'ㅣㅓㅣㅓ'가 2회 되풀이된다. 둘째 줄에는 'ㅓㅣㅓㅣ'가 2회 나오고 'ㅣ'가 8회 계속된다. 첫째 줄은 사람이 곧게 서서 사는 존재임을 밝히기 위해 'ㅣ'를 8회 반복했다. 사람은 하늘을 향해 일어서고 일어서는 존재다. 곧게 일어선 사람의 'ㅣ' 소리 '이'는 '이음(잇다)'을 뜻한다. 'ㅣ' 소리는 '이어' 살라는 말이다. 사람은 줄기차게 일어서서 삶을 '이어이어' 살아야 한다. 사람은 곧게 일어나는 존재요, 사람이 일어나는 까닭은 이어 살기 위해서다. 사람은 이어 사는 존재다. 생명과 역사와 정신을 이어 살아야 한다. 생명과 역사와 정신에는 맨 처음부터 끝까지 이어오는 생명의 줄, 정신의 줄, 얼의 줄이 있다. 앞선 이에게서 이어받아 살아야 하고 뒤에 올 이들에게 이어주며 살아야 한다.

둘째 줄에서 'ㅓㅣㅓㅣ'가 되풀이해 나오는 것은 무엇을 뜻하는가? 'ㅓㅣ'는 '어이'인데 '어이'는 '어이(어찌)하여', '어서', '어버이'를 뜻할 수 있다. 다석은 같은 발음이나 말로써 여러 가지 뜻을 나타냈다. 다석은 어버이를 '어이'로 쓰기도 했다. 아이는 어린이 자손이고, 어이는 어른 조상이다. 둘째 줄의 의미는 네 가지로 볼 수 있다. "어이하여, 어이하여 잇고, 잇고 이어야 하나." "어서 어서 잇고 이으라." "어버이, 어버이를 잇고 이어라." "어서 어버이를 잇고 이어라."

셋째 줄의 의미는 알아내기가 쉽지 않다. 앞에 'ㅣㅕㅣ ㅣㅕㅣㅡㄹㅣ'가 나오는데 "이어서 이으라, 이여 이을 이"로 생각된다. '이여'는 '잇고 (머리에) 여는 것'으로 읽을 수 있다. '여'는 "머리에 여라"에서처럼 머리에 이는 것을 뜻한다. 'ㅣ' 또는 '이' 소리는 생명줄을 이음과 하늘을 머리에 임을 나타낸다. '이음'과 '임'은 서로 연결된다. 생명과 정신을 이어가기 위해서는 하늘을 머리에 이는 사람이 되어야 한다. 앞에서 논했듯이 '임금'은 '검을 이는 이'인데 검은 신(神)이므로 임금은 '머리에 신을 이는 이'다. 다석은 사람이 하늘을 머리에 이고 사는 존재라고 했다. 그런 의미에서 사람은 누구나 '임금(임검)'이다. 하늘을 머리에 이는 사람만이 생명·역사·정신의 줄을 이을 수 있다. "이여ㅣㅡㄹㅣ"는 "머리에 여서 이을 이"를 뜻하는 것 같다. 끝에 "ㅓㅣㅣㅕㅣㅓ라ㅏ"가 나오는데, "어서 이여 이어라(어서 하늘을 머리에 이고 생명줄, 얼줄을 이어라)"로 읽을 수 있다.

시조 형태로 쓴 글에서도 이런 뜻을 확인할 수 있다. 이 글을 풀어쓰면 다음과 같다.

잇고 여라. 어서 이어라. 생명줄을 잇고 하늘을 머리에 이는 일을 방해하는 것들아 비켜라. 저리 가라. 어이(하늘의 어버이 하나님) 어찌하여 나를 슬쩍 미시나? 어떤 말씀을 잇고 이라고 하시나? 아니다. 잇고 여고 잇고 여라. 어서 잇고 어서 이러무나.

이글을 보면 'ㅣ'는 하늘과 땅을 잇는 사람의 정신을 나타내고 참 생명의 줄을 '이어 나감'과 하나님을 머리에 '임'을 뜻한다. 유영모는 'ㅣ'에 대해서 이렇게 풀이를 했다. "나는 몸이 아닙니다. 생각하는 정신입니다. 정신은 밖에서 보이지 않지만 영원합니다. 정신은 머리를 하늘에 두고 있는 존재이기에 나는 막대기를 세워 영어로 아이(I)하듯이, 우리는 이(ㅣ)라고 합니다. 이이 저이라고 하는 이지요. ㅣ긋이 태초에 맨 첫긋과 맨 마지막 맞긋이 한통이 되어 영원한 생명이 됩니다."[32]

막대기 'ㅣ(사람)'는 하늘과 땅을 '곧게 잇는' 몸과 정신을 나타내고, '하늘을 머리에 인' 존재며, 처음(태초)과 끝(종말)을 '잇는' 존재다. 사람은 생명을 잇는 존재로서 시간의 처음과 끝이 만나는 자리면서 하늘을 이는(모시는) 존재로 하늘과 만나는 자리다.

### 사람(ㅣ)의 긋과 디긋의 철학

① 내 속에 있는 전체 생명의 끄트머리 긋

'ㅣ'는 하늘과 땅 사이에 곧게 선 사람을 나타내며, 더 구체적으로 사람의 주체인 '나'를 나타낸다. 'ㅣ'로서의 '나'를 다석은 '긋, 끗, 디긋'으로 설명했다. 그는 자신의 인간 이해를 암호와 같은 글로 표현하고 이 글을 중심으로 설명했다. 먼저 그의 난해한 글을 보자.

이긋 제긋, 이제긋이오 ㅣㅏㅣ 예 예긋이오니, 고디고디 가온찌기 끗끗 내내 디긋디긋, 이긋이 첫긋 맞긋야 인제 몰릅거니라[33]

> [새김 글] 전체 생명의 한 끄트머리가 사람 속에 하나의 긋으로 나타난다. 이 긋이 제긋, 저 자신의 긋이고 이제긋, 이제 여기의 긋이다. 이긋은 또 전체 생명을 이어 사는 이의 여기, 예의 긋, 예긋이다. 곧고 곧게 가온 찍기를 하여 이 긋이 다 닳도록 끝끝내내 끝까지 땅에 발을 굳게 딛고 디긋디긋 실천해야 한다. 첫긋(태초)과 맞긋(마지막 심판)은 알 길이 없다. 다만 내 속에 있는 생명의 끄트머리인 이긋에서만 첫긋과 맞긋을 알 수 있다. 인제는 하늘을 이고 영원한 과거를 이고 사는 이의 때다. 인제는 태초와 종말을 모르는 줄 알면서 이긋만을 붙잡고 사는 이다.

다석에 따르면 사람마다 속에 전체 생명의 긋을 가지고 있다. 이 긋은 제긋, 저 자신의 긋이며 시간과 공간의 구체성을 가진 이제 여기의 긋이다. 이 구체적인 긋에 가온 찍기를 해서 새롭게 변화시켜 땅에서 실천해야 한다. 내 속에 있는 생명의 끄트머리인 이 긋에서 태초와 종말을 알 수 있다.

### ② 땅을 딛고 실천하는 주체 디긋

다석의 가온 찍기는 신비한 명상과 내면적 수행에 머물지 않고 끝끝내 표현하고 실천하는 것이다. 다석은 이것을 '디긋, 딱딱한 땅을 딛고 사는 우리의 긋'이라고 한다.[34] 가온 찍기를 끝끝내 표현해보는 것, 자기의 생각을 펴보는 실천을 '디긋디긋'이라 한다.

가온 찍기에서 '나'를 하나의 점으로 찍음으로써 '나'는 점으로서의 자리만 남고 무화되고 부정되었으나 끄트머리 한 점으로서의 '나'는 무의 심연 속에 가라앉지 않고 "딱딱한 땅을 딛고 사는" 책임적인 실천의

주체가 된다.[35]

  나는 겸허히 하늘을 머리에 이고 이제 여기서 사는 생명의 한긋으로서 땅에서 꿋꿋하게 실천해야 한다. 다석은 'ㄷ(디긋)'이 땅에서의 실천을 나타내는 글자라고 보았다. 우선 'ㄷ'의 모양은 땅에 발을 디딘 모습을 나타내는 'ㄴ'에 하늘을 뜻하는 'ㅡ'를 덧붙인 것으로서 땅에 발을 딛고 하늘을 머리에 인 사람의 모습을 나타낸다. ∩은 네 발로 기는 짐승을 나타내고 'ㄷ'은 두 발로 걷는 사람을 나타낸다. '디긋'에서 '디'는 땅에 발을 딛는 것을 나타낸다. '디긋'은 땅에 발을 딛는 긋(사람, 나)이다.

  하늘과 무한한 과거를 이고 땅에 두 발로 선 긋으로서의 나는 가온찍기를 통해 한 점이 되어 빈탕한데의 계에 이르러야 한다. 빈탕한데의 계에 이르러 자유인이 된 나는 땅에 발을 굳게 딛고 실천하는 사람이 되어야 한다. 디긋디긋은 땅에 발을 굳게 딛고 실천하는 긋(자아)을 나타낸다.

  'ㄱ'은 하늘에서 기운이 내려오는 것을, 'ㄴ'은 땅에 발을 디뎌서 땅의 기운이 올라오는 것을 나타낸다. 'ㄱ'은 하늘에 머리를 두어 하늘 기운을 받는 것을, 'ㄴ'은 땅에 발을 디뎌 땅의 기운을 받는 것을, 'ㄷ'은 하늘과 땅의 기운을 받은 사람이 땅에 발을 굳게 딛고 실천하는 것을 나타낸다.

  땅에서 실천해 긋의 열매를 맺어야 한다. 긋의 꽃과 열매를 풍성하게 맺어서 긋의 근원이고 고향인 전체 생명('계')으로 돌아가야 한다. 생명의 긋으로 태어나 내가 세상을 떠날 때는 더 풍성하고 깊은 생명의 열매와 꽃을 가지고 전체 생명 속으로 돌아가야 한다. 땅에는 더 많은 생명의 씨울들을 남겨야 한다. 내가 남긴 생명의 씨알맹이에서 수

많은 긋이 나오게 해야 한다.

### 막대기처럼 곧게 서서 위로 올라가야

곧은 사람 'ㅣ'가 누리 'ㅡ'를 뚫고 솟아오르면 둥글고 원만한 하늘 '·'로 통한다. 욕심 없이 곧으면 원만하고 형통한다. 대나무는 속이 비고 마디가 있으면서 곧다. 빈 것은 욕심을 비운 것이고 마디가 있는 것은 스스로 다지고 줄인 것이다. 속이 비고 스스로 다졌기 때문에 대나무는 곧으면서 높이 자라고 무성하게 뻗어 나갈 수 있다.

사람은 하늘과 땅 사이에 곧은 막대기 'ㅣ'처럼 곧게 서서 솟아올라야 사람 노릇을 한다. 마음이 물질에 붙잡히면 마음은 더러워지고 구부러진다. 땅의 물질 상대 세계에 사로잡힌 마음은 땅의 평면을 옆으로 기게 된다. 마음과 정신이 물질과 뒤얽혀서 엉클어진다. 그러면 맘은 맘 노릇을 못 하고 물질(몸)은 물질대로 제대로 쓰이지 못한다. 몸도 맘도 깨끗하지 못하고 더러워진다.

대나무 막대기처럼 곧게 하늘로 오르는 것이 인간의 본성이고 천명이다.[36] 글과 진리는 통해야 하는데 "통하는 것이 고디〔貞〕"다. 두루 통하고 위로 오르려면 대나무처럼 마음이 비고 곧아야 한다. 다석은 막대기처럼 "입은 묵혀두고〔宿口〕 마음은 비워두는 것〔호心〕이 인생 사는 이치"라고 했다.[37]

위로 오르려면 마음은 비워놓고 몸은 막대기처럼 꼿꼿이 서야 한다. "마음은 놓고 몸은 꼿꼿이 이것이 참선이다. 내 마음은 고운 재와 같이 가라앉히고 내 몸은 막대기처럼 꼿꼿이 세워야 한다." 그러나 몸을 일으켜 세우려면 정신이 막대기처럼 꼿꼿이 서야 한다. "몸은 몬으로 된

꺼풀이기에 내버려 두면 묽어지고 썩어 주저앉는다. 막대기처럼 일으켜 세워야 한다. 무슨 막대기인가. 정신이란 막대기다. 정신이 강하면 몸은 일어선다."[38]

막대기처럼 꼿꼿이 선 정신과 육체는 건강하고 건강한 정신과 육체는 '깨끗하다'.[39] 다석은 『다석 일지』의 '정고(貞固)'란 글에서 "생리와 심리는 장엄하고 오묘하다(生理心理 莊嚴奧妙)"면서 "음란하고 더러운 생활은 늑막염과 폐병을 일으켜 몸을 망가뜨리고(淫亂褻瀆 肋肺祝融)", "곧고 깨끗한 마음은 정신을 형통하게 한다(貞固淸幹 情神亨通)"고 했다.[40]

물질과 본능에 매어서는 하늘로 오를 수 없다. 물질과 본능은 땅에 달라붙게 하고 옆으로 기게 한다. 그래서 다석은 "높은 산은 부귀를 가지고는 못 오른다. 우리의 육체를 벗고 죄 짐을 벗고 정신이 되고 영이 되어야 오를 수가 있다"[41]고 했다. 육체의 물욕과 죄의 짐을 벗은 정신과 영혼은 위로 하나님을 향해 곧게 선 '막대기'와 같다.

다석은 부귀와 물욕, 죄의 짐을 벗고 막대기처럼 하늘로 곧게 오르는 것이 형이상학이라고 한다. 다석의 형이상학은 개념과 논리의 사변에 빠지지 않고 실천적이다. 다석은 종교·철학에 붙잡혀 있으면 하나님께 다다르지 못한다고 했다. "무슨 신비(神秘), 무슨 신학(神學), 무슨 철학이라며 떠들지만 거기에 홀리지 말아야 합니다. 잠시 쉬었으면 툭툭 털고 나서는 것뿐입니다. 하나님 아버지께로 나아가는 것뿐입니다. 내가 서 있는 위치는 태양의 발바닥 같은 곳이라 여기를 뚫고 세차게 올라가야 합니다."[42] 생명과 정신이 힘차게 위로 올라가는 것이 참된 종교이고 철학이다.

'위로 오름'이 생명과 정신의 본성이고 철학과 종교의 근본이라고 본 다석은 우리말에서 '위로 오름'의 뜻을 풀어낸다. '우리'는 "우(上)를 이는 것"이며, 사람은 "아래에 있으면서 하늘 위를 생각한다. 우를 이고 있는 것이다. 그래서 '우ㅎㅣ'다. …… '우'를 이는 것이 '우리'다." '더욱'은 "더 우로!"다.[43] 다석에 따르면 한글의 모음 '아야 어여 오요 우유 으이'는 '아가야 어서 오너라, 위(하나님 아버지께로)'의 뜻이다.[44] 한글에는 이처럼 '위(하나님)로 솟아오르는' 생명 철학적 진리가 담겨 있다고 보았다.

본래 우리말에 다석이 말하는 의미가 있었는지는 확인하기 어렵다. 그러나 본래 그런 의미가 없었다고 해도 다석이 우리말과 글에 이런 의미를 새겨 넣은 것은 쓸데없는 일이 아니라 우리말에 정신과 철학의 깊은 뜻을 새겨 넣은 것이다.

### 4. 한글과 십자가의 만남

**기본 모음과 십자가의 일치**

다석은 '바른 소리 옳은 소리〔正音〕'라는 시조 형태의 글에서 아래와 같이 말했다.

오으이 오이 부르신 가장 바른소리 세종(世宗)
ㅡㅣ·나투신 남ㄱ에 달린 사람 믿으이: 예수
등걸〔檀君〕 우리나라님 한울나라 거룩함[45]

새김 글    '오으이'는 한글 기본 모음 ·ㅡㅣ의 소리로서 하늘 땅 사람을 나타내고 '오이'는 ·ㅣ로서 하늘 어버이를 나타낸다. 세종은 훈민정음을 지음으로써 하늘 땅 사람과 하늘 어버이를 부르는 가장 바른 소리를 냈다. ㅡㅣ·를 나타내시고 나무에 달린 사람, 예수는 믿은 이다. 등걸은 하늘 열고 우리나라를 세운 임이고, 우리나라는 하늘나라의 거룩함을 본받는 나라다.

　다석은 세종 임금이 내 놓은 바른 소리인 한글의 기본 모음 'ㅡㅣ·'를 예수의 십자가와 직결시킨다. '·ㅡㅣ'를 겹치면 가운데 ·가 있는 십자 형태가 된다. 예수가 달린 십자가(+)는 '·ㅡㅣ'를 나타낸 나무다. 그리고 다석은 십자가를 나무뿌리, 나무 등걸을 나타내는 등걸(단군)과 연결시킨다.
　다석은 단군이 등걸〔樸〕, 둥글〔朴〕의 사음(寫音)이라 보았다. 다석은 박(朴)씨는 단군의 후손이라고도 했다. 흔히 단군을 최고의 무당 텡그리(tengri), 단골, 당골을 나타낸 것으로 설명한다. 텡그리나 단골의 발음은 등걸에 가깝다. 다석이 한민족의 시조인 단군을 나무 등걸로 본 것은 단군의 어원(語源) 문제는 접어두고 단군을 자연의 나무 등걸과 일치시키고 더 나아가서 한민족의 정신을 조화롭고 원만한 자연과 일치시킨 것이다. 다석은 이 글에서 "ㅡㅣ· 나투신 남ㄱ에 달린 사람……예수, 둥걸〔檀君〕 우리나라님 한울나라 거룩함"이라고 했다. 이 글은 "ㅡㅣ·를 나타내신 나무에 달린 사람은 예수이고, 단군은 우리나라님이며 단군이 하늘을 열고 세운 나라는 예수가 세운 거룩한 하늘나라와 같다"로 이해할 수 있다.[46]
　'ㅡㅣ·'를 십자가와 연관시키고 십자가를 다시 한겨레의 뿌리인 단군과 연관시키는 것은 어디까지나 다석의 상상력이다. 다석의 이런 풀이는 엉뚱한 말놀이가 아니라 한글의 기본 모음에 깊은 의미를 부여한 것이다. 한글의 기본 모음 'ㆍ ㅡ ㅣ'는 예수의 십자가 나무 막대기를 나타내고 'ㆍ(하늘)'와 'ㅡ(땅)'을 잇는 나무 막대기 'ㅣ(정신)'는 겨레의 뿌리인 단군, 다시 말해 나무 등걸과 '둥글' 나무[朴]를 나타낸다. 'ㅣ'는 세상을 뚫고 솟아오르는 십자가와 겨레의 얼과 뿌리인 단군(등걸)을 나타낸다.

그리스도는 곧게 위로 올라간 이다. 하나의 세계, 절대 불멸의 진리에 도달하려면 '고디[直]'뿐이다.[47] 다석은 1956년 1월 21일에 쓴 '그리온'이란 글에서 "그리온 걸 그리우고 드디어 오른이 누구리? 무리여. 거룩할 우리 고디!"라고 했는데 김흥호는 "오른이 …… 고디!"가 그리스도라고 했다. 다석은 기독교를 정교(貞敎)로 보았다.[48] 성경은 엄한 죄의식과 하나님의 거룩과 의를 강조한다. 거룩과 의를 강조한다는 점에서 성경은 다른 모든 종교를 앞지른다. 거룩과 의는 곧음을 뜻한다. 인류의 죄에 대한 신의 의로운 분노와 심판을 나타내는 십자가는 곧음의 상징이다.

단군은 우리 겨레의 뿌리(등걸)되시는 원만하신 둥근이다.[49] 단군을 나무 등걸과 나무뿌리로 보고 나무의 '둥글고[朴]' 소박한 자연과 연결함으로써 한국 정신의 자연 친화적 성격을 밝혔다. 곧고 꼿꼿한 나무 막대기, 고디(십자가)가 한글 'ㅡ ㅣ ㆍ'를 매개로 자연 친화적인 원융합일(圓融合一), 묘합의 한국 정신과 만나고 있다.

## 한국 정신의 동글암과 곧음(십자가)의 만남

한글과 십자가의 만남은 한국 정신의 동글암[圓融合一]과 기독교의 곧음이 만난 것이다. 다석은 하나님을 고디로 보기도 하고 동글암으로 보기도 한다. 하나님, 그리스도의 속성은 고디다. 의롭고 바른 분이다. 그러나 하나님은 모든 것을 아우르는 원만이기도 하다. 'ㆍ'은 절대와 상대, 없음과 있음을 아우르는 동글암, 원만이다. 곧은 막대기인 사람은 "없이 계신 동글암"으로 돌아간다.

다석의 가르침을 줄이면 '고디'와 '하나로 돌아감〔歸一〕'이다. '하나(하나님)'를 만나는 길은 '곧이'밖에 없다. 그래서 다석은 '하나'를 '고디'와 '동글암'으로 표현한다. '하나'는 둥근 원이면서 곧음이다.

다석의 철학을 곧은 막대기 'ㅣ' 철학이라고 한다. 'ㅣ'는 사람을 나타내며 똑바로 서 있는 '곧은' 것이다. '곧음'은 하나이고 곧음으로써 하나에 이른다. 하늘과 땅 사이에 곧게 섬으로써 우리는 하늘로 올라갈 수 있고 '하나'인 임, 하나님을 만날 수 있으며 하늘에 이를 때 비로소 천지인 합일을 이룰 수 있다.

『다석 일지』의 1963년 12월 23일에 다음과 같은 시조 두 편이 나온다.

클 제계 둥글암

하날 떠오른 따웋에도 하날 열고 세우인
우리나라는 올해 온, 올 옳게 오르는 나라
땅 드딘 두 발 거둬찲 땐 둥글암 무리

[새김 글]   저기 하늘의 세계인 하나님 계신 곳으로 커 올라가 둥글암에 이름

하늘이 떠올라 하늘과 멀어진 땅 위에도 하늘 열고 세운

우리나라는 올해를 온전히 살아 올곧고 올바르게 오르는 나라다.
땅 디딘 두 발로 땅을 걷어찰 때는 머리가 둥글암으로 들어간다.

우리 일울 받할 고디 곧 있:

없있 둥글암 이제 예 있거니 ㅣ 나속 긋과
없시계신 둥글암 한늘삶 곧있시신 ㅇㅂ
우이로 우리머리님 아래 둘발 몬땅 딛

[새김 글]  우리가 이루어야 할 본성의 일은 고디 곧게 있는 것

없음과 있음을 아우르는 둥글암이 곧은 막대기 같은 ㅣ 나의 속긋과 함께 이제 여기 있네.
없이 계신 둥글암의 영원한 삶에는 곧음과 있음이신 아버지가 계시네.
위로는 우리 머리로 님을 이고 아래로는 두 발로 물질세계의 땅을 딛는다.

위의 글에서 하늘과 하나님은 없음과 있음을 통합하는 둥글암이면서 곧음으로 나타난다. 그리고 사람은 자신의 본성대로 곧게 있음으로써 둥글암과 곧음의 하늘로 올라갈 수 있고 올라가야 할 존재다. 다석은 땅 위의 상대 세계에서 없음과 있음을 아우르는 원만의 세계를 '동글암'이라 하고 하늘 절대 세계의 원만을 '둥글암'이라 했다.

없음과 있음을 통합하는 둥글암은 사랑과 원만을 나타내며 곧음은 하늘의 정의를 나타낸다. 단군이 하늘을 열고 나라를 세웠다는 것과

예수가 하늘나라를 선포했다는 것은 있음과 없음의 통합, 유무상통(有無相通)의 원만함, 자비와 사랑의 정신세계를 열고 하늘의 곧음(정의, 잣대)을 세워 나라를 시작했음을 뜻한다.

한글과 십자가를 결합시킨 다석의 사상에는 동서의 정신이 융합되어 있다. 깊은 죄의식으로 하나님의 거룩과 의로움을 말하는 기독교는 배타적이고 타협 없는 곧음을 지닌 종교다. 한민족의 정신적 원형질은 한(恨), 하늘, 나무 등걸의 동글암, 포용적인 원만을 품고 있다.

### 곧음과 동글암의 만남이 새 나라를 연다

우리말은 라틴어와 비교하면 상대와의 일치·동화를 추구하는 말이다. 라틴어에서는 주어가 지배하고 상대(목적어)를 규정하지만 우리말에서는 상대가 술어를 규정한다. 주어는 글이나 말에서 숨거나 '우리'라는 말로 뭉뚱그려지고 '저'라는 말로 겸허하게 비껴 선다. 서구어 특히 라틴어가 논리적이고 정복적인 언어라면 한국어는 순응과 교감의 언어며 평화의 언어다. 이런 언어의 성격적 차이는 삶의 경향적 차이를 낳을 수 있다. 우리말의 성격도 동글암을 나타낸다. 우리말의 동글암과 기독교의 곧은 십자가가 만나서 동글암과 곧음이 통합된다.

다석은 한국을 등걸(단군)이 하늘을 열어 세운 나라로 여겼고 등걸을 "머리 웋인 님 우리 님금〔머리에 웋(하나님)을 인 님 우리 님금〕"[50]이라 했다. 하늘을 머리에 인 등걸도 이미 동글암과 곧음의 통합을 이루고 있다. 나무의 동글암을 품은 등걸이 하늘을 머리에 이는 곧음을 지향한다. 그러나 오랜 역사 속에서 중국에 압도되고 일본에게 나라를 빼앗기면서 한겨레는 곧음을 잃었다.

한국의 종교·예술 문화는 자연 친화적 성향을 보여준다. 한국과 동아시아의 정신문화는 자연 친화적인 동글암을 지녔지만 곧음이 부족하고, 서구의 기독교 정신문화는 진취적인 곧음을 지녔지만 배타적이고 편협하다. 깊은 죄의식을 가지고 '믿음만! 은혜만!'을 내세우고 하나님의 거룩과 의로움을 말하는 기독교는 배타적이고 타협 없는 곧음을 지닌 종교다. 한민족의 정신적 원형질은 한, 하늘, 나무 등걸의 자연 친화적이고 통합적인 동글암, 원만을 품고 있다.

곧음과 동글암을 결합한 다석의 사유에는 곧고 진취적인 기독교 서구 정신과 둥글고 원만한 한국 아시아 정신이 아름답게 결합했다. 다석의 삶과 정신 속에서 등걸과 그리스도가 만난다. 곧음은 참된 주체성을 나타내고 동글암은 참된 전체성을 나타낸다. 둥근 등걸과 곧은 그리스도가 만남으로써 한국은 참된 주체와 참된 전체가 통합된 나라, 곧게 선 정의로운 나라이면서 둥글게 서로 이어지고 통하는 아름다운 나라가 될 수 있다.

제9장

# 한글 철학 II:
# 우리말과 글에 담긴 철학

1. 우리말과 글에 대한 풀이와 의미 부여
2. 때의 철학
3. 긋과 끗으로 나타낸 인간 이해

## 1. 우리말과 글에 대한 풀이와 의미 부여

유영모는 우리말에서 깊은 진리를 끌어내기도 하고 우리말에 깊은 뜻을 집어넣기도 했다. 그는 한글로 여러 가지 변형된 글씨를 만들어 한글의 아름다움을 드러낼 뿐 아니라 한글이 지닌 뜻을 밝혀내고 이를 심화시켰다. 그것은 유영모의 독창성이다. 유영모는 글자를 파자하고 풀이해서 글자 하나에 담긴 깊은 뜻을 밝혀냈다. 그는 글자 하나 속에 무궁한 깊은 진리가 들어 있다고 했다.

이렇게 몇 자가 자기 분열식을 하면 이 속에 갖출 것은 다 갖춘 것 같아요. 말이란 정말 이상한 것입니다. 우리말도 정말 이렇게 되어야 좋은 문학, 좋은 철학이 나오지 지금같이 남에게(외국어) 얻어온 것 가지고는 아무것도 안 돼요. 글자 한 자에 철학개론 한 권이 들어 있고 말 한마디에 영원한 진리가 숨겨 있어요.[1]

글자 하나가 깊은 뜻을 드러내고 그 글자 하나에 깊고 묘한 뜻을 불어넣음으로써 우리말과 글이 깊고 풍부해진다. 다석은 우리말과 글이 이렇게 깊고 풍부해져야 좋은 문학과 철학이 나온다고 했다.

### 하늘을 연 단군 '임금'

다석은 일상적인 말에서도 깊은 진리를 밝혀내거나 일상적인 말에 깊은 뜻을 부여했다. 우리말의 의미를 밝혀낸 예를 몇 가지 살펴보자. 다석은 시월상달이면 하늘 열고〔開天〕나라를 세운 단군에 대해서 꼭 한마디 하거나 글을 일기에 남겼다. 그는 '하늘을 열었다'는 말을 좋아했다. 하늘을 열고 하나님을 만나자는 것이 우리 삶의 목적이요, 사명이라고 했다. 다석은 나라를 세우고 이끄는 '임금'이란 말이 지닌 깊은 종교적인 의미를 밝혀냈다. 단군왕검(檀君王儉)에서 왕검은 '님검(임금)'이고, '님검'은 "언제나 검〔神〕님을 머리에 이고 사는 이"라고 했다.[2] 나라를 바로 세우고 이끌어야 할 정치인은 검님을 머리에 이고 사는 이여야 한다.

### 천부경의 '한' 사상

다석은 1964년 12월 25일, 한국의 전통 종교 성전인 『천부경(天符經)』을 우리말로 옮겼다. 『천부경』(위서라고 하는 사람도 있지만, 위서건 아니건 관계없이 우리 한국 종교 사상이 담겨 있으면 귀중한 책이라고 본다)은 81자로 되어 있다. 다석은 『천부경』의 한문을 그대로 우리말로 옮겼으나 '한'이 근원과 밑둥임을 잘 드러냈다. 『천부경』의 첫 구절 '一始無始一(일시무시일)'을 '한 비롯 없는 비롯 하나'로 옮겼고 끝 구절 '一終無終一(일종무종일)'을 '한 마침 없는 마침 하나'로 풀었다. 흔히 『천부경』 해석자들이 '한〔一〕'과 '영〔無〕'의 관계로 보고 '없음'에서 '한'이 나왔다고 본 것과는 다르다. 많은 사람들은 『천부경』의 첫 구절 일시무시일(一始無始一)을 풀이할 때 하나를 없음에 비추어서 해석해 '한'의 존재론적 뿌리를 없음에서 찾으려 한다. 무(無)라는 것이 심오해 보이고 끝없이 깊어 보이니까 그 없음에서 '한'의 깊이를 보려 한다. 『천부경』의 사상은 '한 사상', '한 철학'일 텐데 '한'을 없음으로 해소하고 무의 사상에 이른다. 그러면 그것은 '한 철학'이 아니라 '무의 철학'이다.

다석의 『천부경』 풀이 방식은 매우 독특하다. 그는 군더더기 없이 본문을 그냥 직역한다. 한자로 된 것을 우리말로 토만 단다. 『천부경』 본문에 토씨를 조금 달아서 본문 자체의 깊은 뜻이 오롯이 드러나게 했다. 곧이와 깨끗을 추구하는 삶의 자세가 학문적인 욕심과 관념적인 허영을 버린 다석의 학문 자세에서도 드러난다.

『천부경』 풀이에서 무는 형용사로 볼 것인지, 명사로 볼 것인지에 따라 달라진다. 무를 명사로 보면 무가 존재의 근거가 되고 바탕이 된다. 다석은 무를 형용사로 보았다. 시작할 시(始)를 비롯으로 번역해서 '일시무시일(一始無始一)'은 '한 비롯 없는 비롯 하나'로 풀이하고, '일종무종일(一終無終一)'은 '한 마침, 없는 마침 하나'로 풀이했다. 시작과 끝이 하나로 시작해서 하나로 끝난다. 『천부경』이 말하는 사상의 세계는 '하나'의 세계, '한' 사상이다.

『천부경』에서 없음을 근원적 실재, 밑둥으로 보지 않고 형용사 '없는'으로 보고, '한'을 근원적 실재와 밑둥으로 드러내는 다석의 풀이가 한국 종교 사상의 풀이로서 맞는다고 생각한다. 한민족의 정신적 원형질이며 이름인 '한'이 지닌 의미와 철학적 지위를 다석이 밝혀냈다. 한 겨레의 사상이니 한 사상이다. '한'은 유와 무, 시작과 끝을 통합하고 서로 통하게 하는 근원적 존재다.

다석은 『천부경』 풀이로 '한'의 깊고 풍부한 의미를 오롯이 드러냈다. 다석에게 하나는 온 우주를 하나로 묶는 절대 '하나'일 뿐만 아니라 유무를 포함하는 '하나임(님)'이다. 유무상통하여 하나에 이르고 없음과 있음이 서로 통해 하나로 돌아가는 것이 귀일이다. 하나님 안에 없음과 있음이 서로 통한다. 하나님은 "없이[無] 계신[有] 임"이다.[3]

## 소 모는 말 '와, 워'에 담긴 철학

다석은 일상생활에서 쓰는 말에 깊은 의미를 부여함으로써 여느 말을 깊고 거룩한 말로 바꾸었다. 예컨대 다석은 농부들이 소를 몰 때 쓰는 말인 '와(가자)', '워(서라)'를 종교 철학적으로 풀이함으로써 거룩한 말로 만들었다. '와'는 '오아'로 '오너라'이고, '워'는 '우어'로 '위[上]로'를 뜻한다는 것이다. 하나님께서 땅에 사는 아들(사람)에게 "위로 아버지에게로 오너라" 하는 뜻이 '와', '워'에 담겨 있다고 했다.[4]

다석은 소를 몰 때 쓰는 말 '와, 워'의 글자를 분해하고 조합해 그 의미를 좀 더 자세히 탐구했다. 1955년 9월 20일의 일지에는 한글의 기본 모음인 'ㆍ ㅡ ㅣ'를 조합해 '와, 워'의 숨은 뜻을 드러냈다.

    ㅗ           ㅜ
  ·ㅏ 와      ㅡㅓ 워

  ㅏ      ㅇㅏ      ㅓ ㅇㅓ
  와 쏘다진다.   워 이르ㅓ.
  ㅇㅏ 운다.     ㅇㅓ 조타.

위의 글을 이해하려면 한글 모음의 구성 원리와 다석의 철학을 이해해야 한다. 한글 기본 모음 'ㆍ'는 하늘, 'ㅡ'는 땅 'ㅣ'는 사람을 나타낸다. 'ㅡ'와 'ㅣ'의 위와 밖에 'ㆍ'가 붙으면 양모음(ㅗ, ㅏ), 'ㅡ'와 'ㅣ'의 아래와 안에 'ㆍ'가 붙으면 음모음(ㅜ, ㅓ)이다. 다석에 따르면 생명과 정신은 땅에서 하늘로 솟아오름으로써 실현되고 향상되며 완성되고, 밖에서 안(속)으로 파고들어 감으로써 솟아올라 하늘의 자유와 초월에 이른다. 'ㅡ(땅)'와 'ㆍ(하늘)'가 결합된 'ㅗ'는 땅에서 위(하늘)로 오름이고 'ㅣ(사람)'와 'ㆍ(하늘)'가 결합된 'ㅏ'는 사람이 물질적 욕망과 집착에 사로잡힌 작은 나의 울타리 밖으로 나감이다. 이처럼 'ㅜ'는 땅 아래로 내려감이고 'ㅓ'는 사람의 속(안)으로 들어감이다.

이런 이해를 바탕으로 다석의 글을 풀이해보면 다음과 같다.

'ㅗ'는 땅에서 솟아오름이고 ㅏ는 좁은 자기의 틀을 깨고 나감이다. 'ㅗ'와 'ㅏ'가 합하면(땅에서 솟아올라 자기에게서 벗어나 밖으로 앞으로 나가면) 'ㅘ'가 된다. 'ㅘ'는 '와'이고 '와'는 신나서 감탄하는 소리다. 땅의 물질세계를 넘어서서 자기의 좁은 울타리에서 벗어나면 새로운 세계가 열려서 하늘의 별들이 쏟아지듯이 생명과 정신의 진리와 보물이 쏟아진다. 'ㅡ'와 'ㅏ'가 합하면〔땅에서 밖(물질세계)으로 나가면〕, 'ㅡ, ㅏ'인데 'ㅡ, ㅏ'는 '으아'다. '으아'는 어린애의 울음을 나타낸다. 물질적인 욕심과 집착에 매인 자아가 땅의 평면에서 평면으로, 물질세계에서 물질세계로 나가면 '으아' 운다.

'ㅜ'와 'ㅓ'가 합하면(땅 아래로 사람의 속으로 들어가면) 'ㅜ, ㅓ', '워'가 된다. '워'는 아래로 속으로 들어가서 머무르는 것을 나타낸다. 소를 몰 때 '워, 이르ㅓ(이려, 이랴)'하는데, 다석은 워(ㅜㅓ)를 이르ㅓ(으ㅓ)

와 연관시켰다. '워'는 머물러서 땅에서 사람의 속으로 들어가는 것을 나타낸다. 땅에서 사람의 속으로 파고들어 가면, 생명과 정신의 목적에 이르고 뜻을 이루게 된다. '이르ㅓ'는 목적에 이름, 뜻을 이룸을 나타낸다. '워'하면 '이르ㅓ'가 된다. 'ㅡ'와 'ㅓ'가 합하면〔땅에서 안(정신)으로 들어가면〕'으ㅓ(으어, 어)'가 되는데 '으어, 어'는 좋다를 나타내는 감탄사다. 사람이 땅에서 물질의 유혹에 속아서 헤매지 않고 제 속으로 들어가면 "어! 좋다"고 하는 삶의 경지에 이른다.

소를 끌 때 쓰는 말 '와', '워'가 유영모의 풀이대로 본래 그런 뜻을 가진 말이라고는 생각하지 않는다. 그러나 사람이 쓰는 말에는 사람이 의식하지 못하는 신비한 차원이 있어서 처음에 그런 말을 만들거나 쓸 때 무의식적으로 그런 깊은 뜻을 담았는지도 모른다. 혹시 그런 의미가 있다고 해도 학문적으로 검증하거나 확인할 수 없다. 어쨌든 다석이 우리말에 이런 의미를 부여하는 것이 부질없고 엉뚱하며 억지스러운 일만은 아니다. 우리말과 글에 없던 의미를 부여함으로써 우리말과 글이 새로운 의미를 갖고 더 풍성하고 깊어진다면 다석의 이런 말 풀이는 창조적이고 소중한 일이다.

### 우리말 숫자풀이

다석의 우리말 풀이 가운데는 풀이 자체가 매우 그럴 듯하거나 우리가 모르던 뜻을 밝혀낸 경우도 많다. 그의 숫자풀이는 독창적이며 우리말 숫자의 어원을 밝혀주거나 수를 나타내는 말에 새로운 의미를 부여해준다. 다석의 『천부경』 풀이에서 수에 대한 풀이는 다음과 같다.

"한은 나뉘지 않은 큰 것, 하실을 뜻하고 둘은 맞둘, 셋은 섬, 넷은 네모, 다섯은 다 섬, 여섯은 이어 섬, 일곱은 이룸(일굼) 여덟은 여둘(업) 아홉은 없한(한업), 열은 열다."[5]

훈민정음에서도 아래아 'ㆍ'가 하늘을 나타내는 글씨로 나온다. 하나의 점 'ㆍ'이 나누어지지 않는 큰 하나, 모든 것이 비롯되는 하늘을 나타낸다는 것이다. 다석은 '하나'가 나뉘지 않는 큰 것이며 모든 것이 비롯되는 시작이라고 했다. '하나'는 하늘의 근원적 실재, '우주 전체의 실재'며 모든 것이 돌아가고 본받으며 실현해야 할 실재이고 사명이다. 그래서 '하실'이라고 했다. '하실'은 '하늘의 실재', '하나로 이룩해야 할 실재', 하나님이 (하나로 되게) '하실(사명)'을 뜻한다. '하나'는 절대의 세계다. '둘'은 나누어지는 상대 세계의 시작이다. 상대(相對)는 '맞(마주)둘 수 있는 것'이다. 어디에 둘 수 있는 것은 상대의 세계에 속하는 것이고 소유할 수 있는 것이다. 전체 하나로서의 '하나'는 맞둘 수 없고 소유할 수 없는 것이다.

다리가 세 개일 때 잘 서기 때문에 셋이고 다섯은 '다 섬'을 나타내고 여섯은 '이어 섬'을 나타낸다. 여덟은 '열에서 둘 없음(여둘업)'을 뜻하고, 아홉은 '한업(열에서 하나 없음)'을 뜻한다. 다석은 일곱을 '이룸, 일굼'에서 왔다고 보았다. 열은 '열린다'는 뜻이다. 원시시대에는 손가락으로 수를 헤아렸을 텐데 두 주먹을 쥐고 손가락을 하나씩 펴며 수를 세다 보면 마지막 열 번째 손가락에 이르러 손이 다 펴지고 열리게 된다. 손바닥이 다 열리면 손가락으로 수를 세는 일이 끝나고 다시 돌아가서 손가락을 가지고 수를 세는 것을 시작한다. 다석의 이런 숫자풀이는 그럴 듯하다. 여기서 다석이 넷을 '네모'에서 온 것이라고 했는데 잘 이해하기 어렵다. 솥이나 기구의 다리가 셋일 때 안정적으로 잘 서는데 집을 짓거나 상(床)을 만들 때는 네 개의 모퉁이 '네모'를 만든다. '셋'에다 하나를 '넣어서' 모퉁이 네 개를 만들기 때문에 '넣는다'고 해서 '넣'이라고 한 것이 '셋'에 맞추어 '넷'이라고 하게 된 게 아닐까? 어르신들은 '넷'을 '너히'라고도 한다.

### 한글 글자에 대한 의미 부여

유영모는 한글 글자들을 여러 가지로 변형해 영적인 뜻을 나타내고 자음에서 하늘의 뜻을 보려고 했다. '나드리'란 글에서 "가 나드리 머바소오 조차커터피힌(힘 힝) 가니 누구 힘"이라 썼다. 김홍호는 이것을 이렇게 풀었다.

> (세상) 나들이 가서 뭘 보았느냐. …… 하나님을 보고 하나님을 좇아 커지고 터지고 피어야 되지 않느냐. 사람은 제 밖으로 나아가서 "하나님의 형상을 따라 커지고 터지고 피어나서 힘 있게 독립하고 자유롭게 힝 하고 날수가 있다. 하나님 앞에 가니 누구나 힘을 얻고 힘이 될 수 있다.[6]

다석의 이런 한글 풀이는 다석이 자신의 사상과 철학을 한글에 새겨 넣은 것이다. 한글 자체에 이런 의미가 있다고 할 수 없다. 어떤 사람에게는 이런 한글 풀이가 부질없고 어지스러운 말놀이로 여겨질 것이다. 나는 다석의 이런 노력이 의미가 없다고는 생각하지 않는다. 만일 우리가 쓰는 말과 글이 고정된 것이라면 다석의 이런 날짜와 글자 풀이와 의미 부여는 부질없는 일일 것이다. 그러나 우리가 쓰는 말과 글은 죽은 것도 고정된 것도 아니다. 그 말과 글을 쓰는 사람들의 삶 속에서 말과 글은 사라지기도 하고 새로 생겨나기도 하며 의미가 바뀌기도 하고 새로운 뜻이 부여되기도 한다. 말과 글은 살아 있는 것이다.

물론 임의로 말과 글의 뜻을 바꾸거나 말과 글에 새로운 뜻을 멋대로 붙일 수는 없다. 말과 글은 오랜 세월 수많은 사람들이 함께 쓰는 것이기 때문이다. 많은 사람들이 공감하고 받아들이지 않으면 말과 글에 대한 새로운 의미 부여는 쓸데없는 짓이 되고 만다. 다석은 우리말과 글에서 뜻을 끌어내거나 우리말과 글에 뜻을 새겨 넣으려고 애썼다. 우리가 늘 쓰는 말과 글에서 그런 뜻을 연상하거나 생각해보는 것만으로도 의미가 있는 게 아닐까?

우리가 다석의 한글 풀이를 선의로 받아들인다면 우리말과 글에 대한 다석의 풀이와 의미 부여는 우리말과 글에 정신적 깊이와 품격을 주는 것으로 높이 평가할 수 있다. 다석이 한글과 날짜에 새로운 의미를 부여함으로써 한글과 날짜의 철학적 의미가 새롭게 생성되고 풍부해질 수 있다고 생각한다.

## 2. 때의 철학

### 우리말 날짜 풀이에 담긴 다석의 주체 철학

『다석 일지』 1956년 12월 21일에는 다음과 같은 도표의 문구가 나온다. 이 도표의 문구들은 이해하기 어렵지만 잘 살펴보면 시간과 날짜에 대한 다석의 주체적인 생명 철학이 담겨 있음을 알 수 있다.

```
  그       이    그              그
그 그 어 제 낼 모 글 글 기 그 글 글
 제 제 제      레 피 피 피 리 월
                                운
```

다석은 '날'을 나타내는 순우리말로 주체적이고 영성적인 철학을 표현했다. 이 도표는 '이제(오늘)'를 중심으로 지난날을 '어제', '그제', '그그제'로 놓고 다가올 날을 '낼', '모레', '글피', '그글피'로 놓았다. 여기까지는 지금 우리가 쓰는 여느 말이다. 날짜에 대한 다석의 독창적 해석과 의미 부여는 '그글피' 다음에 '기피', '그리운', '글월', '글', '그'를 놓은데서 나타난다. '기피(깊이)', '그리운', '글월', '글', '그'는 다석 자신의 인문학적이고 철학적인 상상력과 성찰을 나타낸다. 그리고 크고 두꺼운 글씨로 쓴 '제', '그'는 각각 1인칭과 3인칭으로서 날짜(시간과 역사)에 대한 다석의 인문학적이고 종교 철학적인 성찰을 드러내며, 다석이 날짜(시간)를 생명과 정신의 관점에서 주체적으로 파악했음을 나타낸다.

도표의 문구를 중심으로 날짜에 대한 다석의 생각을 밝혀보자. 다석은 '오늘'의 자리에 '이제'를 놓았다. 오늘은 '이제'다. '이'는 이것, 여기를 뜻하고 '제'는 '적, 때, 시간'을 뜻하는데 다석에게서는 '제'가 '저, 자신, 나'를 나타내기도 한다. 시간의 '제'와 주체의 '제'가 일치한다. 다석은 오늘을 '이제'로 표현했다. 오늘은 여기 이 시간 '이때', '이제'이고, 지금 여기에 있는 '저 자신'이라는 뜻에서 '이제'다. 이제는 '저(나)의 때'다. 다석은 "사는 때는 사는 이의 때, 이때, 제때 -이제- ㅂ니다"라고 했다.[7] 다석이 '이'는 작게 쓰고 '제'는 크게 쓴 것은 주체로서의 '저 자신'을 강조한 것이다.

'어제'는 오늘에서 하루 지난날이다. '어제'는 이 도표가 뜻하는 의미 구조와 틀에서 벗어나 있어 설명하기 어렵다. 도표의 의미 틀에 맞추어 의미를 추정해보면 시간을 나타내는 '제'와 주체의 인칭을 나타내는 '제', '낼', '그'가 함께 쓰이고 있다. 1인칭 '제'와 '낼(내)', 3인칭 '그'는 나타나는데 2인칭은 나타나지 않는다. 따라서 어제를 2인칭과 관련해서 설명할 수 있다.

우선 어제는 '어?'하는 사이에 물처럼 흘러간 날이다. 오늘을 굳게 잡으려 해도 잡을 수 없어 놓쳐버린 것이 어제다. 어제는 '나'에게서 떠난 날이다. 어제는 '너제'가 변한 말일지도 모른다. 붙잡고 머물려 했으나 흘러간 놓쳐버린 날이 아쉬워서 2인칭을 써서 '너'제라 하다가 '어제'로 된 것이 아닐까? 어제는 내게서 가까운 때, 나와 맞닿아 있는 때다.

'그제'는 하루 더 지나서 아쉽고 그리운 '그'제, 그때가 된 것을 나타낸다. '그'는 '나, 너'처럼 마주 대하는 존재가 아니라 떨어져 있지만 그리운 존재를 나타낸다. '그', '그이'는 나와 너가 함께 인정하고 높이는 이다. '그그제'는 '그제'에서 하루 더 지난날이다. 맨 앞의 '그'를 크게 쓴 것은 더욱 멀어진 날로서 아득한 과거의 영원한 시간 속으로 들어갔음을 나타낸다. 크게 쓴 '그'는 과거, 현재, 미래의 영원한 시간의 주인을 뜻한다. '그그제'는 영원한 시간의 주인인 '그'에게 속한 때가 되었다.

다석은 '내일'을 '낼'로 썼다. 그에 따르면 '내일'은 한자말 '내일(來日)'이 아니다. 한자말 '내일'은 다가오는 날이다. 시간의 순서에 따라 연대기적·기계적으로 오는 날이다. 다석은 내일을 '낼'로 씀으로써 전혀 다른 의미를 부여했다. 다가올 날인 '내일'은 '무엇인가 일을 낼' 날이다.

누가 일을 내는가? '내'가 일을 낼 것이다. '낼'은 내가 무엇인가 일을 내고 일이 일어나게 할 날이다. 지금 내게 문제 되는 날은 '이제'와 '낼' 뿐이다. 이제 일을 내서 낼이 오도록 해야 한다.

내일에 대한 다석의 이런 논의는 국어학적으로 논란의 여지가 있다. 국어학자들에 따르면 내일을 뜻하는 우리말 고유어는 "고려 때 문헌인 『계림유사(鷄林類事)』의 '명일왈할재(明日曰轄載)'에서 그 흔적을 찾을 수 있다. 문제는 명일, 즉 내일에 해당하는 '할재(轄載)'의 발음을 학자들 간에 '하제, 올제, 후제' 등으로 다르게 추정하고 있다는 점이다. 『계림유사』를 40년 넘게 연구해온 국어학자 진태하 교수는 할(轄)의 송나라 때 발음이 '하'였던 것에 비춰 내일의 순수 우리말이 '하제'였을 것이라고 밝혔다."[8] 그러나 '하제'의 말뜻을 '하는 제', '할 제'로 보면 다석이 내일을 '낼'이라 해서 '일을 하고 일을 낼 시간'으로 설명한 것과 일치한다. 내일은 '낼', '하제', '할제'이며 '일을 하고 일을 낼 때'다.

'낼'이 지나서 오는 날은 내가 어찌할 줄 모르는 날이다. 모레는 '낼' 다음에 올 날인데, 알 수 없는 날, 모르는 날이어서 '모레'다. 내게 관계되고 내가 어찌할 수 있는 날은 '이제'와 '낼'이다. 이제와 낼을 위해서 나는 계획하고 꿈꾸고 결단하고 말하고 행동해야 한다. 그러나 일어난 일, 한 일의 결과는 알 수 없다. 그 결과는 영원한 그이(하나님)께 맡겨야 한다. 그 결과에 대해서는 모름을 지켜야 한다.

일과 삶의 성공과 실패는 모름에 속한다. 미래의 시간(시간의 주인, 하나님)에 맡기고 모름을 지키는 '모름지기'의 날인 '모레'가 지난 다음에 오는 날은 '글피'다. 오직 시간의 주인인 하나님께 맡기는 모름지기의 믿음 다음에 오는 것은 '글이 피어나는' '글피'다. 제 속에서 글이 피어나는 것은 저다운 제소리가 나오는 것이다. 다석에 따르면 글[文]은

그이를 그리워하고 그이가 내 맘속에서 피어나게 하는 것이다.[9]

 그러므로 '글피' 다음에 오는 날은 '그글피'가 된다. 제소리가 나오는 글피는 영원한 시간의 임인 '그이가 글로 피어나게 하는' '그글피'로 이어진다. '그이'는 나와 너가 함께 인정하고 받드는 '임'이다. 다석에게 그이는 영원한 임(하나님)이다. 그래서 '그글피'는 영원한 시간으로 들어간다. 그러기 위해서는 목숨과 생각을 '기피(깊이)' 파서 '그이'가 그리운 글월이 나와야 한다. '글월'은 '글(그이를)' 그리워하고 '그이'에게 이끄는 글이다. 깊은 그리움이 담긴 글에는 '그'가 있다. 글은 그에게 가자는 것이다.

 오늘 '이제'에 사는 '나(저)'의 목숨을 깊이 파면 모름의 세계(모레)에 이르고 모름의 세계에 이르면 '글이 피어(글피)'난다. 글이 피어나면 그이가 그립고 그이가 그리우면 글월(제 글, 제소리)이 나온다. 글월에는 참 글이 담겨 있는데 참 글에는 나, 너, 그를 하나 되게 하는 '그이'가 있다. 참 글에서는 글이 곧 그(그이)다. 참 글은 글〔文〕이면서 '글(그를, 그)'이다.

 '이제'에 사는 '저(제, 나)'는 그를 알고 그에게 가야 할 존재다. 시간은 과거와 미래가 모두 '그'로 둘러싸여 있다. 지난날들은 '그제', '그그제'로 '그'에게 이르고 다가올 날들은 '글피', '그글피'로 '그'에게 닿아 있다. 덧없이 지나가는 날들과 덧없이 스러지는 목숨이 저절로 '그'에게 이르는 것은 아니다. '그'를 그리워하며 목숨과 때(역사)를 깊이 파서 '글월(제소리, 사상)'에 이르고 글월에서 그이를 만나야 한다.

 날짜를 가지고 만든 다석의 도표를 중심으로 날짜에 대한 다석의 생각을 더듬어 보았다. 이제까지 살펴본 것처럼 이 도표에는 날짜(시간)에 대한 다석의 주체적인 생명 철학이 반영되어 있다. 다석은 날짜(시간)를 주체(인격), 생명, 영(하나님)의 관점에서 보았다. 시간은 생명을 가진 존재만이 의식할 수 있는 것이다. 생명 없는 존재에게도 변화는 있지만 그 변화가 시간으로 의식되지는 않는다. 생명에게는 주체가 있어서 주체가 시간의 변화를 의식하고 표현한다. 시간 의식이 주체에게서 비로소 생겨나는 것이라면 시간의 변화를 나타내는 날짜는 주체에게서 생겨난다고 할 수 있다. 우리말 '제'는 시간을 나타내면서 사람의 주체를 나타낸다. 또 시간의 과거와 미래가 '그그제', '그글피'에서 보듯이 '그'로 끝난다. 다석은 시간의 과거와 미래가 '나와 너'의 상대적 관계를 넘어선 '그'로 귀결되는 것에 주목하고 시간이 영성적이고 초월적인 인격의 영원한 그이와 이어지는 것으로 해석했다. 그는 이 도표를 통해서 우리말 날짜에 담긴 뜻을 밝혀내고 주체적 생명 철학과 영성 철학의 관점에서 날짜의 의미를 심화하고 확장했다.

다석의 날짜 풀이는 문헌적으로나 어원적으로 검증되거나 확인된 것은 아니다. 그렇다고 다석이 아무렇게나 억지로 지어낸 것도 아니다. 다석은 순우리말인 날짜 관련 말에 담긴 깊은 뜻을 드러내기도 하고 그 뜻을 확장하고 심화함으로써 시간에 대한 주체적인 생명 철학을 만들어냈다. 그의 인문학적이고 철학적인 해석은 우리에게 상상력과 영감을 준다. 날짜를 나타내는 우리말의 어원과 의미에 대한 학문적 탐구와 논의는 계속 이루어져야 할 것이다.

### 이제와 올에 담긴 때의 철학

인간이 '이제'의 시간 의식을 가진 것이 이제굿이다. 이제는 지금 이 순간의 때를 나타낸다. 다석은 '이제'를 '이(이것)'와 '제(저 자신)'로 이해함으로써 주체와 시간을 결합한다. '나'는 '이제 여기'와 분리될 수 없다.[10] 이제는 사는 이의 때다. "하늘의 때는 늘 그때지만 사는 때는 사는 '이'의 때, 이때 제때, -이제-다. 이것이 목숨의 올[命理]이요, 살라는 말씀[生命]이다." 다석은 "이에 제가 -이제- 사는 것"이라고 함으로써 '이'는 시간을, '제'는 저 자신을 나타낸다. 또 "이는 이제 살았다"고 함으로써 '이'는 주체의 나를 나타내기도 한다.[11]

우리말에서 '이'는 이것을 나타내기도 하고 주체를 나타내는 조사 '-이'로 쓰이기도 한다. '제'는 '적', '즈음'과 같이 시간을 나타내기도 하고 '저, 제'와 같이 주체를 나타내기도 한다. 다석의 '이제'는 지금 이 순간과 인간 주체를 함께 나타내므로 시간성과 주체성이 통합된다고 볼 수 있다. 시간 의식은 주체 의식에서 나온 것이다. 생명의 자기 의식이 없으면 시간은 의식되지 않는다. 이긋(ㅣ긋)은 인간 속에 주어진 긋이고 이긋은 바로 제긋 저(나) 자신의 긋이다. 이제긋은 내 속에 있는 나 자신으로서의 긋이 이제 이 순간의 시간 의식, 때 의식을 갖게 된 것이다.

내 생명의 긋이 한없이 깊은 것처럼 '이제'는 한없이 깊은 것이다. 무한한 과거와 이어져 있고 무한한 미래와 닿아 있다. '이제'는 무한한 과거를 이고 있고 무한한 미래를 쥐고 있다. 그러나 '이제'는 하나의 점과 같은 순간이고 찰나다. '이제'를 생각하는 순간, 더는 '이제'가 아니라 지나간 과거가 되고 만다. '이제'는 한없이 깊은 순간이지만 잡을 수 없고 머물 수 없는 시간이다. '이제'가 나에게 다가온 순간, '이제'는 벌써 지나간 시간이고 지금의 '이제'가 아니다. 미래도 아니고 과거도 아닌 '이제'의 시간은 언제나 나에게 다가오는 시간이면서 시간적 간격이나 빈틈을 허용하지 않는 시간이다. '이제'는 내 앞에 있는 시간이면서 더 이상 미래는 아닌 시간이다. '이제'는 내게 막 오려는 시간, 막 오고 있는 시간이다. '이제'는 시간의 과정도 아니다. 하나의 점처럼 내게 닥친 주어진 시간이지만 아직 지나가지 않은 시간이다. 그래서 내게 온 순간에 지나간 시간이 되기 때문에 '이제'는 언제나 '오려는', '올' 시간이다. 이제는 늘 '이제'로만 있다.

우리말에서 '올해, 온 해, 오는 해'를 구별하면 이제의 성격이 드러난다. 한국인은 금년을 올해라 한다. '온 해'라 하면 시간이 와서 지나간 해를 나타낸다. 오는 해라면 다가오는 해, 다음 해를 말한다. 금년은 다가온 해, 오려는 해로서 올해다. 사람은 '온 해'에 사는 것이 아니라 '올해'에 산다. 오는 해는 연대기적으로 오는 해이고 온 해라면 이미 와버린 해다. 올해는 연대기적인 시간이 아니다. 늘 새롭게 다가오는 해다. 새롭게 맞아야 할 시간이다. 연대기적 시간은 결정된 시간이고 일정표에 따라 기계적으로 오는 시간이다. 올해는 늘 새롭게 오는 시간이고 새롭게 맞을 시간이다. 이것은 인간의 정신이 주체적으로 맞을 시간이다. 올해는 정신적인 시간, 주체적인 시간이다. 잘할 수도 잘못할 수도 있는 시간이다.[12]

### 올해, 오늘: 새로움과 영원의 시간

'이제'는 순간 속에 영원을 품은 시간이며, 늘 새로운 것이다. 영원과 새로움을 함께 나타내는 이제의 성격을 '올해', '오늘'이라는 말이 잘 드러낸다. 다석은 1969년 6월 20일 '이 세상 중도를 사는 노래'에서 '올, 늘, 햇것'에 대해 말했다.

올늘 근이 올늘 제날 그믐 업시

늘늘 늘늘 늘느리야


우리오늘 올. 하이아해 햇것! 올 것!

하이아해. 들. 올 것! 햇것!


올늘 느리 숨[13]


| 새김 글 | 오늘에서 늘을 사는 가온 찍기를 하면 그믐과 같은 어둠 없이 오늘을 영원히 제 날로 살리라. 오늘에서 늘을 잡아 살면 삶이 늘어나고 늘늘해서 늘늘늘늘 늘느리야 신이 난다.

우리는 오늘을 올(지금 여기의 새것)로, 해야 할 것으로, 햇것(새것), 올(올해) 것으로 살아야 한다! 해야 할 것을 힘껏 해서, 들에 올 것, 햇것이 가득하게 해야 한다!

오늘 여기서 늘을 살아, 늘어나는 삶


첫째 연에서 다석은 올과 늘을 결합해서 '올늘'로 썼다. 이제 오늘은 올늘, 지금 다가오는 늘이다. 다가오는 오늘에서 늘을 붙잡고 늘늘하고 신나게 사는 것이 가온 찍기의 삶이다. 둘째 연에서는 오늘에서 늘을 잡고 사는 삶은 올 것, 햇것(새것)을 사는 것이라 하고, 셋째 연에서는 그렇게 살면 늘어나는 삶을 살게 된다고 한다. 다석은 이 글에서 오늘을 '올늘'로 쓰고 올 것과 햇것에 연결 지음으로써, '이제'로서 오늘의 시간을 영원과 새로움으로 파악한다. 그렇다면 '이제'를 제대로 사는 것은 영원한 새로움, 영원한 미래를 앞당겨 현재에 사는 것이다.

올해에서 '올'은 '이제'의 성격을 잘 드러낸다. '올'은 '오려는, 오는' 것이면서 더 이상 미래는 아닌 시간을 나타낸다. 미래를 앞당겨 일찍 사는 것이면서 지금 내가 마주하는 것이다. 올해는 당년(當年)이고 조년(早年)이다. '올벼', '올곡식'은 이른 벼, 이른 곡식, 또는 햇곡식, 새 곡식을 뜻한다. 올해는 지금 내게 닥친 해, 내가 마주하는 해 당년이고, 시간을 일찍 앞당겨 사는 조년이다. '이제'로서 '올'은 연대기적 시간의 한순간만을 뜻하지 않는다. 이 해[是年], 금년으로서 올해는 한 해 전체를 나타내기도 한다. 그래서 '올 여름'은 다가올 여름도 되고 지난여름도 된다.

그러나 지금 살고 있는 올해는 지나간 시간을 뒤로 하고 새롭게 오는 해다. 올해는 이제 오는 해다. '이제'는 '올'이다. 찰나 속으로 오는 순간이다. '이제'는 늘 '올제(올+제)'로만 있다. '이제'는 생명의 긋인 '나'의 시간적 성격을 나타낸다. '이제'는 지금 이 순간의 시간과 생명의 주체인 나의 결합이다. 나는 '이제'를 사는 존재다. 생명의 긋으로서 나는 시간을 앞당겨 살고, 다가오는, 다가오려는 시간과 맞닿아 산다. 미래가 현재가 되는 실존적 순간이 나의 시간, '이제'다. '이제'는 잡으려 해도 잡을 수 없이 지나가버리는 덧없는 시간이면서 늘 그렇게 '오려는', 다가오는 새로운 시간이라는 점에서 역설적이다. 다석은 '오늘'을 '오! 늘'이라고 했다. '오늘'이 '올늘(올+늘)'이라면 '오늘'도 '이제'의 성격을 잘 나타낸다. 오늘은 늘이 오는 것, '다가올 늘', 올늘이다. 올은 '오는, 오려는' 새것, 햇것을 뜻하고 늘은 한결같음, 영원을 뜻한다. 오늘은 '새로 오는 늘'이다.

## 3. 긋과 끗으로 나타낸 인간 이해

### 한 점으로서의 긋

다석에 따르면 끊임없이 나고 죽는 개체 생명을 넘어서 영원한 전체 생명이 있다. 이것은 하늘의 원기, 우주 무한대의 정기로 가득한 생명이고 신령한 얼을 품은 전체 하나의 생명이다. 이 영원한 전체 생명의 한끝이 사람 속에 나타난다. 전체 생명의 한 끄트머리가 참 생명이고 전체 생명과 이어주는 줄이다. 다석은 이것을 긋이라고 한다. 사람인 나는 "죽어도 죽지 않는 영원과 연결된 긋을 가지고 있다".[14]

하늘을 이고 생명을 잇는 사람의 '나'는 'ㅣ'이며 'ㅣ' 가운데서도 그 끝점 '긋'이다. 이 긋이 바로 참된 나다. 이 한 점 긋을 찍어 참 생명을 살려내는 것이 가온 찍기다. 'ㅣ'는 "한 금을 내려 그은 줄, 영원한 생명 줄"이다. 막대기로 표시된 나의 정신은 "내가 깨어나는 순간순간 나의 한복판을 찍는 가온 찍기 한 점이다".[15] 본래 하늘은 한글에서 아래아 'ㆍ'로 표시한다. 사람에게 하늘의 생명은 한 점으로 나타난다. 하늘과 한 점으로 만난 것이 사람의 실상이다.

다석은 사람을 나타내는 'ㅣ'의 하늘 향한 머리끝을 긋이라 했다. '긋'은 '긋다, 그리다'에서 온 말로 그림이나 글씨에서 긋는 것을 나타낸다. '긋'은 긋(끗)발, 긋(끗)수에서 보듯이 '점(點), 점수, 값'을 나타낸다. '긋'은 전체 하나의 생명, 영원한 생명의 고귀한 값, 끄트머리가 내 생명 속에 작은 싹처럼 비집고 나온 것을 나타낸다. 긋에 대한 다석의 글자 풀이는 의미가 깊다. '긋'에서 "'ㄱ'은 하늘, 'ㅡ'는 이 세상 'ㅅ'은 생기를 뜻한다".[16]

하늘의 영원한 생명이 내 생명의 속에 비집고 나온 참 생명의 끄트머리 긋은 싹트고 자라서 크게 될 씨알맹이, 싹 같은 것이다. 긋은 영원한 하늘과 두터운 땅, 신비한 생명이 하나가 된 것이다. 'ㄱ'은 하늘의 기운이 내려오는 것을, 'ㅡ'는 땅을, 'ㅅ'은 생명과 관련된 말에 쓰이는 글자로서는 생명을 나타내고 글자의 모양 'ㅅ'은 사람을 나타내므로 긋은 하늘, 땅, 사람(생명)을 나타내는 글자다. 긋은 "하늘과 땅에 생기가 통한 것"이다.[17] 긋은 사람의 속에서 하늘과 땅이 만나는 생명의 끄트머리다.

## 긋과 깃

다석은 긋을 깃이라 한다. 긋을 세우면 깃이다. '긋'에서 땅을 나타내는 'ㅡ'를 세우면 깃이 된다. "몸은 긋이요 마음은 깃이다." 인생은 "처음을 찾아 한없이 날아오르려 하는 한 마리의 새 깃이다".[18] 깃은 날개의 깃털, 각자에게 돌아오는 몫, 깃들 수 있는 보금자리를 뜻한다. 긋은 하늘의 영원한 생명, 전체 하나의 생명이 시간과 공간 속에 사는 수많은 생명체, 인간들의 하나인 내 속에 나뉘어 들어온 분깃이다. 다석은 하늘 생명의 분깃인 깃이 인권 선언의 근거라고 했다.[19]

분깃으로서의 깃은 새의 날개처럼 땅에서 하늘로 솟아올라 가는 것을 나타내기도 한다. 긋은 깃이 되어 자꾸 올라가야 한다. "긋이 자라고 움직이면 깃이 되어 날아간다."[20] 하늘에서 온 생명의 긋은 깃이 되어 하늘을 향해 올라감으로써 긋은 자라고 커져 보람을 갖게 된다. 전체 생명의 분깃이면서 하늘로 올라가는 깃은 자유로운 권리의 근거이면서 평등한 공동체의 근거다. 다석이 말한 깃으로서의 권리는 타자의 권리와 대립·충돌하지 않고 자아실현과 상생 공동체로 이끈다.

생명의 긋은 생명의 속알을 싣고 있다. 생명의 긋, 끄트머리가 나이기 때문에 이름이나 직위, 관계는 참된 나가 아니다. 전체 생명의 한 끄트머리가 나이고 나는 이 끄트머리를 떠나서는 아무것도 아니다. 생명의 긋이 아닌 이름이나 직위에 집착하면 내 생명의 긋에 충실할 수 없고 나를 실현하고 완성할 수 없다. 사람은 저마다 전체 생명의 한 긋이다. 따라서 사람은 평등하고 전체 하나의 생명에 이어져 있다. 전체 생명의 긋을 잘 드러내는 것은 지식인 엘리트, 천재나 영웅이 아니라 이름 없는 민중이다. 참된 삶을 드러내는 진짜 영웅의 모습은 이름 없는 어린이나 지도자의 잘못으로 전사한 무명용사에게서 볼 수 있다.[21]

사람만이 아니라 조직과 국가에도 생명의 긋이 있다. 조직과 국가의 긋을 가르치는 것이 조직과 국가를 교육하는 것이다.[22] 나의 긋을 바로 세워야 함은 물론 나라의 긋도 바로 세워야 한다. 긋과 깃이 바로 되면 깃긋해진다. 깃긋은 의젓하고 곧바르며 깨끗하고 착 가라앉은 것을 나타낸다.[23] 나의 긋은 하나(전체)로부터 갈라져 나온 분긋이다. 긋에는 날개의 깃이 달려 있다. 나의 긋과 깃이 닳도록 끝내 다 해야 한다. 긋이 깃이 되어 다시 영원한 생명, 전체 하나의 생명으로 돌아가야 한다. 인생은 전체 하나의 생명으로부터 왔다가 전체 하나의 생명으로 돌아가는 것이다.

### 긋과 끝

다석은 긋을 생명의 시작이며 끄트머리인 싹으로 보고 또 끗, 끝으로 보았다. 긋은 끝을 보자는 것, 끝에 가서 더 커지고 풍성해지자는 것이다. 긋은 터져 나오는 끝이다. '끝'에 'ㅌ'이 들어 있는 것은 새싹과 같은 긋이 '터져서' 크게 되고 완성을 이루어서 그치라는 것이다.[24] 긋은 씨알맹이 새싹처럼 움이 트고 자라서 끝을 맺고 끝을 보자는 것이다. 송기득이 정리한 다석 강의의 「긋 끝 나 말씀」에서 다석은 긋과 끗으로서의 '나'를 씨앗이 땅 밑에서 싹터오는 모습으로 설명한다. "땅 밑의 싹이 하늘 높이 태양이 그리워서 그그하고 터 나오는 것을 그린 것이 긋이요, 그것이 터 나와서 끄트머리를 드러낸 것이 끝이요, 끝이 나왔다고 '나'다."[25] 생명의 끄트머리 긋인 '나'는 나오고 나가는 것이다.

다석은 긋이 끝이며 끝은 뾰족한 송곳의 끝처럼 뚫고 나가는 것이라 했다.[26] 긋은 인간 생명의 나가는 끝이다. 나가는 끄트머리가 '나'이고 긋으로서 나가는 것이 '나'다. 긋이 나오고 나가기 때문에 '나'라고 한다. 나가고 나감으로써 내가 된다. 내가 나가는 것이 '긋'이라고도 한다. 생명과 인간을 '뛰쳐나가는 존재'로 보는 다석의 생명관과 인간관은 진취적이고 적극적이다.

나의 긋은 무엇으로 나가는가? 다석은 생각함으로써 나의 긋이 나간다고 했다. 생명의 주체와 핵심은 육체나 몸뚱이가 아니라 정신과 의식이다. 정신과 얼이 생명의 주체와 핵심이고 인간의 나다. 정신과 의식으로서 나는 생각에 의해서 앞으로 나아간다. 나의 긋은 생각의 긋이다. 생각의 끄트머리가 '나'다. 내 생명의 긋은 생각함으로써 나아가고 새로워지고 올라간다. 사람이 할 일은 속알을 실은 자기 끄트머리를 밝히고 나가는 것뿐이다.[27]

### 이긋, 제긋, 이제긋

다석은 긋을 시간과 공간, 주체의 관점에서 우리말과 글로 설명하고 긋을 'ㅣ긋' 또는 '이긋'이라고 했다. ㅣ긋은 하늘에서 내리그은 긋, 다시 말해 하늘의 생명, 전체 하나의 생명이 내 속으로 들어온 것이다. 하늘의 생명이 내 속에 들어온 긋이므로 하늘에서 내리그은 ㅣ긋이고 내 속에 있는 이긋이다. 이긋은 다른 어떤 긋이 아니라 지금 여기 있는 이 긋이고, 다른 어떤 사람의 긋이 아니라 내 속에 있는 나의 긋이다. 따라서 'ㅣ긋, 이긋'은 남의 긋이 아니라 내 긋, 제긋이다. 하늘에서 내려온, 내 속에 있는 나만의 긋이다.

송기득은 다석 강의록에서 긋을 '이긋, 제긋, 이제긋'으로 명료하게 설명한다. 이 한 점의 영원한 생명이, "시간 속에 터져 나온 한순간이 이(ㅣ)긋"이다. '이긋'은 영원한 생명의 한 점이 시간 속에 들어와서 지금 여기 한순간의 점이 된 것이다. 지금 이 순간에 사는 '이긋'은 '잇는 존재'로서 '나'이며 '나'는 막대기 'ㅣ'의 꼭대기 끝점이다. 가온 찍기한 한 점이 시간 속에 들어와 때의 존재가 된 것이 '이긋'이다.[28]

이긋이 공간성을 갖추고 생명의 구체성과 주체성을 갖게 되면 '제긋'이다. 몸을 가진 구체적 생명체는 저마다 '저'를 가진 존재다. 이긋이 공간의 구체성과 주체성을 갖는다는 것은 육체성과 집단(사회)성을 갖는 것이다. "공간으로 터져 나와 육체를 쓰고 민족의 한 끄트머리로 이 세상에 터져 나온 나"가 '제긋'이다.

생명체로서의 인간이 육체성과 사회성을 갖는 것만으로는 '제긋'으로서의 나는 생물학적 주체에 지나지 않는다. 번듯한 몸과 얼굴을 가지고 민족과 국가의 일원으로 산다고 해도, 저 자신의 가치와 사명을 알고 사는 것이 아니다. 제 속에 영원한 생명, 고귀한 가치를 품고 있지만 자신을 깨닫고 자신의 가치를 실현할 줄 모른다. 뚜렷한 사명이나 가치관과 세계관을 갖지 못하고 본능적 충동과 감정과 생각에 따라 살 뿐이다. 생물학적 존재로서 나는 먹기 위해 산다. 먹고 자고 싸며 느낀 대로, 생각나는 대로 산다.

생물학적 주체로서의 제긋 속에는 영원한 생명의 무한한 가치가 깃들어 있다. 내 속에 생명과 정신의 무한한 가치와 보람이 있다. 제긋으로서 육체생활을 하는 나의 속에서 영원한 생명의 무한한 가치를 지닌 정신과 영혼이 자각되면 자신의 정신적 가치를 알고 그 가치를 추구하고 실현하게 된다. 정신을 자각하고 자신의 가치와 사명을 추구하는 존재가 된 것이 '이제긋'이다. "이 육체 속에 정신이 터져 나와 가장 고귀한 점수를 딸 수 있는 가치가 이제긋이다."[29] 제긋을 정신적으로 자각해 이제긋이 되면 세상에서 다시없는 존귀한 존재가 된다. "석가가 천상천하에 유아독존이라고 뽐내며 나다 하는 것이 나요, …… 이 나야말로 가장 가치가 있는 점수를 차지할 수 있는 …… 끝수가 많은 한 끝이다."[30]

나의 육체 속에 구체적인 주체로 나타난 긋이 제긋이다. 제긋이 저를 자각해 제 구실을 하며 저를 실현하고 점수를 따면 이제긋이다. 이 제긋으로서 '나'는 '이 민족의 한 끄트머리', '현대에 나타난 하나의 첨단'이다.[31] '나'는 생명의 '긋(끝)'이다. 다석은 '긋'이란 글자를 이렇게 풀이한다. "'一'〔世上(上字를 注意)〕에 그리운 'ㄱ'이 위로부터 오고 또 그리운 'ㄱ'이 온 고 밑에 'ㅅ' 생기(生氣) 소리가 밀은 것이 긋이니 곧 목숨 삶의 긋을 보인 것"이다.[32] 긋, 첨단과 끄트머리로서 긋은 하늘의 그리움과 생기를 가득 품었다. 하늘의 그리움과 생기를 지금 여기의 구체적 시간과 공간 속에서 실현해가는 긋이 '이제긋'이다.

### 예와 계

이제긋으로서 나는 지금 이 순간의 시간인 '이제'를 타고 나가는 존재다. 나는 내 생명의 긋을 터서 앞으로 위로 나아가는 존재다. 이제 이 순간의 시간 속에서 내 긋을 터서 나가야 한다. 이제긋은 이제 여기의 긋 '예긋'이다. '예'는 여기를 나타낸다. 여기 예〔차안(此岸)〕는 시간과 공간으로 이루어진 땅 위의 세상이다. 하늘의 생명, 영원한 생명의 긋인 제 속에는 건너야 할 바다, 태평양보다 큰 바다, 죽음의 바다가 있다. 이 깊은 바다는 예와 계 사이의 바다이며 이제라는 시간 속에 있는 바다다. '이제긋'으로서 나는 이제의 순간순간 이 깊은 바다를 건너야 한다.[33] 이제긋이 싹트는 예에서 죽음의 바다를 넘어 계로 가야 한다. '계'는 생명의 임이 계신 곳 빈탕한데의 하늘이다. 시간과 공간, 물질과 욕망이 지배하는 예에서 집착과 탐욕을 끊고 버리는 '죽음의 바다'를 건너 빈탕한데의 하늘 '계'로 가야 한다.

이제, 예서 계로 어떻게 나가나? 숨과 생각을 태워서 이제 예서 계로 간다. 이긋, 제긋은 생각의 끄트머리고 생각의 끄트머리인 나는 생각에 불이 붙어서 나오고 나가는 것이다.[34] '이제' 앞에는 또는 '이제' 속에는 죽음의 바다, 무한한 바다가 있다. 계는 하늘의 빈탕한데, 즉 피안이다. 예와 계 사이에 이제가 있고 '나'는 이제를 붙잡아 생각을 태워 생명의 깃(긋)을 타고 올라 나아간다. 죽음의 바다를 넘어 빈탕의 계로 간다. 깃을 타고 올라가서 예를 넘어 나아가야 계에 이른다. 계에 이르면 계는 피안이면서 예, 차안이 된다. 차안과 피안이 따로 없다.

빈탕한데의 세계인 계는 시간과 공간으로 구별되는 물리적인 상대 세계가 아니다. 예와 계를 물리적·상대적 공간으로 구분할 수 없다. 그러므로 예가 계다.

### 고디고디 가온 찍기

이긋이 이제 탐욕과 집착을 끊고 죽음의 바다를 건너 계로 가려면 고디고디 곧게 서서 가온 찍기를 해야 한다. 가온 찍기는 '이제의 나' '이긋'을 잡는 일이다. '긋'은 생명의 끄트머리, 점수, 가치를 나타낸다. 살아 있는 '나'는 소중하고 가치 있는 생명의 한 끄트머리다. '이제'의 '나'는 한 점이지만 공간 속에 나타나 이어나가는 '영원한 이의 한 긋' 이다.

나는 '제긋'이다. '제긋'은 지금 여기의 긋이다. "제긋은 영원한 정신의 한 토막이요, 영원한 말씀의 한 끄트머리다. 영원 전부터 이어 이어 여기에 이어져 내려온 한끝이다. 여기 예에서만 볼 수 있는 예긋이다."[35] 내 속에 영원 전부터 내려오는 생명줄이 있고 이 줄의 끄트머리가 '나' 다. "우리의 숨줄은 하늘에서부터 내려온 나다. 우리의 숨줄, 영원한 생명줄을 붙잡아야 한다. 이 숨줄 끝을 붙잡는 게 가온 찍다."[36] 이 생명줄을 붙잡으면 멸망하지 않고 살 수 있다.

산다는 것은 '이긋'으로서의 '나'를 사는 것이다. 참을 찾는 것은 나를 찾는 것이다. "······ 참을 찾는 것은 이긋을 찾는 것이다. 이 끝이 참이다. 이 끝에서 처음을 찾고 마침도 찾아야 한다. ······ 산다고 하는 것은 순간순간 점을 찍는 것이요, 점을 도려내는 것이다."[37] 내가 지금 여기 삶 속에서 영원한 생명의 줄을 잡으려면 순간순간 내 삶 전체를 점으로 찍어야 하고 그 점을 도려내는 아픔을 겪어야 한다.

'이긋'으로서의 '나'를 아는 데서 나의 삶이 시작된다. "가온 찍기는 나를 보는 것이고 나를 보는 거울은 경·말씀이다. 가온 찍기는 말씀 풀이다. 말씀에 점찍고 모든 말씀이 나로 압축된다. 나를 안 자만이 형이상도 알고 형이하도 안다." 따라서 다석에게는 지금 여기의 삶, 지금 여기의 내가 중요하지 이름은 중요하지 않았다. "가온 찍은 이긋을 갖고 사는 것뿐! 이름은 감옥에서 죄수에게 붙인 번호 같은 것! 이름은 수치다. 영원한 생명에는 이름이 없다. 긋을 알면 된다."[38] '이제의 나'는 "영원 속에 한순간, 무한 속에 한 받침점"이고, 사람은 "한순간 한 받침점에 한 알갱이다. 우리는 …… 있는 것은 가온 찍기 나뿐이다".[39]

다석은 가온 찍기를 ㄱ.(가온)으로 쓰고, ㄱ.을 'ㄱ, ㄴ, ·'로도 풀이한다. ㄱ.은 무한과 영원에 끝을 찍는 것이다. "무한과 영원에 끝이 찍힌다. 영원한 기역(ㄱ)과 영원한 니은(ㄴ) 가운데 한 점(·)이 찍힌다. 가온 찍기(·)가 끝이다." 그리고 'ㄱ'은 하늘을 나타내고 'ㄴ'은 땅(을 디딘 것)을 나타낸다. 가온 찍기 ㄱ.은 하늘 'ㄱ'과 땅 'ㄴ' 사이 가운데에 점을 찍는 것이다. 가온 찍기한 점은 영원한 시간과 무한한 공간에 한 점을 찍는 것이다.

지금 이 순간을 나타내는 '이제'는 시간의 연장이나 과정이 없는 하나의 점이다. 하나의 점인 '이제'를 통해서 빈탕한데의 하늘 '계'에 이르려면 사람인 '나'도 하나의 점이 되어야 한다. 전체 하나이며 빈탕한데인 무한의 하늘은 한글에서 아래아 '·'로 표시한다. 무한과 절대의 세계인 하늘을 하나의 점으로 표시한 것이다. 하늘도 '이제'도 '나'도 하나의 점이다.

물질에 대한 집착과 욕심에서 벗어나 고디 곧게 서서 '나'를 가온 찍기함으로써 하나의 긋이 되어 참 나의 긋을 찾고 이제를 잡아 이제를 뚫고 이제를 타고 계로 들어간다. 내가 긋이 됨으로써만 긋인 이제를 잡고 긋 'ㆍ'인 계로 들어갈 수 있다.

이제를 잡아야만 예를 넘어서 계에 이른다. 생명과 정신은 예에서 계로 나가는 만큼만 새로워지고 앞으로 나갈 수 있다. 그렇지 않으면 예의 굴레를 벗어나지 못하고 그 안에서 맴돌 뿐이다. 내가 예에서 계로 나가지 못하고 새로워지지 못하면 시간은 그저 지나갈 뿐이고 새로운 시간이 되지 못한다.

### 첫긋과 맞긋

나는 오직 하나의 긋을 가졌을 뿐이다. 따라서 이 긋에서 시작해야 한다. "인생은 긋이다. 이긋-제긋-이제긋(이어 이어 온 예긋)이다. 이 긋은 하나이기 때문에 이러고저러고 없다. 모든 것은 이긋으로부터 시작된다. …… 처음은 하나님뿐이다. 나는 제일 끄트머리다."[40] 하나님은 생명의 근원이고 전체다. 나는 전체 생명의 한 끄트머리일 뿐이나. 생명의 끄트머리 한 긋인 나는 영원한 생명의 시작과 끝, 첫긋과 맞긋을 알고 싶어 하지만 알 길이 없다. 따라서 끄트머리 긋으로서 나는 모름 속에 산다.[41]

생명의 끄트머리 긋으로서 내가 알 수 있고 알아야 할 것은 나 자신의 긋이다. 그리고 세상에 나서 알고 싶고 알아야 할 것은 다른 사람의 긋이다. "나와 네가 다른 것이 아니다. 다 한 나무에 핀 꽃 아닌가. 우리는 다만 그 사람의 긋을 알면 그만이다."[42] 남의 긋을 알려는 사람은 먼저 제긋을 알아야 한다. 제긋을 알고 본 사람만이 남의 긋을 보고 알 수 있다. 그리고 제긋을 깨달아 안 사람만이 그 긋의 시작과 마지막을 더듬을 수 있다.

사람은 제긋을 떠나서는 알 수 있는 것이 아무것도 없다. 저 자신을 모르면서 남을 알 수 없기 때문이다. 또 제긋은 전체 생명의 한 끄트머리이기 때문에 저를 떠나서는 전체 생명을 알 길이 없다. 생명과 존재의 깊이와 전체성은 물질과 이성의 빛으로는 알 수 없다. 제긋을 불태워 제 속을 파고들 때 비로소 생명과 존재의 깊이와 전체에 이를 수 있다. 모름 속에 사는 존재임을 알고 모름을 지키면서 제긋 속에서 생명의 근원을 찾아갈 때 비로소 첫긋과 맞긋을 만날 길이 열린다. "생각하고 추리하여 영원에 들어가는 길은 자기의 속알을 깨치고 자기의 뿌리로 돌아가는 길밖에 없다. 아무것도 모르면서 아는 체 헤매는 것은 어리석고 죽은 짓이요, 아무것도 모르는 자기임을 정말 깨닫고 찰나 속에 영원을 찾는 것이 믿음이다."[43]

생명의 근원과 목적은 제긋 속에서만 가서 닿을 수 있고 만날 수 있다. 제 속에서 찾아야 한다. 모름을 알고 지키면서 작은 긋인 제 안에서 찾아야 하기 때문에 '나'는 겸허히 하늘을 이고 사는 존재다. 영원으로서의 하늘은 생명의 근원과 목적을 나타낼 뿐 아니라 시간의 시작과 끝, 근원과 깊이를 나타낸다. 가온 찍기는 "태초의 맨 첫긋과 종말의 맨 마지막 긋이 한통이 되어 영원한 생명이 되는 것"이다.[44]

'이제'는 영원한 시간과 닿아 있다. "맨 첫날도 이제로부터 시작하고 맨 마지막 날도 이제에서 끝이 난다. …… 우리는 이 이제를 타고 가는 목숨이다." 이제의 계속이 영원이다.[45] 이제를 '인제'라고도 하는데 인제는 하늘을 '인 제(나)'다. 또 '인제'는 "한량없는 과거를 우리의 머리에 인 오늘의 나, 제"다.[46] 다석은 'ㅇ' 대신 하늘을 머리에 인 모습의 'ㅎ'

제9장・한글 철학 II  239

을 써서 'ㅎㅣ제'라 썼다. 제긋을 알고 무한한 과거와 미래를 머리에 이고 살면 겸허하게 제긋에 충실하고 제긋을 싹트게 할 수 있다. 제긋을 제쳐두고 처음과 마지막을 알려는 사람은 저 자신을 잃고 생명의 길에서 벗어나 큰 미혹에 빠질 수 있다.

### 깨끗과 덜 없음

'곧이'라는 말 다음으로 다석이 좋아하는 말이 '깨끗'이다. 다석은 '깨끗'과 '덜 없음'을 가지고 자신의 철학을 나타냈다. 곧으면 깨끗하다. 군더더기 없는 것, 지저분하지 않은 것, '내'가 없는 것이 곧은 것이다. 다시 말해 곧은 것은 사사로운 것이 없는 것, 내가 죽는 것이다. 내가 죽으려면 나를 끝장내고 깨어나야 한다. 나를 끝내고 깨어나는 것, 깨어서 끝내는 것, 그것이 깨끗(깨끝)이다.

다석은 깨끗을 없음과 관련지었다. 있음을 있게 하는 것이 '하나'다. 모든 것은 '하나'에서 비롯된다. 다석은 모든 것을 있게 하는 하나를 '빈탕한데'라 했다. 빈탕한데는 없음의 세계이고 '하나' 그 자체다.

다석은 거룩을 깨끗으로 이해하고 성인을 씻어난 이라고 했다. 성인은 사사로운 '나(자아)'가 없는 이다. 서로 다른 만물의 존재로 이루어진 잡다한 상대계의 현 상태가 깨어져서 끝이 나야 깨끗하다. '깨끗'의 반대는 더러움이다. 다석에게 더러움은 덜 없음이다. "…… 깨끗은 깨끝입니다. 상대계가 끝이 나도록 깨트리면 진리인 절대가 나타납니다. 참 나를 깨닫는 것이지요. 깨끝이면 아멘입니다. 다 치워야지요. 없도록 치워야지요. 아직도 덜 치워 남아 있으면 덜 없지요. 덜 없으면 더럽지요. 덜 치워 덜 없는 것이 더러운 것입니다."[47]

다석은 물질 자체를 더럽다고 보지 않는다. 물질 자체는 더러운 것도 깨끗한 것도 아니다. 더러운 것은 맘이 물질에 욕심을 내고 매이고 집착할 때, 즉 물질에 사로잡힌 맘이 더러운 것이다. 맘은 하늘의 빈탕을 닮아서 비고 없는 것이다. 빈탕과 마음은 둘이 아니다. 다석은 비고 없어 깨끗한 상태를 '맘껏 없다'고 했다.[48] 맘에 물욕이 생기면 더럽다. 비고 없어야 할 맘에 덜(물질, 유혹, 악)이 끼면 더럽다. 덜은 덜릴 것, 덜어야 할 것이고 덜릴 것이 덜리지 않으면 더러운 것이다. 덜 것을 말끔히 덜어서 비우고 없으면 깨끗하다.[49]

물질적인 상대계에 매이고 집착하는 마음을 끝까지 깨트려서 비고 없게 하는 것이 깨끗하고 거룩하게 하는 것이다. 깨져서 깨끗하고 거룩해지는 것은 맘의 진리면서 생명과 정신의 진리다.

> 종(種)이 깨지고 유(類)가 산다고 할까? 밀알이 떨어져 인류가 산다고 할까? 육체가 무너지고 정신이 산다고 할까? 나를 깨치고 나라를 열어야 한다. …… 나는 고노병사(苦老病死) …… 썩는 거야. 그러나 나라는 진선미성(眞善美聖)이야. 목숨은 썩는 거야. 그러나 말씀은 빛나는 거야. 빛나려면 깨야지, 깨져야지, 죽어야지.[50]

깨고 깨지고 죽는다는 우리말에서 '죽어야 산다'는 진리의 뜻이 잘 살아난다. 죽음을 넘어서 살려면 '깨어나야' 하고, '깨져야' 하고, '죽어야' 한다. 자연적인 죽음을 통해 저절로 영생을 얻는 것이 아니다. 삶 속에서 깨어나고 깨지고 죽어야 한다.

물질과 육체의 욕심과 집착이 깨지고 죽은 사람이 깨끗한 사람이다. 더러움을 씻어 마음이 깨끗한 사람이 맘껏 자유롭게 마음을 쓸 수 있다. 그리고 마음을 자유롭게 쓰는 사람이 물질을 덜어서 돌림으로써 물건의 꼴을 아름답게 드러낼 수 있다. "물질을 덜어 돌리는 것이 세상이요, 잘 돌리면 나타나는 꼴이 물건이요, 물건의 꼴이 더 아름답게 나타나도록 해보라는 것이 인생의 사명, 곧 사업이 있게 됨이다."[51]

욕심과 집착을 비워 깨끗한 사람은 마음을 마음대로 자유롭게 쓸 수 있고 제 마음을 마음대로 쓰는 사람은 물건과 자리와 일을 마음대로 덜어서 돌릴 수 있고 물건과 자리와 일을 잘 돌리면 물건(돈)과 자리와 일의 꼴이 아름답게 나타날 수 있다.

다석은 물질과 육체의 욕심과 집착을 경계한 것이지 물질과 육체 자체를 미워하지 않았다. 오히려 물질과 물건, 육체와 몸이 물성과 이치에 따라 아름답게 실현되고 완성되기를 바랐다.

**되배움과 깨배움**

다석은 물질의 상대계를 탐구하고 인식하는 과학을 '되배움'이라 하고 정신과 주체를 탐구하고 인식하는 철학을 '깨배움'이라고 했다. 과학은 물질로 물질을 인식하는 것이다. 되로 곡식의 양을 측정하듯이 과학은 물질로 물질을 비교하고 측정해서 물질을 탐구하고 인식한다. 그러므로 과학은 되배움이다. 되배움은 사물을 있는 그대로 객관적으로 보자는 것이다.

되배움에는 세 가지 한계가 있다. 지식의 한계, 인식 방법의 한계, 인식 주체의 한계다. 과학에서 인식의 주체는 나다. 내가 비교하고 측정해서 알게 된 지식과 법칙으로 모든 것을 설명한다. 지식이나 법칙, 말이나 논리는 내가 설명하는 도구나 심부름꾼에 지나지 않는다. 지식과 논리는 실재를 전부 담아낼 수 없다. 그리고 물질과 물질을 비교해서 얻은 지식과 법칙, 말과 논리는 비교된 물질에 의해 제약·왜곡될 수 있다. 따라서 그런 지식이나 법칙, 논리가 물질과 정신의 깊이를 드러내는 데는 한계가 있다. 또한 인식과 설명의 주체인 나는 불완전하고 잘못되기 쉽다. 불완전하고 잘못된 내가 인식한 지식과 법칙, 말과 논리 자체가 불완전하고 잘못될 수 있으며, 또 그것들을 잘못 쓸 수 있다. 지식과 법칙의 한계 때문에 그리고 인간의 자아가 왜곡되었기 때문에 사물을 있는 그대로 객관적으로 볼 수 없다.

따라서 과학의 되배움을 제대로 바르고 깊게 하기 위해서라도 과학의 되배움에만 머물 수 없다. 나 자신에 대한 배움으로 나가야 한다. 철학의 깨배움은 내가 깨지고 깨어나서 배우는 학문이다. 철학은 거짓 나를 깨트리고 참 나를 찾는 학문이다. 철학은 물질에 대한 집착과 욕심 때문에 편견과 사나운 감정에 사로잡힌 마음을 깨트려, 그런 마음에 붙잡힌 자아가 깨짐으로써 참된 자아, 참 마음에 이르는 배움이다. 내가 깨져야 지식·물질·주체의 한계와 제약을 넘어서 나와 세상의 진상을 깨닫고 바로, 깊게 본다.[52]

깨배움이든 되배움이든 근본 문제는 인식의 주체인 '나'에게 있다. 인식의 주체(나)와 대상(물질)을 함께 비추어주는 것은 말씀(로고스)이다. 말씀은 지식과 법칙을 넘어서 사물의 깊이와 전체를 드러나게 하고 왜곡된 자아를 깨트려서 서로 소통하게 한다. 깨배움은 물질에 매인 거짓 나를 깨트려 진리의 말씀이 드러나게 하는 것이다. 거꾸로 진리의 말씀은 거짓 나를 깨트려 인식 주체와 인식 대상을 있는 그대로 드러낸다. 거짓 생각과 감정을 깨트려 참 나와 진리의 말씀에 이르는 깨배움이 잘되어야 되배움도 잘될 수 있다.[53]

제10장

# 동서 문명의 만남 속에서
# 형성된 철학

1. 동서 정신문화의
   창조적 만남과 유영모의 철학

2. 서구 문화의 주체적 수용과
   세계 평화 철학

3. 유영모·함석헌과 한국 철학

## 1. 동서 정신문화의 창조적 만남과 유영모의 철학

### 동서 정신문화의 만남으로 형성된 철학

서양 문화의 팽창과 정복으로 인한 만남과 충돌이었으므로 서구에서는 동서 문화의 만남이 진지하게 이루어질 수 없었다. 남미의 전통문화는 서양의 정복으로 파괴되었고, 아프리카는 민주화와 산업화를 이루지 못했다. 인도에서 기독교는 주변 종교로 머물렀고 봉건적 카스트제도는 그대로 남아 있다. 또한 이슬람 종교 문명은 서양 기독교 문명과 충돌했다.

문화적 주체성을 가지고 서양 문화를 받아들여 민주화와 산업화를 이룬 곳은 한·중·일 삼국 중에서도 한국이었다. 중국은 공산화되면서 전통 종교 문화를 억압하고 서양 종교와 문화를 거부했다. 중국에서 산업화와 민주화는 어느 정도 이루어졌지만 전통문화와 서양 정신문화의 진지한 만남은 이루어지지 못했다.

일본의 근대화는 도쿠가와(德川) 막부 시대 이래로 국가 권력과 지배 엘리트가 주도해왔다. 일본은 서양의 산업과 군사, 과학기술, 정치제도는 받아들였지만 3만 명의 순교자가 나왔음에도 기독교는 받아들이지 않았다.

　동서 문명이 만나는 과정으로 전개된 세계 문명사에서 한국 근현대사는 매우 중요한 위치를 차지한다. 세계 근현대사에서 동서양의 정신문화가 창조적으로 만난 곳은 한국이다. 실학파와 개화파의 근대화 시도가 실패로 끝나고 조선왕조가 몰락해가고 지배적인 정치·종교 이념이 쇠퇴했을 때 민중이 역사의 전면에 나설 수 있었다.

　한국 사회는 유교·불교·도교의 종교 문화적 전통과 한국 고유의 정신과 문화를 바탕으로 서양의 기독교, 과학정신, 민주주의를 받아들였다. 이로써 '아래로부터의 민주화'가 힘차게 전개되었고 창조적인 종교 문화 사상이 분출되고 급속한 산업화가 이루어졌다. 서양의 정신문화를 이처럼 주체적이고 창조적으로 받아들인 문명사적 사례는 세계의 다른 어디에서도 찾아보기 어렵다.

　다석은 한국에서 이루어진 동서 정신문화의 창조적 만남을 자신의 삶과 정신, 사상으로 아름답게 표현했다. 다석의 삶과 정신에서 기독교와 동양 종교가 만나고 이성과 영성, 민주 정신과 공동체 정신이 만났다. 하나님의 정의를 강조하고 깊은 죄의식을 지닌 기독교(십자가)의 곧음과 치열함이 원융합일과 원융무애(圓融無㝵)를 강조하는 동양 정신의 편안하고 원만한 '동그라미', 즉 포용 정신과 만났다. 다석은 자신의 삶 속에서 동양 종교의 핵심을 체득하고 기독교를 깊이 받아들여 창조적인 사상과 정신세계를 펼쳤다. 기독교의 울타리를 벗어나 자유롭게 동양의 종교를 넘나들며 형성한 그의 사상은 동서고금의 사상적 지평을 융합한 다차원적인 사상이다. 그의 몸과 삶이 녹아든 정신과 사상의 세계는 편안하고 넓으며 곧고 깊다.

　다석의 사상은 동서 정신문화의 종합이다. 동양 사상과 서양 사상이 다석의 삶과 정신 속에서 창조적으로 통합되었다. 동서를 아우르는 다석의 사상은 세계화 시대에 큰 의미를 갖는다. 동서가 하나로 살려면 정신과 사상의 큰 집이 있어야 한다. 다석은 민족국가의 울타리를 넘어 세계 공동체를 품을 수 있는 사상과 정신의 집을 지었다고 볼 수 있다.

### 한국 현대사의 바닥에서 형성된 철학

다석의 철학은 동서 문명의 만남과 민주화 과정으로 전개된 한국 현대사의 독특한 상황에서 형성되었다. 동서 문명의 만남과 민주화 과정이 전개된 한국 현대사 속에서 충실하게 살았던 그는 동서 사상을 아우르는 생명 철학을 형성하고 민중과 민주의 관점에서 씨울 철학을 탐구했다.

첫째, 그의 철학은 동서 문명과 사상을 아우르는 종합 철학이었다. 그는 '생각'을 철학의 중심에 놓음으로써 서구의 이성 철학을 깊이 받아들였으나 '생각'을 '나'를 생성시키는 생명의 존재론적 행위, 신과 소통하는 영적 행위로 봄으로써 이성과 영성, 철학과 종교를 통합했다.

또한 그에게는 옛날의 사상과 오늘의 사상, 동(東)의 정신과 서(西)의 정신이 '모두 하나의 정신'이었다.[1] 그는 '하나(절대자)'로 돌아가 '전체 하나'의 자리에 서려고 했다. 전체 하나의 자리에 서면 동서고금의 구별이 없고 동양 정신과 서양 정신을 함께 경험할 수 있다. 따라서 그는 동양 사람이 서양 경전을, 서양 사람이 동양 경전을 더 잘 알게 되는 경지에 이른다고 했다.[2] 서양 사람이 서양 정신을 바탕으로 동양 경전을 이해할 때 동양 정신만을 아는 사람보다 더 잘 알 수 있고 그 반대의 경우에도 그렇다.

둘째, 유영모의 철학은 민주적인 씨올 철학이다. 그는 외교권을 일본에 빼앗긴 1905년에 기독교 신앙을 받아들이고 일제의 식민지가 된 1910년부터 오산학교의 과학 교사가 되어 국민 교육에 힘썼다. 오산학교는 나라를 되찾고 바로 세우는 교육 운동의 본거지였다.

서구 문명으로부터 기독교와 민주 정신을 받아들인 안창호가 조직한 신민회는 나라를 구하려면 민이 깨어나 "백성 한 사람 한 사람이 덕스럽고 밝고 힘 있는 사람"이 되어야 한다고 보고 교육 운동을 펼쳤다.[3] 이승훈은 신민회의 평안북도 책임자로서 오산학교를 세워 기독교에 근거한 교육 운동을 펼치고 3·1 독립운동을 주도했다.

유영모와 함석헌은 이승훈의 교육 운동에 적극적으로 참여했다. 유영모는 3·1 독립운동을 주도한 이승훈의 제자이며 민주화 운동의 선봉에 섰던 함석헌의 스승이다. 유영모가 시작한 씨올 사상을 함석헌이 발전시키고 실천했다. 함석헌이 사회와 역사의 변혁 운동에 앞장섰다면 유영모는 생각으로 내면을 깊이 파고들어 깊은 영성의 세계와 씨올 철학의 토대를 형성하는 데 힘썼다.

유영모의 철학은 그의 삶에서 피어난 것이다. 그는 대학 진학을 포기하고 땀 흘려 일하고 사랑으로 남을 섬기는 삶을 살기 위해 시골로 들어가 농사를 지었다. 그는 평생 가난한 민중의 한 사람으로 살고자 했다. 그는 하루를 일생으로 보고 하루 한 끼 식사만 하면서 금욕적이고 영성적인 삶을 살았다. 50대 초에 해혼(解婚)하고 금욕 생활에 들어갔으며 날마다 새벽 3시에 일어나 냉수마찰을 하고 무릎 꿇고 앉아, 자신을 제사 지내는 심정으로 경전 연구와 진리 탐구에 몰입했다. 그의 글과 사상에는 삶과 정신의 깊은 체험이 배어 있다. 그의 오랜 수행과 성찰에서 나온 말과 글은 깊고 힘이 있고 사상과 철학은 책을 통해 이론적으로 구성된 것이 아니라 그의 몸과 정신, 일상의 삶과 역사 속에서 체험·확증된 것이다.

유영모의 철학은 한국 역사의 밑바닥에서 형성된 씨올·생명·평화의 철학이다. 상생과 평화를 지향하는 민주적이고 민중적인 철학이며 동서 문명의 만남 속에서 형성된 세계 평화 철학이다. 깊은 정신세계를 드러내고 동서 정신문화를 아우르는 유영모의 철학은 지구화와 생태학적 위기 속에서 상생 평화의 세계를 지향하는 인류에게 큰 자극과 영감을 줄 수 있을 것이다.


## 2. 서구 문화의 주체적 수용과 세계 평화 철학

**철학의 조건: 주체와 자유**

그동안 한국 철학사 강의는 정약용에 대한 소개로 끝나는 경우가 많았다. 지난 170년 동안 한국 철학은 없었던 것일까? 한국 철학계의 원로였던 박종홍은 퇴계나 율곡보다 수운 최제우를 높이 평가했고 동학에서 창조적인 한국 철학의 가능성을 확인했다. 그러나 박종홍이 박정희의 정치 고문이 되면서 동학에 대한 철학적 논의는 사라졌다.

그동안 대학 강단의 주류 철학자들은 역사와 삶에 대한 깊은 통찰을 담고 있었던 동학이나 유영모·함석헌의 사상을 철학으로 인정하지 않았다. 그 까닭은 다음 세 가지로 말할 수 있다.

첫째, 각주 달린 논문을 쓰지 않았던 유영모와 함석헌의 글은 개념과 논리의 일관성과 정합성을 학문적 기준으로 삼는 서양의 학문 개념에 부합하지 않았기 때문이다. 유영모와 함석헌의 글은 인생과 역사와 정신의 세계를 깊고 넓게 꿰뚫는 심오한 철학을 담고 있다. 개념과 논리의 일관성보다는 생명과 역사와 정신을 심층적이면서 총체적으로 드러내는 창조성과 심오함이 철학적 학문성의 일차적 기준이 되어야 한다.

둘째, 남강 이승훈과 더불어 3·1 독립운동과 기독교 민족운동의 맥을 이어 철학과 사상을 형성한 유영모와 함석헌의 사상은 해방 이후 일제강점기에 형성된 학맥과 미국과 유럽의 학맥으로부터 완전히 외면당했기 때문이다. 신채호, 문일평, 최남선, 정인보 등과 함께 유영모, 함석헌이 추구했던 주체적이고 한국적인 사상은 한국의 주류 강단 철학자들에게 관심의 대상이 되지 못했다.

셋째, 유영모와 함석헌이 이룩한 정신세계가 종합적이고 방대해서 전문 분야에 매인 철학 연구자들이 접근하기 어려웠기 때문이다. 이들이 이룩한 방대하고 심오한 정신세계를 연구하기 위해서는 한국과 동양의 정신문화에 대한 지식이 있어야 하고 기독교 사상에 대한 기본 이해가 요구되며 한국의 근현대사에 대한 이해와 성찰, 종교적이고 정신적인 진리 체험과 깨달음에 대한 공감적 이해가 요구된다.

철학이란 무엇인가? 삶과 역사, 존재의 진리에 대한 탐구이며 통찰이다. 진리를 있는 그대로 인식하려면 외부의 압력, 내부의 욕망이나 편견으로부터 자유로워야 한다. 철학함의 기본 조건은 자유다. 따라서 노예에게는 철학이 없다. 만일 노예 철학자가 있다면 외부의 압박과 폭력에도 내적 주체와 자유를 가졌기 때문일 것이다.

한민족은 조선왕조 이래 중국의 정치와 문화의 위력에 눌려 주체적이고 창조적인 철학이 생겨나기 어려웠다. 외세의 정치와 문화를 추종하거나 외세와 타협한 주류 지배층과 민중 사이에 정체성의 혼란으로 인해 일제의 식민 통치와 군사독재 아래서는 더더욱 주체적이고 활달한 사상과 철학이 태동하기 쉽지 않았다.

서양의 역사는 외적으로는 승리한 정복자의 역사이고 내적으로는 권력투쟁과 계급투쟁을 통해 사회체제와 제도를 형성해온 역사였다. 따라서 서양 사회를 주도하는 주류의 사고가 그 사회의 정체성과 시대정신을 반영할 수 있었다. 그러나 정복과 투쟁의 역사 속에서 체질화된 폭력성과 배타성이 타자(자연과 이웃)에 대한 철학적 인식과 관점에 내재해 있으며, 이런 폭력성과 배타성에 대한 자기반성이 어렵다는 데 서양 정신사의 문제가 있다. 서양의 철학은 자신들의 사회형태 및 시대정신과의 긴밀한 관련 속에서 형성되었지만 한국 철학의 논의는 한국의 역사나 사회와 깊은 관련 없이 진행되었다.

## 서구 문화의 주체적 수용과 세계 평화 철학

한국 문화와 사회는 세계 문화에 대해 개방적이고 수용적인 전통을 지닌다. 유교·불교·도교·기독교가 한국 사회에 깊이 뿌리내린 것은 한국 문화가 지닌 수용적이고 개방적인 성격에 힘입은 것이다. 외세의 침입과 도전 앞에서 분출된 19세기 민중 종교인 동학, 증산교, 대종교, 원불교의 사상과 철학은 민중성과 문화적 주체성을 지니면서도 세계 개방성과 세계 평화에 대한 미래상을 담고 있다. 한민족의 이러한 문화적 주체성과 세계 개방성, 평화 지향성은 세계화 시대에 상생과 평화의 철학을 형성하는 데 밑거름이 될 수 있다.

오랜 역사 속에서 고난을 겪으면서도 세계 개방성과 평화 지향성을 지켜온 한민족의 문화적 전통은 세계 평화 시대를 앞당기는 데 크게 기여할 수 있다. 다른 나라의 건국 신화에 흔히 나오는 정복 전쟁과 억압의 이야기가 한민족의 건국 신화에는 나오지 않는다. 단군신화에는 '널리 사람을 이롭게 하고〔弘益人間〕' '어지러운 세상을 구하고 도리에 맞는 세계로 만든다는〔濟世理化〕' 평화적인 이념이 담겨 있다. 고구려, 신라, 가야의 건국신화에는 햇빛과 알에서 왕이 탄생한다는 평화롭고 생명친화적인 이야기가, 백제의 건국신화에는 권력투쟁을 피하고 평화롭게 나라를 세운 이야기가 나온다.

전쟁을 통해서 영토를 널리 확장한 광개토대왕 비문에도 한민족의 평화 지향적인 성격이 잘 드러난다. 이 비문에 따르면 고구려의 시조 추모왕은 "천제의 아들이고 하백(강물)의 딸의 아들"임을 자처함으로써 하늘과 땅과 강물의 우주 세계와 한 몸을 이루고 있음을 밝혔다. 그는 세상의 왕위에 싫증이 나자 하늘의 황룡을 불러 용의 머리를 밟고 하늘로 올라갔고 그의 아들은 "도로써 다스림을 일으켰다〔以道興治〕". 광개토대왕은 호를 영락(永樂)이라 하고 세상의 평안을 가져온 이로 일컬어지며 적들을 관용과 덕으로 대했다.

한민족의 평화 지향적 전통과 성격이 상생과 평화의 시대를 여는 철학을 형성하는 데 기여할 수 있고 그런 철학을 내세울 자격을 닦아준다고 생각한다. 유영모와 함석헌은 한국 현대사 속에서 누구보다도 충실히 살았던 사람들이고 한민족의 개방적이고 평화적인 전통과 성격을 체현했던 사람들이다. 이들의 삶과 정신 속에서 한민족의 평화 지향적 전통이 꽃을 피웠고 한국 현대사의 과제가 실현되었다.

한국 근현대사는 동서 정신문화의 만남의 과정이며 아래로부터의 민주화가 추진된 시기다. 한국의 근현대사는 조선왕조의 몰락, 식민지 경험, 이념에 의한 민족 분단과 전쟁, 군사독재와 민주화 투쟁, 고도 산업화, 세계화와 같은 인류의 보편적이고 항구적인 가치와 주제를 함축하고 있다.

또한 한국 현대사는 국가주의의 모순을 극복하고 민주적이고 평화적인 나라를 세워가는 과정이었다. 제국주의 세력의 침략과 개입으로 나라가 망하고 민족이 분단되고 군사독재가 오랜 세월 지속되었다. 유영모와 함석헌은 하나의 민족이 두 개의 국가로 쪼개져 서로 전쟁을 일으키는 국가의 모순과 충돌 속에서 불의한 국가권력에 맞서 싸우며 밑바닥 민중의 자리에서 국가의 울타리를 넘어서 전체가 하나가 되는 평화의 철학을 형성했다.

유영모와 함석헌의 철학은 동서 문명의 만남 속에서 형성된 세계 평화 철학이다. 이들은 일제강점기와 독재정권 시대에 몸과 마음을 곧게 하고 깊은 영성을 추구해 우리의 역사와 문화에 충실한 사상과 철학을 닦았다. 함석헌과 유영모는 한국의 근현대 역사에 충실하면서 동서 문화와 민주 정신을 융섭(融攝)해서 민주적이고 깊은 영성을 지닌 세계 평화 철학을 형성했다. 우리의 철학과 사상을 형성하는 데 유영모와 함석헌의 철학이 중요한 길잡이가 되었다.

## 3. 유영모·함석헌과 한국 철학

그동안 한국의 주류 강단 철학에서는 서양 철학을 되풀이하거나 동양 경전을 풀이하는 데 머물렀다. 이유는 두 가지다.

첫째, 우리의 역사와 삶에서 우러난 철학을 하지 않았기 때문이다. 주체적이고 창조적인 철학은 주체적이고 창조적인 삶에서 나온다. 주체적으로 사회와 역사를 형성해온 서양인들의 철학은 그들의 역사와의 긴밀한 관련 속에서 형성되었지만 외세의 강력한 정치 문화적 지배를 받아온 한국인의 철학은 그러지 못했다.

둘째, 한국 근현대사에서 이루어진 동서 문명의 만남과 융합이라는 문명사적 상황과 변화를 담아내는 철학을 하지 못했기 때문이다. 동서 문화가 합류하는 사회와 역사의 현실 속에서 동서의 정신과 문화를 자신의 정신 속에서 통합하는 데 이르지 못했기 때문에 주체적인 현대 한국 철학을 창조할 수 없었다.

오늘날 한국의 직업 철학자들은 철학에 대한 서구 중심의 철학적 편견과 편향을 가지고 있다. 따라서 우리의 사회적·문화적·역사적 삶 속에서 주체적이고 창조적인 철학을 하지 못하고 있다. 철학이 무엇인지에 대해서 다시 생각할 필요가 있다.

### 현대 한국 철학의 조건과 성격

철학은 오늘의 삶 속에서 '나'를 깊이 이해하고 세상을 전체로서 넓게 이해하려는 학문적 노력이며 나와 세상을 바로 이해함으로써 삶을 온전히 실현하고 완성하려는 실천적 열정을 지닌다. 철학은 생명과 존재의 주체적 깊이와 전체적 보편성에 대한 체계적 이해이며 삶을 실현하고 완성하기 위한 실천적 탐구다. 철학은 근원적이고 보편적인 인식과 이해이기 때문에 인간의 삶과 정신을 규정하고 이끌어간다. 동일한 철학을 가진 사람들 사이에는 이해와 소통, 상생과 공존이 쉽게 이루어질 수 있다. 철학은 인간 정신의 가장 높은 사유 활동이라는 점에서 문명사회의 정점에 있고, 문명사회를 움직이는 힘과 원리라는 점에서 문명사회의 토대가 된다.

철학은 보편적이고 궁극적인 진리를 탐구하지만 인간의 감각과 이성의 제약으로 궁극적인 진리를 완전히 인식할 수 없다. 또한 이성의 활동은 시대와 문화의 제약을 받는다. 더욱이 인간의 탐욕과 편견, 집단적 이해관계가 이성과 감각의 인식 작용에 영향을 미치기 때문에 철학은 완전하고 완성된 체계가 될 수 없다. 또한 철학은 주체의 깊이에서 주체와 전체를 성찰하고 성찰한 진리를 오늘의 삶 속에서 주체적으로 실천하는 학문이다. 따라서 철학은 보편적이고 궁극적인 진리를 추구하지만 언제나 주체적이고 시대적인 성격을 갖는다. 한국인에게는 한국인의 주체적 삶과 역사와 문화를 반영하는 철학이 있기 마련이다.

오늘날 한국인이 한국의 철학을 가지려면 두 가지 조건이 충족되어야 한다. 첫째, 주체적이고 자유로워야 한다. 다른 나라의 정치와 문화에 예속되어 있는 한 자유롭고 활달한 철학을 산출할 수 없다.

둘째, 동서의 정신과 문화를 통합할 수 있어야 한다. 그 까닭은 세계 다른 어디서도 찾아보기 어려운 방식으로 근현대 시기에 동서 정신문화가 합류했기 때문이다. 하지만 한국의 주류 철학계는 서양 철학을 수입하는 데 주력했을 뿐 이러한 문명사적 상황과 변화를 담아내지 못했다. 동서 문명의 만남 속에서 식민 통치, 남북 분단, 산업화와 민주화로 이어진 한국 근현대사의 값진 경험으로부터 동서 정신문화를 아우르며 세계 평화 시대를 여는 철학으로 발전시키지 못했다. 동서 문화가 만나고 있었지만 한국 철학자들의 사상과 정신은 동서 문화를 통합하는 데 이르지 못했던 것이다.

그러나 한국 근현대사 속에서 충실히 살았던 유영모와 함석헌은 자신 안에서 동서 정신문화를 통합하고 동서 문화를 아우르는 한국 철학을 형성했다. 유영모와 함석헌의 철학이 유일한 현대 한국 철학이라고 말할 수는 없지만 현대 한국 철학의 대표적인 사상임은 분명하다.

현대 한국 철학은 세 가지 성격을 가져야 한다. 첫째, 전통적인 한국 철학의 성격, 다시 말해 한국인의 삶과 문화 속에 오랜 세월 흘러오면서 한국인의 심성과 문화를 형성하고 규정한 정신과 사유의 성격을 지녀야 한다. 둘째, 동서 문명의 만남으로서의 문명 통합적이고 세계 개방적인 성격을 가져야 한다. 한국 근현대사가 동서 문명의 만남의 과정으로 전개되었기 때문이다. 셋째, 민족국가를 바로 세우는 한국 근현대사의 과제, 근대화와 민주화에 충실한 철학이어야 한다.

이 글에서 필자는 유영모와 함석헌의 철학이 현대 한국 철학의 세 성격을 어떻게 구현하는지 밝히려 한다.

## 한국 전통 사상을 비판적으로 계승한 철학

하늘을 지향하는 천지인 합일 사상은 한국의 종교 문화와 역사 속에 반영되어 있다. 중국에서는 황제가 하늘 제사와 땅 제사를 따로 드렸으나 한국에서는 왕이 하늘 제사만을 지냈다. 한국인은 본래 하늘에 대한 관심이 높았다. 단군신화에서도 선조들은 하늘에서 내려온 것으로 되어 있다. 한겨레, 한민족의 명칭에서 '한'은 하나님, 하늘을 나타내는데 '크고 하나임'을 뜻한다. 한겨레는 크고 하나인 하늘을 추구했다. 하늘은 나누어지지 않는 하나이며 모든 것을 아우르고 통합하는 포용성을 나타낸다.

하나 됨을 추구하다 보니 하나로 느껴지지 않을 때는 갈라지는 경향도 있지만 한국인의 심성은 하늘을 숭상하고 하나 됨을 추구한다. '큰 하나'를 추구한 한민족의 위대한 철학은 모두 대종합의 사상이고 한국의 종교 문화는 매우 포용적이고 통합적이다. 유교·불교·도교·기독교를 깊이 받아들인 것으로 보아 한국의 정신과 문화가 매우 포용적이고 통합적인 것을 알 수 있다. 유교·불교·도교·샤머니즘 그리고 기독교가 공존하고 있다는 것은 현대 사회에서 매우 이례적이다.

원효, 최치원, 지눌, 율곡, 최제우, 최해월, 유영모, 함석헌은 모두 대종합의 사상가다. 한국인의 사상적 천재성은 서로 다른 요소들을 종합하는 데 있다. 유영모는 직립과 귀일을 말함으로써 생명 진화의 과학, 천지인 삼재 사상, 기독교의 하나님 신앙을 통합했다. 인간이 하늘을 향해 직립한 것은 오랜 생명 진화의 과정에서 귀결된 것이다. 인간의 직립은 하늘을 그리워하고 하늘로 돌아가려는 열망을 나타낸다. 또한 하늘과 땅 사이에 곧게 섬으로써 하늘과 땅을 하나로 통합하고 천지인 합일에 이른다. 인간이 하늘과 땅 사이에 곧게 서서 하늘(하나)을 향해 나아감으로써 생명 진화 과정은 완성되고 사람은 참 사람이 된다. 유영모는 귀일 사상을 하나님과 인간의 부자유친으로 설명한다. 아들(딸)인 인간은 아버지(어머니)인 하나님(하늘)을 그리워하고 닮으려 하고 하나님께로 돌아가려 한다. 인간과 하늘(하나님)의 사귐은 생각과 영을 통해서 이루어진다.

유영모는 다소 운명론적이고 결정론적 성격을 지닌 음양오행설을 걷어내고 하늘 중심의 천지인 삼재 사상을 오롯이 드러냈다. 생명 진화의 과학 사상과 기독교의 하나님 신앙을 받아들임으로써 한국의 천지인 삼재 사상이 살아났다. 한국의 정신과 사상은 본래 낙관적이고 감정적이다. 이것이 음양오행 사상과 결합함으로써 더욱 약하고 소극적으로 되었다. 유영모는 직립과 귀일을 강조함으로써 운명론적인 음양오행 사상을 걷어내고 강력한 주체 철학을 제시했다.

'나'를 깊이 파는 주체 철학은 조화와 합일을 추구한 낙관적 한국 전통 사상에 깊이와 심각성을 부여했다. 생명 진화론과 기독교의 하나님 신앙을 끌어들여서 천지인 삼재 사상을 살려냈다.

### 동서 정신문화를 종합한 사상

한국 현대사에서 동양 문화와 서양 문화가 합류했다. 한반도는 동서 문화가 합류하는 두물머리였다. 서재의 학자라기보다는 역사 속에서 충실하게 살았기 때문에 유영모의 삶과 정신 속에 시대정신과 역사가 온전히 스며들 수 있었다. 유영모의 삶과 정신 속에서 동양의 유불선과 서양의 기독교 정신, 이성 철학, 민주 정신이 합류했다. 그리하여 그는 그리스와 서양 철학의 로고스(이성, 생각), 기독교의 말씀(사랑), 동아시아의 길, 한민족의 한(韓, 큰 하나)을 통합해 대종합의 사상을 형성할 수 있었다.

유영모가 동서 정신문화를 통합하는 대종합의 사상을 형성한 것은 '나'를 파고드는 주체적 정신의 깊이와 우주 전체를 아우르는 세계적 개방성을 가졌기 때문이다. 그는 '나'를 깊이 파고 나의 '속'을 줄곧 뚫어서 끊임없이 '나'를 새롭게 하고 하나님, 이웃과 서로 통하려고 했다. 그는 주체의 깊이에서 전체의 '하나 됨'에 이르렀다.

그가 제시한 씨올 철학은 씨올 하나 속에 신적인 전체 생명이 들어 있음을 강조한다. 씨올의 주체적 생명 활동이 우주 전체의 창조적 생명 활동과 결합되어 있다. 참된 씨ᄋᆞᆯ은 주체이면서 전체다. 씨ᄋᆞᆯ은 자기를 싹 틔우고 꽃피고 열매 맺음으로써 자기와 남을 이롭게 한다. 씨ᄋᆞᆯ은 자기를 살림으로써 서로 주체가 되는 상생과 평화의 세계를 열어간다.

기독교 정신과 동양 종교 사상, 서양의 이성 철학을 종합한 유영모의 철학은 이성과 영성을 통합한 철학이다. 그는 신을 탐구하면 만물의 변화를 알 수 있다고 했다〔窮神知化〕. 영통하고 신통할 때 사람, 사물, 일이 두루 뚫리고 하나가 될 수 있다. 자기를 깊이 뚫어서 위로 신과 통하고 옆으로 사람과 만물에 통하고, 빈탕한데에 이르러 막힘과 거리낌이 없는 경지, 빈탕한데 맞혀 놀이하는 경지에 이른다. 그의 사상은 이성과 영성, 물질과 정신, 나와 전체를 아우르는 사상이다. 동서고금의 회통이며 주체와 전체의 일치다. 자아의 본성이 위와 옆으로 줄곧 뚫림으로써 신과 영통하고 전체 하나의 대동(大同) 세상에 이른다.

### 3·1 독립운동과 유영모, 함석헌의 철학

유영모와 함석헌은 3·1 독립운동을 주도한 이승훈의 오산학교에서 만나 이승훈을 정신적 아버지이자 스승으로 섬겼다. 유영모와 함석헌의 씨ᄋᆞᆯ 철학은 오산학교와 3·1 독립운동의 정신에서 싹튼 것이다. 이승훈은 섬김으로써 이끄는 지도력의 귀감이 되었고 흙처럼 자기를 비우고 낮춤으로써 길러주고 키워주는 씨ᄋᆞᆯ 교육의 모범이 되었다.

3·1 독립운동은 한국 근현대사의 중심에 있다. 3·1 운동이 일어남으로써 임시정부가 태동했고 독립운동과 민주화 운동의 정신적 근원이

되었다. 헌법 전문에 따르면 대한민국의 합법적 정통성은 3·1 운동과 임시정부에 있다. 따라서 대한민국의 정신과 철학은 3·1 운동의 정신과 철학에서 찾을 수 있다. 이제까지 3·1 운동에 대해서 역사적·사회적·정치적 연구는 많이 이루어졌으나 철학적 연구는 이루어지지 않았다. 오늘날 한국 사회의 정신적 중심과 비전을 세우려면 3·1 운동 정신에 대한 철학적 연구가 필요하다.

3·1 운동의 정신은 민주 정신, 민족 자주 정신, 사랑과 정의의 도덕 정신, 비폭력 세계 평화 정신으로 규정할 수 있다. 3·1 운동의 정신을 계승한 유영모와 함석헌의 철학은 민주 철학, 민족 주체 철학, 영성과 도덕의 철학, 세계 평화의 철학이다. 이들은 정복적 민족주의를 거부하면서 민족의 정신과 문화를 존중하고, 사랑과 정의에 기초한 대동 세계와 세계 평화주의를 추구했다. 나라를 바로 세우고 공존과 상생의 평화 세계를 이루어가는 지혜와 정신이 이들의 철학에 담겨 있다.

제11장

# 참된 주체와 참된 전체

1. 기축 시대의 영성과
   유영모의 철학

2. '나'의 깊이에서 만난
   '전체 하나'의 절대자

3. '나'와 절대자의 소통과 사귐

4. 한국 현대 철학으로서
   유영모 철학의 의미와 위치

## 1. 기축 시대의 영성과 유영모의 철학

자연 생명과 인간 정신은 생명 진화와 인류 역사 속에서 시간과 공간의 구체적 삶을 살며 다양하고 복잡한 만물 세계의 법칙을 체현하면서도 그 법칙적 속박을 넘어서 내가 나답게 되는 구체적인 주체의 자유에 이르고 전체가 하나로 통하는 절대 하나의 세계에 이르려 했다. 주체의 자유와 전체의 통일이 생명과 정신의 본성과 목적이다. 주체의 자유와 전체의 통일은 참되고 영원한 생명을 나타낸다.

주체와 전체의 일치를 추구한 인류의 정신사는 자연 종교 시대와 국가 종교 시대를 거쳐 기축(基軸) 시대의 영성에 이르렀다. 자연 종교는 자연 만물에서 영원한 생명과 가치를 찾으려 했고 국가 종교는 국가권력과 국가에서 영원한 생명과 가치를 만나려 했다. 자연 종교와 국가 종교는 모두 인간의 생명과 정신 밖에서 영원한 생명과 가치를 찾으려 했다는 점에서 공통점이 있다.

첫 번째 기축 시대의 성현들은 국가 종교 문명이 강성했던 2,500년 전쯤에 거의 동시에 출현해 인간의 정신 내면과 본성 속에서 영원한 생명과 가치를 발견했다. 기축 시대의 성현들인 석가, 공자, 노자, 예레미아(예수), 소크라테스는 인간의 이성과 영성에서 영원한 생명과 진리를 깨닫고 체험했다. 이들은 인간의 깊은 내면에서 보편적 전체에 이르렀고 인간의 이성과 영성, 본성 속에 영원한 생명과 가치의 씨알 맹이가 있음을 자각하고 그 생명과 진리를 가르치고 실천했다. 이들이 인간의 내면에서 깨달은 생명과 진리는 사랑, 자비, 인, 이치(理致)로 표현되고 이들의 윤리는 내가 싫은 것을 남에게 하지 말라는 황금률(黃金律)로 나타났다.[1] 기축 시대의 성현들이 깨달은 생명과 진리는 나를 나답게 하는 주체적인 것이면서 전체를 하나로 통하게 하는 보편적인 것이었다. 기축 시대의 영성가들은 나와 너와 그를 각각 저답게 주체적이게 하면서 전체가 하나 됨에 이르게 하는 영성적 깨달음에 이르렀다. 자연 종교와 국가 종교가 생명과 정신의 껍데기인 물질세계와 권력, 제도에 매여 있었다면 기축 시대의 성현들은 생명과 정신의 알맹이에 충실하고 알맹이를 드러냈다. 기축 시대의 영성은 씨올 정신과 진리를 자각하고 나타냈다.

그러나 첫 번째 기축 시대의 영성적 깨달음은 시대와 공간의 제약 때문에 주체와 전체의 관점에서 충분히 발현되고 실천되지 못했다. 첫 번째 기축 시대는 아직 신분 계급이 지배하는 비민주 시대였고, 미신과 운명이 지배하는 비과학적 시대였으며, 국가의 울타리를 벗어나지 못하는 국가주의 시대였다. 따라서 구체적인 주체성의 완전한 실현에 이르지 못했고 전체 하나 됨의 활달한 자유와 통일에 이르지 못했다. 이 시대는 아직 민이 역사를 진전시키는 주체라는 자각이 충분히 이루어지지 못했고 역사의 주체로서 민이 이룩한 역사적 진보를 경험하지 못했다. 따라서 기축 시대의 성현들이 자각한 깨달음과 내용을 민중이 계승해 주체적으로 실천하지 못하고 성현들을 믿고 따르는 비주체적인 종교에 머물고 말았다. 또한 이성의 진리를 추구하는 철학과 영성의 진리를 깨닫고 실천하는 종교가 분리되었다. 종교와 철학의 분리는 이성과 영성의 분리를 가져옴으로써 인간과 인류 문명을 분열과 혼란에 빠트렸다.

기축 시대의 성현들도 주체와 전체의 생명 철학적 진리를 온전하고 제대로 드러내지 못했다. 석가와 불교 경전은 생명의 자람과 역사의 진보를 말하지 못했다. 공자는 왕조 사회의 신분 질서를 벗어나지 못했고 소크라테스는 식민지 정복을 추구한 아테네의 국가주의에서 벗어나지 못했다. 예수와 기독교는 맑은 지성의 사유를 충분히 강조하지 못했고 민중이 역사와 하늘나라 건설의 주역임을 드러내지 못했다. 따라서 기축 시대의 영성은 국가주의로부터 자유롭지 못했고 민중의 주체성을 충분히 강조하지 못했다.

오늘의 시대는 신분 계급을 타파한 민주화, 미신을 타파한 과학기술과 산업화, 국가의 장벽을 허문 세계화가 동시에 일어나고 있다. 오늘날 우리는 동서 문명의 합류 속에서 동서고금의 정신과 사상이 회통하는 것을 경험한다. 이런 시대 상황은 주체성과 전체성의 온전한 일치를 실현할 수 있는 시대적 조건을 마련해 주고 있다. 나는 나대로 자유로운 주체가 되고, 온 인류와 자연 생명, 우주 만물이 하나가 되는 우주 통일의 꿈을 실현할 수 있다. 껍데기 종교에서 알맹이 종교로, 믿고 따르는 종교에서 스스로 깨닫고 실천하는 종교로 나갈 수 있다. 예수는 예수의 때를 살고 나는 나의 때를 사는 종교, 석가는 석가의 삶을 살고 나는 나의 삶을 사는 종교, 공자는 공자의 세계를 살고 나는 나의 세계를 사는 정신과 철학이 나와야 한다.

이런 맥락에서 유영모와 함석헌의 씨올 사상은 이성과 영성의 통합, 주체와 전체의 통일을 추구하고 실현했다는 점에서, 그리고 동서고금의 정신과 사상을 회통시켰다는 점에서 민주화·산업화·세계화의 상황에서 새로운 기축 시대의 도래를 예감하게 하고 새로운 기축 시대로 이끈다.

## 2. '나'의 깊이에서 만난 '전체 하나'의 절대자

동서고금의 사상을 아우르는 전체성의 철학과 민중의 주체를 확립하는 주체의 철학을 추구한 유영모는 주체와 전체의 일치를 탐구했다. 그는 주체인 '나'의 깊이에서 '전체 하나'인 절대자를 만나려 했다.

### '나'의 철학

유영모는 민중을 일깨워 주체로 일어서게 하는 교육 운동을 더욱 심화시켜 '나'를 깊이 파는 철학을 추구했다. 그에 따르면 물질적 탐욕, 생사의 두려움, 지식의 집착에서 벗어난 '나'에 이르는 것이 인간의 성숙이고 삶의 목적이다. 그는 경전을 읽을 때 남의 이야기로 읽지 않고 '내가 살고 죽는' 이야기로 읽었다. 경전은 '나'를 비추는 거울이다. 경전을 읽는 목적은 참된 '나'를 찾고 참된 '나'에 이르는 것이다. 경전을 읽고 또 읽어서 그 내용을 압축하면 '나'가 된다고 했다.[2]

유영모는 인성과 천성의 일치를 말하는 동양 종교 사상과 인간을 하나님의 형상을 지닌 존재로 보는 기독교 사상에 비추어 인간의 속에서 하나님을 찾았다. 그는 탐욕과 두려움과 지식으로 막힌 '나'의 속을 '생각'에 의해 비우고 뚫음으로써 '나'의 깊이에서 '없음'과 '빔'에 이르렀다. 그리고 그 '없음'과 '빔'에서 절대자를 만나고 절대자와의 만남에서 '참 나'를 발견했다. 그는 절대자를 참된 주체 '나'와 절대의 '하나'로 파악했다. "신에게는 이름이 없다. 상대 세계에서 '하나'라면 신이다. 절대의 '하나'는 신이다."[3]

주체인 '나'이면서 전체 '하나'인 절대자는 인간의 '나'를 참된 '나'가 되게 하고 '전체 하나'로 이끈다. 사람은 절대자인 신과 통할 때 비로소 사람이 되고 힘이 난다. "내 정신과 신이 통할 때 눈에 정기가 있고 말에 힘이 있다."[4] 신과 통하는 사람의 숨은 우주 대자연의 생명과 통하고 초월과 무한의 하늘과 통한다.[5]

유영모에 따르면 인간에게 신을 찾는 본성이 있고 그 본성의 깊은 곳에 신이 깃들어 있다.[6] 따라서 사람의 얼굴이 우주보다 깊다.[7]

신이 깃들어 있는 "사람은 만물의 근원이요 밑동"이다.[8] 사람은 우주 생명 진화의 중심이며 끝이다. 사람의 본성, 속알은 하나님과 직통하는 자리다. 우주 만물 가운데 사람처럼 깊은 자리가 없고 사람처럼 높은 자리가 없다. 우주 만물을 초월하는 자리는 사람의 속에 있다. 참으로 초월하려면 사람의 '속의 속'으로 파고들어 가야 한다. 그러므로 유영모에게는 솟아오르는 초월이 제 속으로 파고들어 가는 것이다.[9]

유영모의 철학에서는 '내'가 절대자 속에 해소되지 않고 더욱 강조된다. 역사의 주체인 '내' 안에 주, 절대자 하나님이 있다. 절대자는 '우리' 속에서 "제 주장을 하고 …… 과거, 현재, 미래 속을 가는 …… '주, 나'다".[10] 하나님과 통한 '나'는 우주와 생명의 중심이며 길이다. "내가 길이요, 진리요, 생명"이라는 예수의 말을 유영모는 자신의 말로, '참 나'에 이른 모든 인간의 말로 이해했다.[11] '나'에게서 길이 나고 진리가 생성되고 생명이 나온다. '내'가 길이다. 유영모는 우주와 생명의 큰 길로서의 '나'를 이렇게 표현한다. "길은 언제나 환하게 뚫려야 한다. …… 비록 성현이라도 길을 막을 수는 없다. …… 언제나 툭 뚫린 길로 자동차도 기차도 비행기도 자전거도 나귀도 말도 벌레도, 일체가 지나간다. 이런 길을 가진 사람이 우주보다 크고 세계보다도 큰 길이다."[12]

## 없이 계신 이: 절대 하나

절대자는 물질과 이성의 빛이 꺼진 어둠 속에서 그리고 '빔'과 '없음' 속에서 드러난다. 유영모는 '하나님'을 '없이 계시는 이'라고 했다. 하나님은 '빔'과 '없음'의 차원을 가지면서 '있음의 세계'를 아우르는 전체다. 유영모는 '빔'을 '맨 처음으로 생명의 근원이요, 일체의 뿌리 …… 곧 하나님'이라 하고 인격적인 하나님을 '유무를 초월'한 '맨 처음 일체'라고 했다.[13] 하나님은 상대적 유무의 세계에는 없으나 상대적 유무를 넘어서 전체를 생동하게 하는 존재로는 있다.[14]

절대자의 초월적 차원인 '없음'은 인간의 실존적 삶과 직결된다. 유영모는 이렇게 말했다. " '없'에 가자는 것 …… 이것이 내 철학의 결론이다. …… 이 '없'이 내 속에 있는 것이다."[15] '없'이 내 속에 있는 것이라고 함으로써 유영모는 형이상학적 사변에 빠지지 않고 생명과 얼의 현실 속에서 '없'을 생각한다. 하나님은 '있음'을 나타내는 물질(몸)과 '없음'을 나타내는 정신(맘)을 소통시키는 '하나'다.[16]

없이 계신 하나님은 유와 무를 종합한 전체로서의 하나다.[17] 전체로서 하나님의 자리는 온갖 시비를 넘어서서 '하나 됨'에 이르는 자리다. "시시비비 따지는 것은 내가 지은 망령이요. …… 하나님을 믿고 만족하면 일체의 문제가 그치고 만다. 시비의 끄트머리는 철인의 경지에 가야 끝이 나고 알고 모르는 것은 유일신에 가야 넘어서게 된다."[18] 없이 계신 하나님과 통하면 신통하여 천지유무를 통하고 옳고 그름, 앎과 모름을 넘어서 하나로 통하게 된다. 옳고 그름과 앎과 모름의 일차원적이고 평면적인 논리와 주장을 넘어서 둥글게 하나로 통하는 '가운데〔中〕'와 '떳떳함〔公〕'의 세계는 유무상통하는 없이 계신 하나님의 자리에 가야 열린다.

그러면 어떻게 해야 하나님의 자리에 가서 하나님과 통하게 되는가? 유영모는 하나님과 통하는 두 가지 방법을 말했다. 첫째, 민중의 심정과 처지를 알아서 민중과 같이 걱정하면 "(주체와 전체인) 신과 관계가 된다. 신과 관계가 되면 …… 생각하면 (무엇이든) 알게 된다".[19] 둘째, 없이 계신 하나님과 통하는 길은 '고디(곧음)'뿐이다. "고디만이 하나님과 통할 수 있다. 정직만을 신이 좋아하신다." 정직을 강조한 유영모는 "사실이 신의 말"이라고 했다. 곧은 길만이 마음 놓고 턱턱 걸어갈 수 있는 길이고 이기는 길이라고 했다.[20]

### 모름을 지킴

인간과 물건의 해방과 완성에 이르려면 절대자(절대 하나)에게 이르러야 한다. '절대 하나'는 이성의 빛과 물질의 빛으로는 닿을 수 없다. 절대자의 존재는 캄캄한 모름의 세계다. 절대자인 신을 탐구한 유영모는 이성의 한계를 인정하고 지식을 넘어서는 '모름'의 차원을 존중하고 지키려 했다.[21]

모름의 차원을 존중하는 유영모의 사상은 이성과 앎을 강조하는 서구의 인식론적 경향과 대조된다. "너 자신을 알라"고 한 소크라테스는 모름(나에 대한 무지)에서 앎으로 나아갔다. 소크라테스, 플라톤(Platon), 데카르트, 칸트(Immanuel Kant), 헤겔(Hegel), 피오렌자(Elisabeth Schussler Fiorenza)는 이성에 대한 신뢰 속에서 진실을 탐구한다. 여성 신학자 피오렌자의 의심의 해석학은 인간 이성의 밝음으로 성경 본문의 어둠을 밝히려 한다.•

그러나 이성의 밝음으로는 인간과 물건의 주체와 깊이(절대자의 존재)를 드러낼 수 없다. 모름을 지키는 것은 인간과 물건의 주체와 깊이를 존중하는 것이다. 모름을 지킬 때 절대자 안에 머물 수 있고 절대자 안에 머물러야 변함없는 '늘'에 이르고 '늘'에 이르러야 필연이 성립하며 필연이 성립해야 인간과 물건의 해방과 완성이 이루어진다. 인식론적·과학적 지식, 선악 판단의 지식은 모름을 지킬 때만 인간과 물건을 해방하고 완성하는 데 기여할 수 있다. 모름을 잊은 지식은 생명과 정신을 파멸로 빠트린다. 신을 버리고 선악과를 먹어 선악의 지식에 빠진 인간이 타락했듯이 모름을 지키지 않으면 생명과 정신뿐 아니라 물건과 일이 파멸에 이른다.

모름을 지킬 때 비로소 생명과 존재에 대한 자아의 인식론적 제약과 한계, 왜곡과 폭력에서 벗어나 생명과 존재를 있는 그대로 전체 속에서 볼 수 있다. 모름을 강조한 유영모의 사상은 지식을 버리고 모름을 붙잡은 아시아의 선불교 전통과 상통할 뿐 아니라 선악과를 먹고 선악의 지식에 빠져 타락했다는 성경의 기본 가르침과 일치한다.

---

• 피오렌자는 이성의 이념적 가치판단에 비추어 성서의 본문에 대한 불신과 의혹을 가지고 성서의 본문을 해체하고 재구성하려고 한다. Elizabeth Schüssler Fiorenza, In Memory of Her: A Feminist Theological Reconstruction of Christian Origins(New York Crossroad, 1984), p13.

## 3. '나'와 절대자의 소통과 사귐

### 절대자와 소통하는 자리 '가운데'

유영모는 '이제 여기 나'에 집중하고 오늘 하루를 일생으로 알고 살았다. 그는 주어진 순간의 삶 속에서 절대자(영원한 생명)와 소통하고 사귀는 삶을 추구했다. 유영모는 하늘과 땅과 인간, 만물과 이웃과 신이 두루 통하는 '가운데'를 추구했다. 가운데는 이제 여기 나의 삶 속에서 열리는 새로운 존재의 지평이다. 그는 예수를 "높·낮(높음과 낮음), 잘·못(잘함과 못함), 살·죽(삶과 죽음) – 가온대(가운데)로 – 솟아오를 길 있음 믿은 이"[22]라고 했다. 가운데는 신과 인간과 만물이 서로 다름과 서로 부딪침을 넘어서 공존 상생할 수 있는 자리다. 유영모는 '가운데' 이르는 것을 가온 찍기라고 했다. 인간의 부풀어 오른 마음과 생각을 한 점으로 줄여서 그 가운데 점을 찍음으로써 우주와 시간의 가운데에 이른다.[23] 이렇게 도달한 '가운데'는 우주와 시간, 만물과 삶의 중심인 절대자다.[24]

가온 찍기의 철학은 '지금 여기'의 한 점에서 절대자와의 만남이 이루어지고 이 만남에서 모든 것이 결정된다는 점에서 미정론에 이른다. 미래의 일은 미래의 '지금 여기'에서 결정될 것이다. 그리고 '나'는 한 점이 되어 모든 것의 중심이신 하나님과 통함으로써 모든 것과 통하는 '가운뎃길〔中道〕'에 이른다.[25]

## 생각하는 곳에 신이 있다

제2장에서 언급했듯이 데카르트와 마찬가지로 유영모도 인간을 생각하는 존재로 보았다.[26] 데카르트에게 '생각하는 나의 존재의 확실성'은 해와 달로 대표되는 물질적인 대상 세계의 확실성을 증명하는 토대가 되었다. 데카르트가 '나'의 존재를 확인하고 자연 세계에 대한 탐구로 나갔다면 유영모는 '나'의 존재를 확인하고 '나'의 속으로 파고들어 절대자를 탐구했다. 그는 물질적 대상 세계의 존재를 부정하고 '나'와 '생각'을 확증한다.[27] '나'는 절대자를 발견하는 자리이며 '생각'은 절대자인 신과의 연락과 소통이다.[28] 거룩한 생각은 "하나님 아버지에 대한 사랑이 있을 때 피어나는 하나의 정신적인 불꽃"이며 이 불꽃 속에서 피어나는 "진리의 불꽃 …… 하나님의 말씀"이다.[29] 말씀은 우주와 생명의 근원(하나님)과 통한다. "말씀의 근원은 사람의 정신이 아니라 하나님의 가운데다."[30] 유영모는 신의 말씀이 '맨 꼭대기'이고 "말씀에 우주가 달려 있다"고 한다.[31]

유영모는 만물, 살림, 생각을 하나님을 향해 '불태우고 바치는' 제사로 설명했다. 인간의 살림과 만물은 먹이인 물질을 불사르는 번제(燔祭)를 드려서 힘을 얻는다.[32] 하나님의 말씀은 불타는 화로이며 생각하는 것은 말씀을 불사르는 것이다. 유영모에게 생각은 말씀을 불사르고 자기 자신을 불태워 새롭게 하는 제사다.

"나는 생각한다"는 말이 데카르트에게는 인식론적 명제였지만 유영모에게는 존재론적·생명론적 명제였다. "생각하는 것이 생명이니 힘과 마음을 다해서 생각한다"고 했다.[33] 생각을 삶의 행위로 본 유영모는 삶의 주체인 '나'를 '생각의 끝머리', '생각의 불꽃'이라고 했다. 생각과 '나'를 일치시킨 유영모는 생각을 '정신의 불꽃'이라 했고 이 정신의 불꽃에서 '내'가 나온다고 했다. 생각이 데카르트에게 존재를 인식하는 행위라면 유영모에게는 생각이 '나'의 존재를 생성하는 행위다.[34]

'나'는 삶의 불꽃이기 때문에 생각으로 '나'를 불태움으로써만 '나'는 생겨나고 존재하며 그러한 존재로서의 '나'를 알게 된다. "('나'의 중심에는) 불꽃밖에 없다. 생각의 불꽃 끄트머리인 '나'를 자꾸 낳아서 나가야 한다."[35] '나'를 불태우고 새롭게 낳는 것은 앞으로 나가는 것을 뜻한다. 나를 낳는다는 것은 나의 바탈, 속알을 살리는 것이다.[36]

유영모에게 진정한 생각은 근심, 걱정, 번민이 아니며 헛된 공상이 아니다. 유영모는 죽이는 생각과 살리는 생각을 구분한다. "머리를 무겁게 숙여 떨어뜨리며 하는 생각은 사람을 죽게 하는 생각"이다. 그러나 신을 향한 생각은 생명을 살리는 불꽃으로 생각하면 살아난다.[37]

생각은 사람을 위로 올라가게 하고 하늘(하나님)과 소통하게 한다. 참된 생각, 거룩한 생각은 하나님과 연락된 것일 뿐 아니라 하나님과 뗄 수 없이 결합되어 있다. 그러므로 유영모는 "생각하는 곳에 하나님이 계신다〔念在神在〕"[38]고 말한다. "나는 생각한다. 그러므로 나는 존재한다"는 데카르트의 명제가 뒤집힌다. 생각과 존재의 주체인 인간 '나' 대신에 신이 존재의 주체로 나온다. 생각하는 주체는 사람만이 아니라 하나님이기도 하다. 생각하는 행위에서 입증되는 것은 인간인 '나'의 존재가 아니라 신의 존재다. 생각은 하나님의 뜻을 밝히는 것이다.[39]

유영모에게 생각은 개념과 논리를 따르는 단순한 추리가 아니라 우주의 궁극적인 주체이고 영원한 타자인 신에 대한 그리움과 사랑에서 타오르는 것이며 자신을 새롭게 형성하고 넘어서서 신에게로 솟아오르는 행위다. 이런 생각에 인간과 신이 함께 생각의 주체로 참여해 신의 존재를 확인하고 경험한다.

### 없음과 빔에 맞추어 놀기

절대자와 소통하는 숨과 영은 낮보다는 밤에, 빛보다는 어둠 속에서 잘 통하고 깊어진다. 유영모는 이미 33세 때 "어둠이 분명 빛보다 크다"[40]고 했다. 그는 해를 어둡다 하고 물질계를 단일(單一) 허공의 한 티끌에 지나지 않는다고 했다.[41] 유영모는 '공'을 참된 실재로 보고 공을 친밀하고 다정하게 느꼈다. 유영모는 '빔'을 하나님과 동일시한다. "빔처럼 높고 밝으며 거룩한 것은 없다."[42] 가장 높고 밝고 거룩한 존재는 하나님이다. 그는 허공을 '하나님의 마음'이라 했고 신령한 허공을 하나님이라고 했다.[43]

허공은 하나님의 품이다. 유영모는 모든 얽매임에서 벗어나 하나님의 품인 '빈탕한데'에서 자유롭게 신선처럼, 어린이처럼 놀려고 했다. 세상에 대한 집착이나 명예, 물욕과 유혹을 다 버리고 없음의 '빈탕한데'서 노는 삶이 인생의 결론이었다.[44] 모든 것을 아우르는 바깥 '한데', 시원한 우주의 바깥에서 놀자는 것[45]은 장자의 '거닐어 노님〔逍遙遊〕'을 연상시킨다.

유영모는 빈탕한데 놀이를 하나님과의 부자유친, 하늘을 사귐이라 했다. 이것은 물질적 이해관계와 사회적 대립관계를 넘어선 초월적인 자유의 삶이다. 이것은 물질 상대 세계를 부정하거나 버리는 것이 아니라 신의 아들로서 우주 만물을 이치에 맞게 온전히 실현하는 것이다.[46]

## 4. 한국 현대 철학으로서 유영모 철학의 의미와 위치

유영모는 동아시아 문명의 주체성을 가지고 서구 문명을 적극적으로 받아들여 동서 문명을 아우르는 창조적 생명 철학을 형성하고, 식민지 백성으로서 밑바닥 민중과 그리스도를 동일시하면서 민중 철학을 제시했다. 그는 한국 현대사의 현실에 충실했기 때문에 동서 문명의 만남과 민주화 운동을 몸과 마음에 체화하고 그것을 사상과 철학으로 형성했다.

그가 밖으로 동서 문명을 아우르고 안으로 민중 주체의 철학을 확립한 것은 자신의 편견과 탐욕을 비우고 자신의 깊이와 높이에서 전체 하나인 절대자와의 초월적 일치에 이르렀기 때문이다. 유영모는 절대자와의 만남과 일치에서 탐욕과 편견에 사로잡힌 자아로부터 벗어나 정신의 보편성에 이르렀고, 이러한 내적 깊이와 거리낌 없는 자유 속에서 민중의 처지와 심정으로 철학을 형성할 수 있었다.

그는 유교·불교·도교의 동양 종교 사상을 기독교 정신에 비추어 해석하고 반대로 기독교 사상을 동양 종교 사상에 비추어 해석했다. 그는 신앙과 생각을 삶과 철학의 중심에 놓음으로써 이성과 영성을 통합하고 민중의 자리에서 민중 주체의 철학을 제시했다. 그의 철학은 한국 역사 속에서 생겨난 한국 철학이고 동서 문명을 아우르는 세계 철학이며 이성과 영성을 통합한 종합 철학이고 민중의 심정과 처지에서 사유한 민중 철학이다. 그는 한국말과 글로 철학한 첫 번째 인물이다. 유영모에게서 참된 의미의 한국 현대 철학이 시작되었다.

유영모에 앞서 정약용이 기독교와 과학을 받아들여 원시 유교를 바탕으로 개혁적인 철학을 제시했다. 그러나 정약용은 유불선과 서구 정신문화의 만남과 대화를 활달하게 추진하지 못했다. 또 자유로운 민주 정신과 원리를 일관성 있게 선언하거나 민주 운동에 참여하지도 못했다. 동학의 최제우와 최해월도 서구 문명의 도전과 자극을 주체적으로 받아들여 민중의 각성 운동을 일으키고 독창적인 철학과 사상을 형성했지만 부적과 주문을 사용함으로써 과학적이고 합리적인 정신을 고취하지 못했다.

민주 정신과 과학 정신에 투철하고 주체의 자유와 깊이를 궁극적인 전체성에 이르기까지 탐구했다는 점에서 유영모의 철학은 진정한 한국 현대 철학이고 세계 철학이다. 그의 정신과 사상에서 비로소 참된 주체와 참된 전체의 통합이 이루어졌다. 그의 철학은 민주화·산업화·세계화 시대에 걸맞은 민주 철학이고 영성 철학이다. 그의 철학은 기성 종교와 문명을 넘어서 민중이 스스로 깨달아 이성과 영성의 꽃과 열매를 맺는 두 번째 기축 시대의 도래를 예감하게 한다. 그의 철학은 새로운 종교와 철학, 새 문명과 공동체, 새로운 생각과 삶의 양식으로 초대한다. 이미 유영모는 동양 종교 사상과 기독교 사상을 종합함으로써 종교 다원주의 철학의 선구이고 생명과 민중의 관점에서 사유함으로써 씨올 사상, 민중 신학, 생명 철학의 원조가 되었다.

마치는 글
# 새 문명의 실현을 위한 주체와 회통의 철학

참된 세계 철학은 몇몇 천재들의 머리에서 만들어지는 것이 아니라 역사와 사회 속에서 싹트고 자라나는 것이다. 세계 철학은 뛰어난 사상가들의 머리와 가슴에서 다듬어지고 정리되겠지만 세계 철학을 만들어내는 것은 동서 정신문화를 합류시키고 통합하는 세계 역사와 문명 자체일 것이다. 동서 정신문화의 합류는 서세동점의 역사를 통해 동양에서 이루어지고 있다.

동서 문화를 아우르고 동서 사상을 종합하는 사상은 어디서 나올 수 있을까? 플라톤 철학을 계승하며 서양 이성 철학을 대표하는 철학자 비토리오 회슬레(Vittorio Hoesle)는 한국에서 열린 2008년 세계철학대회에 참석해 이렇게 말했다.

한국 문화만으로 봤을 땐 종교적 다양성이 흥미롭다. 유교·불교·샤머니즘이 공존할 뿐 아니라 기독교적 전통도 강하다. 일본과 다른 측면이다. 이런 한국적 토양에서 동양과 서양의 사상적 종합이 이뤄질 것으로 기대한다(≪중앙일보≫, 2008.8.2).

다석은 동서의 사상과 문화가 융합하는 한국 현대사에서 주체적이고 세계적인 철학과 사상을 형성하기 위해 평생 헌신했다. 그의 사상은 한국의 정신문화와 역사에 충실한 주체적인 한국 철학이면서 동서고금의 사상에 두루 통하는 세계 철학이다. 그의 철학이 완성된 세계 철학이라고 할 수는 없지만 주체적이고 그의 구도자적 탐구와 실천은 참된 세계 철학을 모색하는 사람들에게 길잡이가 되고 귀감이 될 수 있다.

## 1. 한국 주체 철학

**서양 사상에 대한 반성과 대안**

그동안 묻혀 있던 유영모의 삶과 사상이 지난 20여 년 전부터 세상에 알려지면서 관심을 갖는 사람이 많아졌다. '우리말로 학문하기' 모임을 이끌고 있는 이기상 교수는 유영모의 사상을 높이 평가하면서 유영모의 사상이 이성, 존재, 인간 중심의 서양 사상에 근본적인 도전과 대안이 됨을 밝혔다.

서양 사유의 잘못된 방향 정립과 존재자에 대한 탐닉을 바로 잡기 위해서 다석 유영모 선생은 한마디로 빛을 끄라고, '태양을 꺼라!'라고 외친다. 이것은 존재 중심의 철학, 빛의 형이상학에 대한 최대의 도전적 도발이고 인간 중심의 철학, 의지의 해석학에 대한 방향 전환 요구이며, 물질 중심의 과학, 욕망의 주체학에 대한 강한 반성의 촉구다.[1]

다석은 물질〔色界〕과 이성의 빛보다 허공과 영의 어둠을 추구했다. 1922년에 이미 우주 세계는 빛보다 어둠이 더 크고 근원적임을 갈파했다. "우주는 호대한 암흑이다. 태양이 엄청나게 크다지만 이 우주의 어둠을 쫓아보았는가?"[2] "광명은 허영이요, 이 허영 속에서 하나님을 찾을 수 없다. 우주의 흑암을 음미하는 가운데 하나님을 찾을 수 있다."[3]

어둠에 대한 다석의 통찰은 래리 라스무센(Larry Rasmussen)이 1995년에 생명 신학과 생명 윤리의 새로운 상징으로 어둠을 제시한 것보다 70년 이상 앞선 통찰이었다. 한 = 환(환하고 밝음), 백(白, 밝음), 배달(밝은 땅)에서 보듯이 한민족은 오랜 세월 밝고 따뜻하며 환한 삶을 추구했다. 다석의 벗이었던 최남선이 밝음을 추구한 한국 민족문화를 '한밝문명론'으로 제시했다.[4] 다석은 최남선의 한밝문명론을 뒤집고 밝음을 숭상한 한민족의 종교 문화적 전통을 넘어서 우주와 영의 신령한 어둠 속에서 삶과 존재의 깊이를 탐구했다.

다석에게 어둠은 욕망을 자극하는 물질의 빛, 존재와 관념을 분별하는 이성의 빛이 닿지 않는 세계이자 차원이다. 그것은 '하나'의 세계이고 없음과 빔의 세계다. '하나'는 이성으로는 생각할 수 없는 깜깜한 세계이고 우주의 허공이 그렇듯이 없음과 빔은 물질과 이성의 빛이 들어올 수 없는 깜깜한 단일 허공이다. 허공은 모든 존재의 바탕이다. "허공 없이 존재하는 것은 없다. 물건과 물건 사이, 집과 집 사이, 세포와 세포 사이 …… 원자와 원자 사이 …… 이 모든 것의 간격은 허공의 일부다. 허공이 있기 때문에 존재한다."[5]

어두운 허공을 존재의 바탕으로 보았던 유영모는 "어둠 속에서 없이 계신 하나님과 교통하는 것을 유일한 자신의 사명"[6]으로 알았다. 물질과 이성의 빛을 넘어서 어둠, 한(하나), 공허의 세계에서 하나님과 교통하려 했던 다석은 이성과 기술의 빛, 주관과 객관을 분리하는 사유의 틀과 논리, 물질적 존재의 힘과 현실에 집착한 서양 사상에 큰 도전을 줄 뿐 아니라 존재의 근원과 바탕을 탐구하고 드러내는 새로운 사유와 삶의 길을 제시했다.

다석은 세속 안에서 거룩한 삶의 길을 갔고 가정을 지키며 금욕적인 수도의 길을 열었으며 나라와 겨레의 역사 속에서 한얼나라, 하늘나라를 이루려 했다. 또한 그는 생각과 말이 끊어진 어둠·하나·공허의 세계를 추구하면서도 생각과 말, 한글로 진리 체험을 표현하려 힘씀으로써 깊고 독창적인 생각과 글을 남겼다. 이로써 다석은 불립문자의 세계에 매몰된 선승들과도 다르고 논리와 개념에 집착한 서양 철학자들과도 다른 사상의 경지를 열었다.

### 한국 주체 철학

유영모는 서양의 언어와 개념을 번역한 말과 글이 아니라 우리말과 글로 사유한 사상가이며 삶과 생각을 소통시킨 생활 철학자이고, 민족의 얼과 정신을 세우는 민족 주체 철학자였다. 그가 우주와 공허를 말한 것도 매임 없이 곧게 서려는 것이었다. 매임 없이 곧게 서야 하나님과 하나 될 수 있고 하나님과 하나가 되어야 세상과 역사를 바로 세울 수 있기 때문이다. 그의 사상은 매임 없이 자유롭고 곧게 서는 주체 철학이다.

다석은 민족 정신사의 중심에 서 있다. 그는 오산학교에서 남강 이승훈을 스승으로, 함석헌을 제자로 두었다. ≪성서조선≫에 기고하면서 김교신을 가까이 했고 최남선, 정인보, 이광수와 사귀었다. 최남선과는 경성학교 동창생으로 가까이 지냈다. 최남선은 일제 말기에 변절했지만 민족문화 사상에 대한 그의 연구는 빼어난 통찰과 업적을 남겼다. 이들은 모두 민족 주체적 근대 문화 정신을 추구했다.

다석 사상의 특장(特長)은 동서고금의 사상에 회통하면서도 곧음을 지킨 데 있다. 오랜 세월 사대주의에 짓눌려 살다가 나라를 잃은 민족의 역사 속에서 다석은 곧게 서는 것을 추구했다. 그는 곧게 서는 것의 근거를 정치·사회·역사의 차원을 넘어 종교와 철학의 깊은 곳에서 찾는다. 그에게 곧게 서는 것은 하늘을 머리에 이고 직립한 인간의 본질이고 본성이다.[7]

'고디 곧게' 서는 것이 사람의 본분이고 곧아야 하나님께 갈 수 있다. 또 하늘을 머리에 이고 하나님을 모신 사람만이 곧게 설 수 있다. 말년의 일기에서 "한웋님 뫼셔 스람 스람 스람. 따위 드디어 뜻 받드 받드 받듬. 이 따위 사람이란요 남으램 예 나라셈"[8]이라고 했다. 그 뜻은 이렇다. "하나님을 모시고 서라 서라 서라. 땅 위에 디디고 서서 하나님 뜻만을 받들고 받들어라. 땅에 매여 사는 사람들은 남을 나무라고 내몰아서 여기에 나라를 세우려 한다." 한 사람 한 사람이 하늘을 머리에 이고 하늘과 땅 사이에 곧게 서서 민주가 되어야 나라가 바로 선다.

## 2. 동서 사상을 회통한 세계 철학

### 동서 사상의 회통을 위한 구도자적 일생

다석은 조선왕조가 몰락해가고 서양 문물이 본격적으로 유입되는 시기인 1890년에 태어났다. 이때는 가톨릭 전교(傳敎) 100년이 지나고 개신교 선교가 시작되는 시기였다. 서당에서 한학을 익히고 소학교와 중학교에서 신학문을 배웠다. 그는 특히 수학과 물리를 좋아했고 천문학에 매료되었다. 평생 별 보는 것을 좋아해서 옥상에 망원경을 만들어놓고 별을 관찰했다. 도쿄에서 예과인 물리학교를 마쳤다. 한학의 대가로서 서양 근대 학문의 세례를 받았다. 믿음의 진리와 씨올의 삶을 추구했던 유영모는 낡은 이념과 종교의 틀을 깨고 동양과 서양, 고전과 현대에 두루 통하는 삶과 생각에 이르렀다.

유영모의 일생은 동서 사상과 정신문화를 종합하기 위한 구도자적 탐구로 일관했다. 다석은 15세 때 기독교 신앙을 받아들였고 40대까지는 기독교 신앙을 넘어서 동양 사상과 서양의 과학 사상에 기초한 보편적 생명 철학을 수립했다. 50세에 이르러 다시 기독교 신앙을 깊이 체험하고 예수를 중심으로 한 하나님 신앙과 사상을 확립했다. 이것은 체험적 깨달음의 신앙이며 자유와 기쁨의 철학이었다.

53세 때 북악산 마루에서 천지인 합일 체험을 하며 다시 기독교의 울타리를 벗어나서 한국적이고 동양적이며 보편적인 철학을 추구했다. 이 시기에 한글 철학,『천부경』과『삼일신고』를 연구하면서 한국적인 주체 철학을 추구했다. 65세 때 사망예정일을 정해 놓고 날마다 자신을 불살라 제사 지내는 삶을 살면서 동서고금의 사상을 회통하는 귀일 철학과 '빈탕한데 맞혀 놀이'하는 천지인 합일 철학을 추구했다.[9]

서양 문명과 기독교가 본격적으로 유입된 시기에 나서 살았던 그는 서양의 정신과 사상을 받아들였다. 유영모의 영성과 사상은 동양 정신과 서양 정신의 창조적 결합이다. 첫째, 서양의 기독교 신앙을 동양적·한국적 정신으로 풀었다. 그의 사상은 기독교적 한국 사상, 한국적 기독교 사상이다. 예수와 민족혼의 만남이고 성경과 동양 사상의 결합이다. 하나님을 향해 솟아오르고 몸을 산 제물로 드리는 성서의 사상이 무위자연과 공의 세계를 추구한 동양 사상과 결합했다. 둘째, 서양의 근대 철학의 원리와 정신을 받아들여 민주적이고 이성적이며 영적인 사상을 형성했다. 한국 전통 사상과 서양 근대 정신의 종합이며 종교와 철학, 이성과 신앙의 소통이다.

### 삶과 사상의 두루 통함

한민족의 정신적 원형질은 '한'이며 '한'에 바탕을 둔 사상은 서로 다른 사상과 요소를 하나로 만나게 하고 두루 꿰뚫는다. 크게 종합하는 데 한국인의 사상적 재능이 발휘된다. 최치원, 원효, 이이, 최제우, 유영모, 함석헌은 '한'의 정신을 바탕으로 다른 종교들을 품을 수 있었고 여러 다른 사상과 요소를 크게 종합한 사상가들이다.

자신을 제사 지내는 마음으로 살았던 다석은 땅의 물욕과 집착에서 벗어나 '나' 없는 하늘의 자유를 누리며 막힘과 거침이 없는 사상의 자유와 회통에 이르렀다. 하늘처럼 자유롭고 활달한 마음에서 동서고금의 사상이 막힘없이 합류하고 통합되었다.

유영모는 인생의 결론으로 제시한 '빈탕한데 맞혀 놀이'에서 세상일을 놀이로 보고 빈탕한데를 맞추어 놀자면서 "하나님을 모시고 늘 제사를 드리는 자세로 살자"고 했다.[10] 여기에 유영모의 사상이 압축되어 있다. 하나님을 모시는 일은 기독교, 제사 지내듯 정성을 다하는 자세는 유교, 빈탕은 불교, 한데에서 놀자는 것은 도교와 관련이 있다.

다석은 '하나 됨'을 추구한 한민족의 정신 속알맹이를 '얼'로 보았다.

얼은 모든 것을 하나 되게 하는 생명과 정신의 씨알맹이다. 다석은 민족정신의 핵심을 얼로 파악함으로써 민족의 경계를 넘어 보편적 세계정신에 이르렀다.

또한 다석은 기독교 정신의 핵심을 영원한 생명과 얼로 봄으로써 기독교의 역사적 제약과 한계를 넘어서 보편적인 세계정신에 이르렀다. 그는 역사적 인간 예수를 영원한 생명 그리스도라고 보지 않고 "하나님으로부터 오는 성령, 내 속에 온 하나님의 씨"를 그리스도라고 보았다.[11] 이어서 다석은 이렇게 말한다.

> 누구나 몸으로는 죽어도 독생자인 얼로는 멸망하지 않는다. …… 영원한 생명은 예수 이전에서부터 이어 내려오는 것이다. 예수는 단지 우리가 따라갈 수 없을 만큼 이 사실을 크게 깨달아 우리에게 가르쳐 주었다. 지금 다시 『요한복음』 제3장을 통해서 폭포수 같은 성령을 우리에게 부어 주어 우리를 영원과 이어준다.[12]

다석은 '속의 얼'을 영원한 생명, 그리스도로 봄으로써 역사적 예수에 근거한 기독교에 갇히지 않고 모든 종교와 통하는 종교 사상을 갖게 되었다. 유교·불교·도교 모두 인간의 정신을 일깨우고 바로 세우는 종교이므로 기독교와 통할 수 있다고 보았다. 그는 속의 얼과 하나님을 잇는 한국·아시아의 주체적·종합적·보편적 종교 사상을 세웠다.

다석은 종교 다원주의 사상을 이론으로 제시한 것이 아니라 삶으로 실현했다. 1910년대 초반부터 기독교 신앙에 기초하면서도 자유롭게 다른 종교의 경계를 넘나들며 진리와 신앙의 세계를 펼쳤다. 그는 기독교 사상을 바탕으로 유교·불교·도교를 회통시켰다. "예수와 석가는 우리와 똑같다. …… 유교·불교·예수교가 따로 있는 것 아니다. 오직 정신을 '하나'로 고동(鼓動)시키는 것뿐이다."[13]

서로 다른 종교 사상을 하나로 꿰뚫고 소통시킬 수 있었던 것은 서로 다른 것들을 일치·동화시키는 한 사상의 원리, 한민족의 정신문화적 경향과 원리에서 비롯된 것으로 보인다. 회통은 동양적이고 한국적이다.

유교·불교·도교·기독교를 종합하는 뼈대는 기독교의 하나님 신앙이다. "유무를 합쳐 신을 만들고 천지유무를 통하는 것이 신통이다. 신은 하나다. …… 시비의 끄트머리는 철인의 경지에 가야 끝이 나고 알고 모르는 것은 유일신에 가야 넘어서게 된다."[14] 하나님 신앙이 유불도를 꿰뚫는다. 부자유친을 하나님 관계로, 허공을 하나님의 마음으로, 유와 무, 태극과 무극의 전체와 통합을 하나님으로 보았다.

삶은 저마다 자유롭고 주체적인 것이면서 전체가 하나로 느껴지고 통하는 것이다. 진정한 삶의 철학과 종교에서는 이 모든 종교 사상들이 회통할 수 있다. 다석은 기독교와 민족 사상에 기초해서 뭇 사상들을 회통시켰다.

### 3. 낡은 문명의 극복과 새 문명의 실현

오늘의 시대는 씨을이 주도하는 민주 시대이고 세계가 하나로 되는 세계화 시대이며 과학기술이 주도하는 과학과 이성의 시대다. 민주 시대는 민의 주체적 깊이를 요구하고 세계화 시대는 세계 전체를 끌어안는 크고 넓은 정신을 요구한다. 주체의 깊이와 전체의 정신을 가지려면 깊고 넓은 영성을 탐구해야 한다. 과학과 이성의 시대, 산업 기술 문명의 시대는 낡은 신화적·교리적 사고와 신분적·특권적 계급 질서(성직 계급)에 대한 청산을 요구한다.

다석의 씨올 철학은 민주 생활 철학이며, 하나로 돌아가는 귀일 철학은 세계화의 철학이고, 생각하는 궁신지화의 철학은 과학과 이성 시대의 영성적 토대와 목적을 제공하는 철학이다. 다석의 철학은 낡은 문명에 대한 비판과 청산을 함축하면서 새 문명을 위한 정신적 기초와 원칙을 제시한다.

청산하고 극복할 낡은 문명의 요소들을 살펴보자. 서양 문명이 주도한 세계사의 큰 흐름은 민족국가주의, 사회주의, 산업자본주의다. 이 세 흐름은 모두 큰 위기와 문제를 안고 있다. 19~20세기에 민족국가들의 정복 전쟁이 치열해져서 1·2차 세계대전을 치렀고 1·2차 세계대전을 치르면서 민족국가주의의 도덕적·정신적 토대는 무너졌다. 세계화 시대에서 제국주의적 민족국가의 폭력적 구조와 행태는 이제 정당화될 수 없다.

사회주의는 50년 이상 실험을 거쳤지만 실패로 끝났다. 이념과 체제, 정책과 제도가 부족해서 실패한 것은 아니다. 사회주의의 이념을 실현하고 제도와 체제를 운영할 사람다운 사람이 없었기 때문에 실패했다. 그 이념과 체제에 걸맞은 사람다운 지도자·인민이 없었던 것이다.

오늘 여전히 힘을 떨치고 있는 산업자본주의는 물신 숭배와 생존 경쟁을 부추김으로써 자연 생태계와 인간 공동체를 파괴하고, 사회적 양극화를 심화시켜 사회적 삶의 토대를 허물고 있다는 점에서 근본적인 문제와 위기를 안고 있다. 인간 심성을 파괴하고 영혼을 황폐하게 만든다는 점에서 산업자본주의는 인간의 정신과 생명에 근본적인 문제를 제기한다.

전쟁과 폭력이 주도한 민족국가주의를 청산하고 세계평화문명 시대를 열기 위해서는 동서 문명의 통합과 세계 평화의 이념에 대한 철학이 요구된다. 사회주의 사회의 실패를 딛고 상생과 공존의 공동체적 세계를 실현하기 위해서는 몸과 맘과 얼을 통합하고 속이 뚫려서 자발적 주체성과 공공적 헌신성을 지닌 새 인간을 형성해야 한다. 그리고 산업자본주의의 모순과 병폐를 극복하기 위해서는 물질적 탐욕과 유혹에서 벗어나 하늘의 빈탕한데에서 돈, 힘, 기술을 이치와 필요에 따라 바르게 씀으로써 사랑과 정의를 실현하는 자유인이 나와야 한다. 국가주의·사회주의·산업자본주의를 극복하는 과제와 관련해서 다석의 철학을 논하는 것으로 결론을 삼으려 한다.

### 동서 문명의 사상적 통합과 세계 평화의 꿈

세계화 시대에 사는 우리는 현대 문명의 근본 문제, 국가주의의 폭력성, 사회주의의 실패, 산업자본주의의 폐해를 극복하고 새로운 세계 평화문명을 형성해야 한다. 먼저 민족국가주의를 극복하고 세계 평화를 실현하기 위해서는 동서를 아우르는 새 철학과 세계 평화를 위한 이상(理想)을 가져야 한다. 각 사람의 마음과 정신 속에서 동서의 통합과 세계의 통일을 이루어야 하기 때문이다.

다석의 일생은 동서 문화를 체화하고 종합하는 데 있었다. 다석은 서양 문화로부터 기독교와 민주 정신, 이성 철학을 깊이 받아들였다. 서양의 것을 받아들일수록 다석의 정신과 사상에서는 한국적인 것, 동양적인 것이 살아났다. 기독교 하나님 신앙을 받아들임으로써 한국 고대의 천지인 삼재 사상이 다시 살아났다.

다석은 유교의 중용을 '줄곧 뚫림'으로 파악했다. 우주의 가운데는 사람의 마음이다. 우주의 가운데인 사람의 마음을 줄곧 뚫음으로써 하늘의 바람이 불어오고, 하나님의 영과 소통할 수 있다고 했다.[15] 이처럼 유교의 핵심 개념을 기독교적으로 해석함으로써 유교와 기독교에는 없는 새로운 세계적 사유의 지평을 열었다.

2008년 세계철학대회에서 이종재 교수는 다석의 중용 이해 '줄곧 뚫림'을 OECD 교육정책과 이념의 중심 철학으로 제시했다. 사람의 마음 속이 줄곧 뚫림으로써 위로 하늘과 통하고 옆으로 이웃, 만물과 통할 수 있는데 이것이 인생과 교육의 목적이다.[16]

그런데 속 뚫림은 남이 해줄 수 없는 것이다. 속에서 스스로 해야 하는데 속에서 스스로 하기 위해서는 교육의 이념과 철학, 방법과 관행이 바뀌어야 한다. 줄곧 뚫림은 하나님과 성령과 소통하는 것이다. 자기가 열리고 뚫려서 하늘과 소통·영통하는 것이다. 속에서 뚫리면 늘 새롭고 힘나고 기쁘다. 속이 뚫려서 위로 하늘과 통하고 옆으로 이웃과 사귀는 사람은 상생 평화의 길로 갈 수 있다. 그런 사람은 세계 평화의 길을 여는 이고 그 길로 사람들을 이끄는 이다.

자기를 깊이 뚫어서 위로 신과 통하고 옆으로 사람과 만물에 통하고 빈탕한데에 이르러 막힘과 거리낌이 없는 경지, 빈탕한데 맞혀 놀이하는 경지에 이른다. 다석의 빈탕한데 놀이 철학은 동서고금의 회통을 이룬 철학이다. 자아의 본성이 줄곧 뚫림으로써 위로 옆으로 줄곧 뚫림으로써 신과 영통하고 세상이 전체 하나에 이른다. 다석의 귀일 철학은 전쟁과 폭력이 주도한 국가주의 시대를 극복하고 동서 문명을 통합해 상생과 공존의 세계 평화를 실현하는 실천 철학이다.

## 속 뚫린 인간의 형성과 신의 부활

사회주의 사회의 실패를 딛고 공동체적 세계평화문명을 이룩하려면 자발적 주체성과 공공적 헌신성을 지닌 인간다운 인간이 나와야 한다. 인간다운 인간이 되기 위해서는 물질과 정신, 육체와 영혼, 개인과 사회를 통합하는 소통적인 사유와 철학이 요구된다. 육체적 본능과 지성과 영성을 아우르는 통합적인 철학을 가지고, 물질과 힘, 제도와 체제를 운영하고 이끌어갈 수 있는 성숙한 새 인간이 나와야 한다. 오늘날 부족한 것은 사회 이념과 이론, 제도와 체제가 아니라 이념과 이론을 실현하고 제도와 체제를 운영할 참된 사람이다.

다석은 옹근 사람, 몸과 맘과 얼이 하나로 뚫린 '참 나'를 추구했다. 몸의 본능과 맘의 지성과 얼의 영성을 소통시킨 사람만이 이념과 이론을 실현하고 제도와 체제를 운영해 서로 위하고 더불어 사는 민주적이고 공동체적인 세상을 이룰 수 있다. 다석 사상은 몸과 이성, 영성을 통합한 사상이다. 다석은 하늘의 신령한 원기를 숨 쉬고 하나님과 연락하고 소통함으로써 영통하고 신통한 경지에 이르려 했다. 영통하고 신통할 때 두루 뚫리고 하나가 될 수 있다. 이성과 영성, 물질과 정신, 나와 전체를 아우르는 다석 사상은 몸과 맘과 얼이 하나로 뚫린 사람을 지향한다.

속이 줄곧 뚫리는 사람이 제대로 된 참 사람이다. 속이 뚫린다는 것은 몸과 맘과 얼이 하나로 뚫린다는 것이다. 몸과 맘과 얼의 바탈이 뚫려서 제대로 실현되고 완성되는 것이 사람이 사람 구실을 하고 사람이 사람답게 되는 것이다. 몸과 맘과 얼은 어떻게 뚫리는가? 얼이 맘을 이끌 때 맘이 뚫리고 맘이 몸을 이끌 때 몸이 뚫린다. 얼이 신과 통할 때 얼이 뚫려서 자유롭게 몸과 맘을 이끌 수 있다. 얼이 맘(이성)을 이끌어 올릴 때 맘은 몸의 본능적 속박에서 벗어나 자유로워지고 해방된 맘은 몸의 본능을 이끌고 얼에 봉사할 수 있다.

 몸과 맘과 얼의 뚫림이 천지인 합일이다. 몸은 땅을 나타내고 맘은 생각하는 인간을 나타내며 얼은 물질에서 해방된 하늘을 나타낸다. 몸, 맘, 얼이 하나로 뚫린 사람은 하늘과 땅과 사람을 하나 되게 하고 온 인류가 하나가 되는 길을 열 수 있다. 맘의 가운데 속이 뚫린 사람은 사람과 사람, 집단과 집단 사이에 서로 통하고 하나 되는, 서로 살리고 더불어 사는 길을 뚫을 수 있다. 속 뚫림, 줄곧 뚫림은 남이 해줄 수 없다. 속에서 스스로 뚫고 스스로 뚫려야 한다. 속 뚫린 길로 하늘의 바람이 불어오고 하늘의 기운이 내려온다. 속이 줄곧 뚫리는 사람만이 하늘의 바람과 기운으로 서로 돕고 살리는 공동체적 삶을 살 수 있다.

 무엇으로 속을 줄곧 뚫는가? 생각으로 뚫는다. 다석이 말한 '궁신지화하는 생각'은 속을 줄곧 뚫는 행위이며 이성과 영성을 통합하는 일이다. 생각하는 이성이 줄곧 뚫어서 이르는 자리는 하나님이 계신 곳이다. 나의 속을 줄곧 뚫어서 하나님과 통하고 하나님께 이르는 것이다. 나의 속을 뚫는 것은 나와 하나님 사이의 벽을 뚫는 것으로 다석의 궁신지화는 하나님을 찾고 발견하는 것이다.

 서로 살리고 더불어 사는 공동체 세상은 권익 투쟁과 이성적 성찰만으로는 실현할 수 없다. 이기적 자아의 권리와 생존 욕구를 넘어서는 영성의 세계, 하나님의 존재(우주 전체 생명)에 이를 때 비로소 자유와 평등, 사랑과 정의의 대동 세상을 열어갈 수 있다. 개별적 주체(개인)의 깊이와 사회적 전체의 연대가 일치할 때 서로 살리고 더불어 사는 사회를 실현할 수 있다. 주체와 전체가 일치하는 자리는 하늘(하나님)이다. 하늘은 한없이 깊은 곳이면서 무한히 큰 전체 하나다. 사람은 하늘(하나님)에서 비로소 주체와 전체의 일치에 이르고 서로 살리고 더불어 사는 공동체의 길로 갈 수 있다.

다석의 궁신지화는 신의 탐구와 과학적 지식의 탐구를 통합하는 것이다. 유영모는 이성의 세계를 최대한 확장하고 영성의 세계를 크게 펼쳤다. 궁신지화의 철학은 과학적 이성의 세계 속에서 영성의 회복과 신의 부활을 추구한 철학이다. 유영모는 없이 계신 하나님을 말한다. 있음만을 고집하는 물질과 폭력에서 보면 신은 없다. 물질과 폭력에 사로잡힌 삶 속에서 신은 죽었다. 없음은 있음보다 근원적이다. 없음의 자유가 있어야 있음의 세계를 부리고 이끌 수 있다. 없이 계신 하나님은 없음의 세계와 있음의 세계를 서로 통하게 하는 유무상통의 하나님이다. 유무상통에 이르러야 과학기술과 영혼, 돈과 생명이 공존 상생할 수 있다.

신의 부활이 새 문명의 기초다. 영과 진리, 자유와 평등, 사랑과 정의에서 보면 하나님이 있다. 하나님은 민족과 국가와 종교를 넘어 서로를 사랑하고 하나 되는 힘과 근거를 준다. 하나님은 주체적 힘의 근원이며 타자를 주체로 받아들이는 공동체의 근거다. 하나님은 인간과 짐승, 꽃과 물질(물체)까지도 주체로 받아들여 공동체적 사귐으로 인간을 이끄는 절대긍정과 신뢰의 근거다.

하나님은 공과 무 속에서 떠오르는 의미이자 뜻이며 목적이고 절대 명령이다. 존재와 생명의 덧없음을 넘어서 '살라!'는 조건 없는 명령이며 영원한 생명의 근거다. 하나님은 한아님(一我), 한 나, 큰 나, 전체 하나의 나이다. 하나님은 주체의 나와 전체의 하나를 통합하는 존재다. 하나님 안에서는 너도 나다. 하나님은 나를 나이게 하고 너에게서 나를 만나게 한다.

내 속의 씨울과 네 속의 씨울은 하나님의 씨울이다. '내' 속에 타오르는 생명의 불씨는 '네' 속에, '그' 속에 타오르는 생명의 불씨와 함께 하나님의 존재를 드러내고 하나로 이끌어 하나님의 생명의 바다로 가게 한다. 하나님의 생명의 바다에 이를 때 이기적 권리 의식과 탐욕을 넘어서 사회의 양극화를 극복하고 더불어 먹고 서로 살리는 세상을 이룰 수 있다.

### 산업자본주의의 극복과 빈탕한데 맞혀 놀이
: 맘은 맘대로 하고 물질은 쓸 곳에 쓰고

물질적 탐욕과 폭력이 지배하는 산업자본주의 사회의 모순과 폐해를 극복하려면 신화적 교리와 성직 계급이 지배하는 낡은 종교에서 벗어나야 한다. 신화적 교리와 성직 계급의 지배에 종속된 인간들은 이성적·영성적 자각에 이를 수 없고 이성과 영성의 자각에 이르지 못하면 산업자본주의 사회의 물신 숭배에서 벗어날 수 없다. 물질적 탐욕과 물신 숭배에서 벗어날 때 비로소 산업자본주의의 반신적·반인간적 횡포에서 벗어나 인간답고 신령한 공동체적 산업 기술 사회를 이룰 수 있다. 물질적 탐욕에서 벗어나 사람다운 사람이 되고 물신 숭배에서 벗어나 물질과 물체의 본성과 이치에 따라 실현하고 완성할 수 있다.

물신 숭배에서 벗어나려면 먼저 신화와 계급의 지배와 속박에서 벗어나야 한다. 신화와 계급의 속박에서 벗어나려면 이성의 자각을 통해 과학의 보편적 지식과 진리에 이르러야 한다. 이성과 과학의 보편적 지식과 진리를 가진 사람만이 영성적 깨달음과 참된 신에 대한 믿음으로 물질세계의 주인이 되어 살 수 있다.

다석은 생각하는 지성을 중심에 놓음으로써 과학과 이성의 보편적 진리를 충분히 받아들이고 그것을 바탕으로 하나님 안에서의 신앙과 자유를 추구했다. 물신 숭배에서 벗어나 하나님 안에서 신앙과 자유를 누리는 것이 다석이 말한 '하늘과 사귐'이며 빈탕한데 맞혀 놀이다. 하나님을 아버지로 알고 하나님과 사귀는 것이 부자유친이고 하늘의 없음과 빔에 맞혀 놀이하듯 사는 것이 빈탕한데 맞혀 놀이다. 이것이 바로 물신 숭배와 물질의 종노릇에서 벗어나 물질의 주인으로 물질의 본성과 이치에 따라 그 쓰임새와 필요에 따라 자유롭게 쓰는 것이다.

### ① 돈과 하나님의 유무상통

현대 문명의 토대를 이루는 물질적 요소는 돈과 권력과 기술이다. 이 세 가지가 상품을 생산하고 사회를 지배하며 사람과 세상을 움직인다. 돈, 권력, 과학기술을 악하고 더러운 것으로 보는 생각은 현실적인 것이 아니다. 현대사회에서는 돈이 모든 것을 정복·통일·지배한다. 현대 문명의 가장 꼭대기에 돈이 있다. 따라서 돈만 이기면 다 정복할 수 있다. 돈만 자유롭게 부릴 수 있으면 무엇이든 부릴 수 있다.

그러나 돈이 세상을 지배한다고 생각하면 하나님은 없거나 죽은 것이다. 오늘날 교회와 문명에서 신은 돈과 기술, 권력에 치여 죽었다. 교회의 문제는 신에 대한 신앙이 관념적으로만 있고 실천적으로는 없다는 점이다. 신은 내 물질과 향락, 출세와 안전의 보장이고 돈과 출세를 가져오는 심부름꾼이다. 내 욕망과 출세를 실현하기 위한 도구인 돈이 우상이 되었고 신 위에 군림한다.

예수는 일찍이 "하나님과 맘몬(mammon) 두 주인을 섬길 수 없다"고 잘라 말했다. 교회에서 돈을 바르게 쓰지 못하고 돈을 부리지 못하면 신은 없다. 신이 있다면 돈을 부리고 바로 쓸 수 있어야 한다. 돈이 없으면 없는 대로 있으면 있는 대로 돈에서 자유롭게 돈을 부릴 수 있어야 한다.

유영모가 말한 유무상통은 있음과 없음에서 자유롭게 서로 통하는 것을 말한다. 돈은 없이 계신 하나님 안에서 유무상통할 수 있다. 돈이 있는 사람은 돈을 나누고 돈이 없는 사람은 없음을 나눈다. 없는 사람은 '없음'에 계신 하나님, 없음의 자유와 은총, 사랑과 믿음을 나눌 수 있다. 유무상통함으로써 돈이 돈 구실을 하게 해야 한다. 그러려면 돈과 하나님 가운데 하나님을 믿고 돈을 부리고 돌릴 수 있어야 한다.

② **씨올을 어버이로 섬기는 권력**

권력도 하나님과 사람을 위해 바르게 써야 한다. 권력과 힘은 다양하다. 국가 권력만이 아니라 사랑, 지식, 관계, 조직과 질서 모두 권력과 힘이 될 수 있다. 문제는 권력을 어떤 방향과 목적으로 사용하는가 하는 것이다. 권력도 선하게 쓰이면 선한 것일 수 있다. 권력은 민중, 씨올을 위해 씨올을 섬기는 데 사용해야 한다. 권력을 행사할 수 있는 자리와 지위가 권력을 가진 사람과 함께 존중되고, 권력을 행사하는 사람은 사명과 목적, 보람을 위해 권력을 써야 한다. 권력은 포기하고 양보하거나 타협하고 절충하는 것으로 사명을 다하는 것이 아니라 제 구실을 찾아서 적극적으로 사랑과 정의, 생명과 평화를 실현하는 데 사용해야 한다.

　권력은 새 사회와 문화를 창출하는 데 적극적으로 사용해야 한다. 그러기 위해서는 권력과 부의 중심, 사회 기득권 세력의 중심, 그 중심의 중심에 있는 자기를 해체하고 비우며 섬김으로써 권력을 행사할 수 있어야 한다. 하나님과 민중을 섬기지 않는 권력과 개인이나 집단을 중심에 놓고 섬기는 권력은 모두 악마에게 굴복한 권력이다.

　권력의 주인은 하나님, 또는 하나님을 대신한 씨ᄋᆞᆯ '민'뿐이다. 헌법에도 모든 권력은 국민에게서 나온다고 했다. 다석은 세상의 짐을 진 노동자 농민이 그리스도, 어버이라고 했다. 야심을 품은 인간이 이룩한 모든 사회적·정치적·종교적·문화적 통일은 민을 억압하고 소외시키는 권력과 권위의 중심을 만들어낸다. 그래서 다석은 권력의 주인과 주체인 민을 억압하고 소외시키지 않는 통일은 하나님만이 할 수 있다고 했다.

　누구나 하나님의 자녀, 천자이므로 권력의 주체다. 그래서 다석은 씨ᄋᆞᆯ 민중을 '어버이 뵙 듯하라'고 했다. 씨ᄋᆞᆯ을 어버이로 높이고 섬기는 것이 권력을 쓰는 정치인과 관료의 기본 자세여야 한다. 권력도 돈도 없는 씨ᄋᆞᆯ을 어버이로 높이고 섬기려면 권력과 돈이 하나님께 속한 것이라는 믿음이 필요하다. 그래서 다석은 귀일, '하나님께 돌아감'을 주장했다. 귀일은 권력을 하나님께 돌리고 하나님께 돌아가는 것이다. 권력이 전체 생명의 임인 하나님의 것임을 알기 때문에 사유화하거나 독점하지 않고 씨ᄋᆞᆯ을 어버이로, 권력의 주인과 주체로 알고 섬길 수 있다.

### ③ 물질의 깊은 세계를 열어 풍성한 삶을 이룸

다석은 과학과 기술을 존중했다. 직접 망원경을 만들어 하늘을 관측했다. 다석에 따르면 한국 사람이 수레바퀴를 쓰지 않고 오랜 세월 지게를 쓴 것은 자연의 법과 원리에 불복종한 것이다. 기술은 자연의 원리와 도에 순응하고 복종하는 것이다. 다석은 『주역』에 나오는 '개물성무'를 "천하의 모든 현상과 물건의 이치와 그 뜻이 변하는 것을 규명"함으로써 "완전히 …… 연구해서 물건이 점점 더 열리게 하여" 우리가 "점점 잘살게 된다"고 했다.[17] 물체를 물질의 주체로 보고 물(物)의 세계를 열어 가면 풍성하고 보람된 것이 나온다고 했다. 과학과 기술로써 물체의 본성과 법칙을 따라 물질의 주체인 사물을 열어 가면 일이 잘되고 잘살 수 있다. 물질과 물체는 주체로서 깊이에서 전체 하나와 이어진다. 자연과 만물의 법과 원리에 따라 물질의 깊이와 물체의 주체를 살려내면 풍성한 세계가 열린다.

하나님께 돌아가면 사람이 물질의 속박에서 벗어나 빈탕한데의 자유를 누리게 된다. 빈탕한데의 자유는 물질의 속박과 집착에서 벗어나 물질을 물성과 이치에 따라 쓰임새와 목적에 따라 맘대로 자유롭게 쓰는 자유다. 물질에 대한 이기적 탐욕과 집착에서 벗어난 사람은 돈과 기술과 권력을 쓰임새와 목적에 따라 자유롭게 맘대로 쓰는 사람이다. 그것이 다석이 말한 빈탕한데의 자유이며 '맘대로 하고 물질대로 되는' 경지다.[18]

다석의 철학은 동서 문명의 통합을 추구했고 몸과 맘과 얼의 통합과 일치를 추구했다. 다석은 물질적 탐욕과 물신 숭배에서 벗어나 빈탕한데의 자유를 누리면서 맘은 맘대로 하고 몸과 물질은 몸대로 물질대로 실현하고 완성하는 길을 추구했다. 다석이 추구한 '맘은 맘대로 하고 몸과 물질은 몸대로 물질대로 되게 하는' 경지에 이를 때 비로소 물질과 힘, 제도와 체제를 실현·완성하며 주체적으로 이끌어갈 자유인이 될 수 있다.

맘대로 하고 몸대로 되는 자유인은 폭력과 전쟁을 일삼는 국가주의를 넘어서 사회주의 사회의 실패를 딛고 산업자본주의의 폐해를 극복해 새로운 평화 세계를 실현해 갈 수 있다. 다석의 철학은 폭력과 전쟁, 미신과 신화가 지배하는 낡은 문명의 껍질을 벗고 이성과 영의 깨달음을 통해 상생과 평화의 새 문명에 이르는 힘과 지혜, 길을 드러내는 철학이다.

# 각 장의 주

**여는 글 | 유영모 연구의 토대와 실마리**

1 다석학회,『다석 강의』(현암사, 2006), 310쪽.
2 박영호,『진리의 사람 다석 유영모』, 상권(두레, 2001), 42쪽.
3 씨올 사상의 역사적 배경과 의미에 대해서는 박재순,『씨올사상』(나녹, 2010), 69쪽 이하, 89쪽 이하 참조.
4 박영호,『씨알: 다석 유영모의 생애와 사상』(홍익재, 1985).
5 다석학회,『다석 강의』.
6 박재순,『다석 유영모』(현암사, 2008).
7 유영모·박영호,『다석 마지막 강의: 육성으로 듣는 동서 회통의 종교 사상』(교양인, 2011).
8 박영호,『다석 유영모 어록: 다석이 남긴 참과 지혜의 말씀』(두레, 2002).
9 김흥호,『다석 일지 공부』, 전7권(솔, 2001).
10 김흥호,『제소리: 다석 유영모 강의록』(솔, 2001).
11 이기상,『다석과 함께 여는 우리말 철학』(지식산업사, 2003); 박재순,『다석 유영모』; 박영호,『다석 유영모: 우리말과 우리글로 철학한 큰 사상가』(두레, 2009); 이정배,『없이 계신 하느님, 덜 없는 인간: 다석 신학의 얼과 틀 그리고 쓰임』(모시는 사람들, 2009); 정양모,『나는 다석을 이렇게 본다』(두레, 2010); 박영호,『공자가 사랑한 하느님: 다석 강의로 다시 읽는 중용사상』(교양인, 2010); 정양모 외,『하루를 일생처럼』(두레, 2011); 김진,『다석 유영모의 종교 사상』(울산대학교 출판부, 2012).
12 함석헌 기념사업회,『민족의 큰 사상가 함석헌 선생』(한길사, 2001); 함석헌 기념사업회,『함석헌 사상을 찾아서』(삼인, 2001).
13 씨알사상연구회,『씨올·생명·평화: 함석헌의 철학과 사상』(한길사, 2007).
14 정대현 외,『생각과 실천: 함석헌 사상의 인문학적 조명』(한길사, 2011).
15 김영호,『길을 묻다, 간디와 함석헌』, 함석헌 평화포럼 시민강좌 1(프리칭 아카데미, 2011); 김대식,『함석헌의 종교 인식과 생태 철학』(프리칭 아카데미, 2009); 김대식,『함석헌의 철학과 종교세계: 생각 없는 세상에 대한 저항』(모시는 사람들, 2012); 김경재,『내게 오는 자 참으로 오라: 함석헌의 종교 시 탐구』(책보세, 2012); 박재순,『함석헌의 철학과 사상』(한울, 2012).
16 씨알사상연구회,『생각하는 백성이라야 산다: 유영모·함석헌의 사상과 철학』(나

녹, 2010).
17 씨알연구소, 『모색: 씨ᄋᆞᆯ 철학과 공공철학의 대화』(나녹, 2010).

### 제1장 | 신선 같은 삶

1 『다석 일지』, 1955. 5. 23.
  날짜가 표기된 다석 일지의 내용은 『多夕日誌』, 上·中·下, 김흥호 엮음(영인본, 1982) 참조.
2 유영모, 「꽃피」, 김흥호 엮음, 『多夕日誌』, 上(영인본, 1982), 827~828쪽.
3 『다석 일지』, 1955. 4. 29.
4 다석학회, 『다석 강의』, 321, 329쪽.
5 함석헌, 『우리 민족의 理想』, 함석헌저작집 제1권(한길사, 1983), 365쪽.
6 박영호, 『진리의 사람 다석 유영모』, 상권, 359쪽.
7 같은 책, 360쪽.
8 『다석 일지』, 1955. 4. 27.
9 유영모, 「밀알(1)」, 『多夕日誌』, 上(영인본), 817쪽.
10 유영모, 「하게 되게」, 『多夕日誌』, 上(영인본), 810쪽.
11 유영모, 「빈탕한데 맞혀 놀이」, 『多夕日誌』, 上(영인본), 891~892쪽.
12 장일순, 『무위당 장일순의 노자 이야기』(삼인, 2004), 314쪽
13 박영호, 『진리의 사람 다석 유영모』, 상권, 405쪽.
14 같은 책, 408쪽.
15 유영모, 「바람직한 상」, 『多夕日誌』, 上(영인본), 49~52쪽.
16 유영모, 「건」, 『多夕日誌』, 上(영인본), 793~796쪽.
17 유영모, 「몸성히, 맘놓이, 뜻태우」, 『多夕日誌』, 上(영인본), 797~800쪽.
18 유영모, 「믿음에 들어간 이의 노래」, 『多夕日誌』, 上(영인본), 660~661쪽.
19 박영호, 『진리의 사람 다석 유영모』, 상권, 29쪽.
20 유영모, 「바람직한 상」, 849~852쪽.
21 유영모, 「하게 되게」, 809쪽.
22 같은 글, 809~812쪽.
23 같은 글, 811쪽.
24 같은 글, 811쪽.
25 같은 글, 811~812쪽.
26 유영모, 「여오」, 『多夕日誌』, 上(영인본), 831쪽.
27 유영모, 「하게 되게」, 812쪽.
28 유영모, 「주기도」, 『多夕日誌』, 上(영인본), 837~840쪽.
29 유영모, 「빛」, 『多夕日誌』, 上(영인본), 853~856쪽.
30 유영모, 「빈탕한데 맞혀 놀이」, 889~898쪽.

31 『다석 일지』, 1956. 9. 22.

### 제2장 | '나'를 불사르는 생각

1 스털링 램프레히트(Sterling Lemprecht), 『서양철학사』, 김태길·윤명로 옮김(을유문화사, 1963), 325쪽, 주 5 참조.
2 같은 책, 328~330쪽.
3 같은 책, 341쪽.
4 유영모, 「바람직한 상」, 849~852쪽.
5 유영모, 「제소리」, 『多夕日誌』, 上(영인본), 907쪽.
6 유영모, 「빛」, 855쪽.
7 "내 몸은 수레지만 내 정신은 속알이다. 속알은 창조적 지성이란 말이다. 솟구쳐 올라가는 앞으로 나가는 창조적 지성이 속알……." 유영모, 「정(2)」, 『多夕日誌』, 上(영인본), 737~740쪽.
8 유영모, 「바람직한 상」, 849~852쪽.
9 유영모, 「건」, 793~796쪽.
10 유영모, 「꽃피」, 827쪽.
11 『다석 일지』, 1955. 7. 25.
12 박영호, 『다석 유영모 어록: 다석이 남긴 참과 지혜의 말씀』, 90쪽.
13 유영모, 「정(2)」, 740쪽.
14 같은 글, 740~741쪽.
15 같은 글, 740~741쪽.
16 같은 글, 740쪽.
17 유영모, 「제소리」, 907쪽.
18 김흥호, 『제소리: 다석 유영모 강의록』, 328쪽.
19 유영모, 「무거무래 역무주」, 『多夕日誌』, 上(영인본), 745~748쪽.
20 박영호, 『진리의 사람 다석 유영모』, 하권, 389쪽.
21 유영모, 「신」, 『多夕日誌』, 上(영인본), 882~883쪽.
22 유영모, 「꽃피」, 825~828쪽.
23 『다석 일지』, 1956. 9. 22.
24 유영모, 「밀알(1)」, 817~820쪽.
25 같은 글.
26 유영모, 「건」, 793~796쪽.
27 유영모, 「주기도」, 837~840쪽.
28 유영모, 「꽃피」, 825~828쪽.
29 유영모, 「매임과 모음이 아니!」, 『多夕日誌』, 上(영인본), 741~744쪽.
30 유영모, 「하나」, 『多夕日誌』, 上(영인본), 757~760쪽.

31 같은 글.
32 유영모, 「속알」, 『多夕日誌』, 上(영인본), 861~864쪽.
33 유영모, 「밀알(1)」, 817~820쪽.
34 유영모, 「밀알(2)」, 『多夕日誌』, 上(영인본), 821~824쪽.
35 유영모, 「꽃피」, 825쪽.
36 박영호, 『다석 유영모 어록: 다석이 남긴 참과 지혜의 말씀』, 43쪽; 유영모, 「하나」, 757~760쪽.

### 제3장 | 생명 사상

1 유영모, 「무거무래 역무주」, 745~748쪽.
2 유영모, 「소식」, 『多夕日誌』, 上(영인본), 649쪽.
3 같은 글.
4 같은 글, 650쪽.
5 김홍호, 『제소리: 다석 유영모 강의록』, 318쪽.
6 김홍호, 『다석 일지 공부』, 제6권, 57쪽.
7 박영호, 『다석 유영모 어록: 다석이 남긴 참과 지혜의 말씀』, 351쪽.
8 김홍호, 「소식」, 『제소리: 다석 유영모 강의록』, 333쪽.
9 다석학회, 『다석 강의』, 217쪽.
10 유영모, 「소식」, 650쪽.
11 유영모, 「바람직한 상」, 852쪽.
12 김홍호, 「소식」, 332, 339쪽.
13 『다석 일지』, 1955. 4. 29.
14 유영모, 「정(2)」, 740~741쪽.
15 다석학회, 『다석 강의』, 97쪽; 박영호, 『진리의 사람 다석 유영모』, 상권, 53~54쪽.
16 박영호, 『다석 유영모 어록: 다석이 남긴 참과 지혜의 말씀』, 210쪽.
17 "인생이 무력한 세 가지 원인: 과거 일을 지나치게 과장하고 현재 일을 비판하지 않고 장래 일에 신념이 없는 탓이다(人生無力 三因點: 過去事는 過 誇張 現在事는 無 批判 將來事는 無 信念)". 『다석 일지』, 1956. 4. 17.
18 유영모, 「밀알(2)」, 821~824쪽.
19 『다석 일지』, 1956. 4. 17.

### 제4장 | 민중 이해

1 박영호, 『진리의 사람 다석 유영모』, 상권, 204쪽.
2 유영모, 「속알」, 863쪽.

3　함석헌의 '씨ᄋᆞᆯ' 풀이에 유영모가 '親民'을 '씨ᄋᆞᆯ 어뵘'으로 풀이했다는 말이 나오고, 1954년 가을부터 유영모의 연경반 강의를 열심히 들었던 김용준도 유영모가 '씨알'이란 말을 쓰기 시작했다고 하는데 다석 일지와 연경반 강의 속기록에는 '친민'을 '씨ᄋᆞᆯ 어뵘'으로 풀이했다는 언급이 나오지 않는다. 함석헌과 김용준의 증언에 비추어볼 때 다석이 연경반 강의에서 '친민'을 '씨알 어뵘'으로 풀이한 것은 분명하다. 아마도 속기사가 이 대목을 빠트린 것으로 추정된다. 함석헌, 『씨ᄋᆞᆯ』, 함석헌전집 14권(한길사, 1985), 323쪽; 김용준, 『내가 본 함석헌』(아카넷, 2006), 75~76쪽.
4　유영모, 「굿 끝 나 말씀」, 『多夕日誌』, 上(영인본), 733, 736쪽.
5　『다석 일지』, 1955. 10. 6.
6　김흥호, 「제소리」, 『제소리: 다석 유영모 강의록』(솔, 2001), 315~316, 320~331쪽.
7　유영모, 「매임과 모음이 아니!」, 742~743쪽.
8　유영모, 「하나」, 759~760쪽.
9　유영모, 「짐짐」, 『多夕日誌』, 上(영인본), 792쪽.
10　박영호, 『진리의 사람 다석 유영모』, 상권, 42쪽.
11　유영모, 『죽음에 생명을 절망에 희망을: 씨알의 메아리』, 박영호 엮음(홍익재, 1993), 180쪽.
12　유영모, 「맙」, 『多夕日誌』, 上(영인본), 858쪽.
13　유영모, 「짐짐」, 789~792쪽.
14　김흥호, 「제소리」, 323쪽.
15　같은 책, 328쪽.
16　유영모, 『多夕日誌』, 上, 김흥호 엮음(영인본, 1982), 20~21, 43쪽.
17　같은 책, 342쪽.
18　다석학회, 『다석 강의』, 321, 329쪽.
19　박영호, 『다석 유영모 어록: 다석이 남긴 참과 지혜의 말씀』.

## 제5장 | 서양의 이성 철학에 대한 반성과 유영모의 철학

1　≪연합뉴스≫, 2008. 7. 13.
2　G. Christopher Stead, "Logos," *Theologishe Realenzyklopädie Band 21*, hg von Gerhard Müller(Walter de Gruyter·Berlin·New York, 1991), pp.433~436.
3　숭산문도회 엮음, 『世界一花: 산은 푸르고 물은 흘러간다』(불교춘추사, 2001), 106쪽.
4　박영호, 『다석 유영모 어록: 다석이 남긴 참과 지혜의 말씀』, 220쪽.
5　에드워드 윌슨(Edward O. Wilson), 『통섭』, 최재천·장대익 옮김(사이언스북스, 2005), 460, 506쪽.
6　아가페 사랑이 진화의 동인이라고 보았던 함석헌은 새끼를 배고 출산 후 젖을 먹여 기르는 포유류의 모성애에서 지성과 감성이 발달했다고 말한다. 함석헌, 『성서적

입장에서 본 세계역사」, 함석헌전집 9권, 273~274쪽.
7 김흥호, 『다석 일지 공부』, 제5권, 531~532쪽; 『다석 일지』, 1955. 11. 1, 1956. 3. 6 참조.
8 김흥호, 「자고 새면」, 『제소리: 다석 유영모 강의록』, 397쪽.
9 유영모, 「오늘」, 『제소리: 다석 유영모 강의록』, 391~394쪽.
10 다석학회, 『다석 강의』, 757~758쪽.
11 같은 책, 212~216, 220~224, 226쪽.
12 박선주, 『고인류학』, 대우학술총서 논저 445(아르케, 1999), 307~310쪽.
13 같은 책, 316~317쪽.
14 유영모, 「하나」, 759~760쪽.
15 박영호, 『다석 유영모 어록: 다석이 남긴 참과 지혜의 말씀』, 39쪽.
16 유영모, 「매임과 모음이 아니!」, 744쪽.
17 에드워드 윌슨(Edward O. Wilson), 『통섭』, 460, 506쪽.
18 다석학회, 『다석 강의』, 237, 248~252쪽.
19 "하늘 따 뭇 몬이 다 내 손대여 읽을 글월". 김흥호, 『다석 일지 공부』, 제3권, 684쪽; 『다석 일지』, 1960. 7. 27.
20 박영호, 『다석 유영모 어록: 다석이 남긴 참과 지혜의 말씀』, 435쪽; 다석학회, 『다석 강의』, 227쪽.
21 유영모, 「빈탕한데 맞혀 놀이」, 890~892쪽.

## 제6장 | 천지인 합일 사상

1 박영호가 새로 쓴 다석 전기에서는 천지인 합일 체험을 나타낸 시의 둘째 줄 끝에 느낌표(!) 대신 아래아(·)를 썼다. 이에 따라 바로잡고 풀이도 고쳤다. 박영호, 『다석 전기: 류영모와 그의 시대』(교양인, 2012), 404~405쪽.
2 유영모, 「매임과 모음이 아니!」, 744쪽.
3 이상은 역주, 『正本新譯版 四書五經: 大學中庸』, 제1권(삼성문화사, 1993), 217~218쪽.
4 우실하, 『전통문화의 구성 원리』(소나무, 1998), 62~72, 116~127, 191~262쪽.
5 박영호, 『다석 유영모 명상록: 진리와 참 나』(두레, 2000), 330쪽.
6 다석학회, 『다석 강의』, 212~216, 220~224, 226, 425쪽; 박영호, 『다석 유영모 명상록: 진리와 참 나』, 330쪽.
7 최원극, 「유영모 스승」, 『새벽』, 7월호(1955), 81쪽; 김흥호 엮음, 『多夕日誌』, 上 (영인본), 900쪽에서 재인용.
8 이에 대한 자세한 논의는 이 책의 제8장 「한글 철학 I: 한글과 십자가의 만남」을 참조
9 김흥호, 『다석 일지 공부』, 제1권, 288쪽.
10 김흥호, 「소식」, 345~356쪽.

11 박영호, 『진리의 사람 다석 유영모』, 하권, 194쪽.
12 유영모 옮김, 『중용 에세이: 마음 길 밝히는 지혜』(성천문화재단, 1994), 29쪽.
13 박영호, 『진리의 사람 다석 유영모』, 하권, 195쪽.
14 유영모 옮김, 『중용 에세이: 마음 길 밝히는 지혜』, 29쪽.
15 박영호, 『진리의 사람 다석 유영모』, 하권, 195~196쪽.
16 김흥호, 「제소리」, 316쪽.
17 유영모, 「사람꼴」, 『多夕日誌』, 上(영인본), 721쪽.
18 같은 글, 722쪽.
19 같은 글, 722쪽.
20 같은 글, 722쪽.
21 최원극, 「유영모 스승」, 81쪽; 김흥호 엮음, 『多夕日誌』, 上(영인본), 900쪽에서 재인용.
22 다석학회, 『다석 강의』, 706~707, 471~479쪽, '몬에 맘'이란 글과 '말슴 듣는 우에'라는 글의 풀이를 참조하라.
23 김흥호, 「제소리」, 328~329쪽.
24 "하늘 따 뭇 몬이 다 내 손대여 읽을 글월". 『다석 일지』, 1960. 7. 27; 김흥호, 『다석 일지 공부』, 제3권, 684쪽.
25 다석학회, 『다석 강의』, 250, 237쪽.
26 같은 책, 250쪽.
27 같은 책, 237쪽.
28 같은 책, 248~249쪽.
29 같은 책, 249쪽.
30 같은 책, 250~252쪽.
31 박영호, 『다석 유영모 어록: 다석이 남긴 참과 지혜의 말씀』, 435쪽; 『다석 강의』, 227쪽.
32 다석학회, 『다석 강의』, 478쪽.
33 같은 책, 471쪽.
34 같은 책, 471~472쪽.
35 같은 책, 471~479, 706~707쪽, 「몬에 맘」이란 글과 「말슴 듣는 우에」라는 글의 풀이를 참조.
36 이에 대한 다석의 논의는 유영모, 「여오」, 829~831쪽 참조; 다석학회, 『다석 강의』, 712쪽; 박재순, 『다석 유영모』, 298쪽.
37 다석학회, 『다석 강의』, 471~479쪽, 「몬에 맘」이란 글과 「말슴 듣는 우에」라는 글의 풀이를 참조.
38 유영모, 「꽃피」, 825쪽.
39 함석헌, 「상식적인 믿음」, 함석헌전집 5권(한길사, 1984), 313쪽.

### 제7장 | 존재와 삶의 중심 잡기

1 유영모, 「주일무적」, 『多夕日誌』, 上(영인본), 749~752쪽.
2 김흥호, 「제소리」, 387쪽.
3 유영모, 「깨끗」, 『多夕日誌』, 上(영인본), 841~844쪽.
4 『다석 일지』, 1955. 9. 22, 1956. 1. 17, 1956. 1. 19, 1956. 12. 12, 1968. 12. 9 참조.
5 유영모, 「소식」, 650쪽.
6 유영모, 「긋 끝 나 말씀」, 734쪽.
7 「가온」에서 "人間是貫革 但躬弓貞矢 而得中正者也"이라 했다. 『다석 일지』, 1956. 1. 19.
8 김흥호, 『다석 일지 공부』, 제5권, 531~532쪽.
9 유영모, 「주일무적」, 749~752쪽.
10 김흥호, 『다석 일지 공부』, 제5권, 557쪽.
11 유영모, 「젖은 눈물」, 『多夕日誌』, 上(영인본), 728쪽.
12 김흥호, 『다석 일지 공부』, 제6권, 546쪽.
13 김흥호, 『다석 일지 공부』, 제1권, 174쪽; 『다석 일지』, 1955. 9. 22.
14 같은 책, 174쪽.
15 박영호, 『다석 유영모 명상록: 진리와 참 나』, 33쪽.
16 유영모, 「긋 끝 나 말씀」, 735~736쪽.
17 같은 글, 733~736쪽.
18 유영모, 「깨끗」, 755쪽.
19 유영모, 「주일무적」, 749~752쪽.
20 유영모, 「긋 끝 나 말씀」, 733~736쪽.
21 같은 글, 733쪽.
22 유영모, 「건」, 793~796쪽.
23 『다석 일지』, 1955. 10. 6.
24 유영모, 「주일무적」, 749~752쪽.
25 유영모, 「하게 되게」, 810쪽.
26 같은 글, 809~812쪽.
27 "아브지가 있이 살라시니 있에 살고요 아브지가 없에 살라시니 없에 산다오". 『다석 일지』, 1955. 7. 11.
28 유영모, 「무거무래 역무주」, 745~748쪽.
29 유영모, 「빈탕한데 맞혀 노리」, 890쪽 이하.
30 김흥호, 『다석 일지 공부』, 제6권, 57쪽 참조.
31 유영모, 「깨끗」, 844쪽.
32 이 글의 해석에 대해서는 김흥호, 『다석 일지 공부』, 제6권, 26~27쪽 참조.
33 다석학회, 『다석 강의』, 338쪽.

## 제8장 | 한글 철학: I

1 이기상,『다석과 함께 여는 우리말 철학』, 92~93쪽.
2 『다석 일지』, 1955. 10. 6.
3 『다석 일지』, 1956. 9. 28.
4 박영호,『진리의 사람 다석 유영모』, 하권, 167쪽.
5 같은 책, 167~169쪽.
6 같은 책, 179~180쪽.
7 같은 책, 172쪽.
8 같은 책, 171~173쪽.
9 이정호,「훈민정음의 풀이와 보기」,『訓民正音의 構造原理: 그 易學的 研究』(아세아문화사, 1990), 136쪽.
10 같은 책, 137쪽.
11 같은 책, 139~140쪽.
12 같은 책, 141쪽.
13 같은 책, 142쪽.
14 같은 책, 143~144쪽.
15 훈민정음의 구조와 원리가 음양오행론에 근거하면서도 천지인 삼재 사상을 중심에 두고 있다는 것에 대해서는 우실하,『전통문화의 구성 원리』, 268쪽 이하, 229, 276~305쪽 참조.
16 다석학회,『다석 강의』, 122, 257~259, 283, 425쪽; 음양오행론에 대한 다석의 비판은 박재순,『다석 유영모』, 225쪽 이하 참조.
17 유영모,「제소리」, 905~906쪽.
18 김홍호,「제소리」, 326~327쪽.
19 『다석 일지』, 1955. 10. 17.
20 같은 글.
21 같은 글.
22 같은 글.
23 같은 글.
24 박영호,『진리의 사람 다석 유영모』, 하권, 141~143쪽.
25 같은 책, 41, 44, 45쪽.
26 최원극,「유영모 스승」, 81쪽; 김홍호 엮음,『多夕日誌』, 上(영인본), 900쪽에서 재인용.
27 유영모,「말씀」,『多夕日誌』, 上(영인본), 886~887쪽.
28 "오르고 또 오르는 것이 우리의 본성이다. 그것이 하늘이 우리에게 주신 천명이다". 유영모,「끈이」,『多夕日誌』, 上(영인본), 848쪽.
29 유영모,「하늘에 있지」,『多夕日誌』, 上(영인본), 787쪽.
30 김홍호는 다석이 오산학교 교장으로 부임해 제일 먼저 한 일이 "교장실 의자의 등

받이를 톱으로 잘라버린 일"이라고 했다. 김홍호, 『다석 일지 공부』, 제1권, 6쪽. 이에 대해 최원극은 "교장석의 회전의자를 치우고 조그만 나무 바닥 의자에 꿇어앉아서 온종일 일을 보셨다"고 했다. 최원극, 「유영모 스승」, 81쪽; 김홍호 엮음, 『多夕日誌』, 上(영인본), 900쪽에서 재인용.
31 박영호, 『진리의 사람 다석 유영모』, 하권, 143쪽.
32 같은 책, 144쪽.
33 이 글은 시조 형태로 된 '나말숨(神以知來)'의 네 연 가운데 첫째 연이다. 다석학회, 『다석 강의』, 207쪽.
34 유영모, 「긋 끝 나 말씀」, 734쪽.
35 같은 글.
36 "오르고 또 오르는 것이 우리의 본성이다. 그것이 하늘이 우리에게 주신 천명이다". 유영모, 「끈이」, 845~848쪽.
37 유영모, 「말씀」, 885~888쪽.
38 유영모, 「깨끗」, 841~844쪽.
39 같은 글, 753~756쪽.
40 김홍호, 『다석 일지 공부』, 제1권, 311~312쪽; 『다석 일지』, 1956. 1. 15.
41 유영모, 「끈이」, 845~848쪽.
42 박영호, 『진리의 사람 다석 유영모』, 상권, 258쪽.
43 유영모, 「주기도」, 840쪽.
44 박영호, 『진리의 사람 다석 유영모』, 하권, 173쪽.
45 같은 책, 172쪽.
46 같은 책, 172~173쪽.
47 『다석 일지』, 1956. 6. 23.
48 『다석 일지』, 1956. 1. 21.
49 박영호, 『진리의 사람 다석 유영모』, 하권, 173쪽.
50 김홍호, 『다석 일지 공부』, 제7권, 441쪽.

## 제9장 | 한글 철학 II

1 김홍호, 『다석 일지 공부』, 제7권, 168, 181~182쪽.
2 같은 책, 200~301쪽.
3 유영모, 「여오」, 832쪽; 박영호, 『다석 유영모 어록: 다석이 남긴 참과 지혜의 말씀』, 56, 72쪽.
4 김홍호, 『다석 일지 공부』, 제4권, 185쪽.
5 같은 책, 497, 501쪽.
6 김홍호, 『다석 일지 공부』, 제1권, 361~362쪽.
7 김홍호, 「제소리」, 318쪽. 이 글은 본래 ≪새벽≫, 7월호(1955)에 실린 것으로서 『多

夕日誌』, 上(영인본), 902쪽 이하에 수록되어 있다.
8 홍성호, "홍성호 기자의 '말짱·글짱': 잃어버린 말 '히제' ", 《한국경제》, 2011. 4. 22.
9 김흥호, 『다석 일지 공부』, 제1권, 315~317쪽; 『다석 일지』 1956. 1. 17.
10 다석학회, 『다석 강의』, 293~294쪽.
11 김흥호, 「제소리」, 318쪽.
12 다석학회, 『다석 강의』, 232~234쪽.
13 본래의 글은 9줄인데 5줄로 줄여서 제시했다. 본래의 글에 대한 풀이는 앞 장에서 제시되었다.
14 유영모, 「깨끗」, 756쪽.
15 다석학회, 『다석 강의』, 209쪽.
16 유영모, 「깨끗」, 753~756쪽.
17 다석학회, 『다석 강의』, 338쪽.
18 유영모, 「깨끗」, 755~756쪽.
19 다석학회, 『다석 강의』, 338쪽.
20 유영모, 「깨끗」, 756쪽.
21 다석학회, 『다석 강의』, 345쪽.
22 같은 책, 239쪽.
23 같은 책, 349쪽.
24 다석학회, 『다석 강의』, 209쪽.
25 유영모, 「굿 끝 나 말씀」, 733쪽.
26 다석학회, 『다석 강의』, 209쪽.
27 같은 책, 209, 216쪽.
28 김흥호, 「제소리」, 327쪽.
29 유영모, 「굿 끝 나 말씀」, 733쪽.
30 같은 글, 733쪽.
31 같은 글, 733~736쪽.
32 "각국 말에 ㅅ(S) 소리로 된 어휘가 대부분을 차지함은 우연이 아니지요. 생기, 생명의 뜻에 관계된 단어가 ㅅ(S)에 상관하는 것이 生을 위한 人生에게 씌우게 되는 말씀이라는 데에 무슨 통하는 게 있다." 김흥호, 「제소리」, 327쪽.
33 다석학회, 『다석 강의』, 345~348쪽.
34 같은 책, 220~221쪽.
35 유영모, 「굿 끝 나 말씀」, 733~736쪽.
36 유영모, 「정(2)」, 737~740쪽.
37 유영모, 「깨끗」, 753~756쪽.
38 유영모, 「굿 끝 나 말씀」, 733~736쪽.
39 유영모, 「깨끗」, 753~756쪽.
40 같은 책, 753~756쪽.

41 다석학회, 『다석 강의』, 363쪽.
42 유영모, 「굿 끝 나 말씀」, 736쪽.
43 유영모, 「하나」, 757~760쪽.
44 유영모, 「굿 끝 나 말씀」, 733~736쪽.
45 다석학회, 『다석 강의』, 868쪽.
46 유영모, 「끈이」, 845~848쪽; 다석학회, 『다석 강의』, 212쪽.
47 박영호, 『동방의 성인 다석 유영모』(성천문화재단, 1994), 172쪽; 김흥호, 『다석 일지 공부』, 제2권, 383쪽; 이정배, 『없이 계신 하느님, 덜 없는 인간: 다석 신학의 얼과 틀 그리고 쓰임』, 286~287쪽.
48 다석학회, 『다석 강의』, 283쪽.
49 김흥호, 「제소리」, 321쪽 이하.
50 유영모, 「깨끗」, 841~842쪽.
51 김흥호, 「제소리」, 322쪽.
52 다석학회, 『다석 강의』, 505~507쪽.
53 같은 책, 505~506쪽.

## 제10장 | 동서 문명의 만남 속에서 형성된 철학

1 다석학회, 『다석 강의』, 310쪽.
2 같은 책, 312쪽.
3 김기석, 『南岡 李承薰』(한국학술정보, 2005), 86쪽.
1 카렌 암스트롱(Karen Armstrong), 『축의 시대: 종교의 탄생과 철학의 시작』, 정영목 옮김(교양인, 2010), 660~661, 669, 671쪽.
2 유영모, 「굿 끝 나 말씀」, 735~736쪽.
3 다석학회, 『다석 강의』, 322~323쪽.
4 유영모, 「밀알(2)」, 821쪽.
5 김흥호, 「제소리」, 316쪽.
6 박영호, 『다석 유영모 어록: 다석이 남긴 참과 지혜의 말씀』, 39쪽.
7 유영모, 「사람꼴」, 722쪽.
8 유영모, 「건」, 794쪽.
9 유영모, 「하나」, 759~760쪽.
10 유영모, 「주일무적」, 752쪽.
11 김흥호, 「자고 새면」, 397쪽.
12 유영모, 「속알」, 864쪽.
13 박영호, 『진리의 사람 다석 유영모』, 하권, 86쪽.
14 같은 책, 138쪽.
15 박영호, 『다석 유영모 명상록: 진리와 참 나』, 328, 330쪽.

16 같은 책, 337쪽.
17 유영모, 「여오」, 832쪽.
18 같은 글, 832쪽.
19 다석학회, 『다석 강의』, 230쪽, '신이지래(神以知來)' 설명 부분 참조.
20 유영모, 「말씀」, 887쪽.
21 유영모, 「꽃피」, 825쪽.
22 유영모, 「우리 아는 예수」, 『多夕日誌』, 上(영인본), 921쪽.
23 유영모, 「긋 끝 나 말씀」, 734쪽.
24 유영모, 「젖은 눈물」, 728쪽; 김흥호, 『다석 일지 공부』, 제6권, 26, 57쪽.
25 유영모, 「하게 되게」, 810쪽.
26 유영모, 「바람직한 상」, 852쪽.
27 유영모, 「빛」, 855쪽.
28 유영모, 「무거무래 역무주」, 746쪽.
29 박영호, 『진리의 사람 다석 유영모』, 하권, 389쪽.
30 박영호, 『진리의 사람 다석 유영모』, 상권, 57쪽.
31 유영모, 「말씀」, 887쪽.
32 김흥호, 「제소리」, 328쪽.
33 김흥호, 『다석 일지 공부』, 제1권, 460~461쪽.
34 유영모, 「정(2)」, 740쪽.
35 다석학회, 『다석 강의』, 212~216, 220~224, 226쪽.
36 유영모, 「긋 끝 나 말씀」, 33, 736쪽.
37 김흥호, 「제소리」, 328쪽.
38 다석학회, 『다석 강의』, 97쪽; 박영호, 『진리의 사람 다석 유영모』, 상권, 53~54쪽.
39 유영모, 「밀알(1)」, 819쪽.
40 김흥호, 「저녁 찬송」, 『제소리: 다석 유영모 강의록』, 387쪽.
41 유영모, 「빈탕한데 맞혀놀이」, 895~896쪽.
42 박영호, 『진리의 사람 다석 유영모』, 하권, 328, 333쪽.
43 같은 책, 199쪽.
44 유영모, 「빈탕한데 맞혀 놀이」, 890쪽.
45 같은 글, 891~892쪽.
46 유영모, 「하게 되게」, 809쪽.

## 마치는 글 | 새 문명의 실현을 위한 주체와 회통의 철학

1 이기상, 「"태양을 꺼라!" 존재 중심의 사유로부터의 해방: 다석 사상의 철학사적 의미」, ≪인문학연구≫, 제4권(1999); 김흥호, 『다석 일지 공부』, 제1권, 669쪽.
2 유영모, 『다석 유영모 어록: 다석이 남긴 참과 지혜의 말씀』, 153~154쪽.

3 같은 책, 156쪽.
4 최남선, 「불함문화론」, ≪신동아≫(1972). 다석도 최남선이 한민족의 본질을 '밝기'로, 인간의 본질을 광명으로 본 것을 알았다. 김흥호, 『다석 일지 공부』, 제2권, 616~617쪽.
5 박영호, 『다석 유영모 어록: 다석이 남긴 참과 지혜의 말씀』, 161쪽.
6 이기상, "태양을 꺼라!" 존재 중심의 사유로부터의 해방: 다석 사상의 철학사적 의미」, 683쪽.
7 최원극, 「유영모 스승」; 김흥호 엮음, 『多夕日誌』, 上(영인본), 900쪽 참고.
8 김흥호, 『다석 일지 공부』, 제7권, 405쪽; 『다석 일지』, 1973. 9. 5.
9 다석 사상의 발전과 변화 과정에 대해서는 박재순, 『다석 유영모』, 40~72쪽 참조.
10 유영모, 「빈탕한데 맞혀 놀이」, 891~892쪽.
11 박영호, 『진리의 사람 다석 유영모』, 상권, 416쪽.
12 같은 책, 417쪽.
13 박영호, 『진리의 사람 다석 유영모』, 하권, 383쪽.
14 유영모, 「하나」, 829~832쪽.
15 유영모 옮김, 『중용 에세이: 마음 길 밝히는 지혜』, 29쪽.
16 이종재·송경오, 「핵심역량개발과 마음의 계발: 다석의 중용에 대한 관점」, 씨알사상연구회, 『생각하는 백성이라야 산다: 유영모·함석헌의 사상과 철학』, 302, 304쪽.
17 박영호, 『다석 유영모 어록: 다석이 남긴 참과 지혜의 말씀』, 435쪽; 다석학회, 『다석 강의』, 227쪽.
18 유영모, 「하게 되게」, 809~810쪽.

# 참고문헌

## 1. 유영모의 글

1) 단행본

유영모. 1982. 『多夕日誌, 上·中·下』. 김흥호 엮음(영인본).
_____. 1989. 『씨알의 말씀』. 홍익재.
_____. 1990. 『다석 일지』(전4권). 홍익재.
_____. 1993. 『죽음에 생명을 절망에 희망을: 씨알의 메아리』. 박영호 엮음. 홍익재.
_____. 1994. 『중용 에세이: 마음길 밝히는 지혜』. 성천문화재단.
_____. 2000. 『다석 유영모 명상록: 진리와 참 나』. 박영호 옮김. 두레.
_____. 2002. 『다석 유영모 어록: 다석이 남긴 참과 지혜의 말씀』. 박영호 엮음. 두레.
_____. 2006. 『다석 강의』. 현암사.
_____. 2010. 『다석 마지막 강의』. 두레.

2) 잡지 기고문

유영모. 1914. 「나의 一二三四」. ≪青春≫, 제2호.
_____. 1915. 「활발(活潑)」. ≪青春≫, 제6호.
_____. 1917. 「농우(農牛)」. ≪青春≫, 제7호.
_____. 1917. 「무한대」. ≪青春≫, 제15호.
_____. 1918. 「오늘」. ≪青春≫, 제14호.
_____. 1922. 「인격적 위대의 호표현 남강 이승훈 선생님」. ≪동명≫.
_____. 1923. 「자고 새면」. ≪동명≫.
_____. 1933. 「결정함이 있으라」. ≪성서조선≫, 제135호.
_____. 1937.4.15. 「고 삼성 김정식 선생님」. ≪성서조선≫, 제100호.

_____. 1939.4.5.「호암문일평 형이 먼저 가시는데」. ≪성서조선≫, 제124호.

_____. 1939.「저녁찬송」. ≪성서조선≫, 제139호.

_____. 1941.「기별 낙상유감」. ≪성서조선≫, 제152호.

_____. 1941.「소식」. ≪성서조선≫, 제154호.

_____. 1941.「소식 2」. ≪성서조선≫, 제155호.

_____. 1941.「려(欲)를 길러라」. ≪성서조선≫, 제155호.

_____. 1941.「소식 3: 눅임의 깃븜」. ≪성서조선≫, 제155호.

_____. 1942.「부르신지 38년 만에 믿음에 들어감」. ≪성서조선≫, 제157호.

_____. 1942.「소식 4: 우리가 뉘게로 가오리까」. ≪성서조선≫, 제158호.

_____. 1942.「이것이 주의 기도요, 나의 소원이다」. ≪성서조선≫, 제158호.

_____. 1955.「제소리」. ≪새벽≫, 7월호.

_____. 1964.「제자 함석헌을 말한다」(구술). ≪올다이제스트≫, 12월호.


## 2. 다석 사상 연구서

### 1) 단행본

김홍호. 2001.『다석 일지 공부』(전7권). 솔.

_____. 2001.『제소리: 다석 유영모 강의록』. 솔.

김홍호·이정배. 2002.『(다석 유영모의) 동양 사상과 신학: 동양적 기독교 이해』. 솔.

박영호. 1985.『씨알: 다석 유영모의 생애와 사상』. 홍익재.

_____. 1998.『莊子: 자유에 이르는 길, 다석 유영모의 사상과 함께 읽는 莊子』. 두레.

_____. 2001.『진리의 사람 다석 유영모』(전2권). 두레.

_____. 2009.『다석 유영모: 우리 말과 글로 철학한 큰 사상가』. 두레.

_____. 2010.『공자가 사랑한 하느님: 다석 강의로 다시 읽는 중용사상』. 교양인.

_____. 2012.『다석 전기: 류영모와 그의 시대』. 교양인.

박재순. 2008.『다석 유영모』. 현암사.

_____. 2010.『씨올 사상』. 나녹.

_____. 2011.『다석 유영모: 가난 공동체 생명으로 배우다』. 제정구기념사업회.

박경미 외. 2006. 『서구 기독교의 주체적 수용: 유영모, 김교신, 함석헌을 중심으로』. 이화여자대학교출판부.
씨올사상연구소. 2010. 『모색: 씨올 철학과 공공 철학의 대화』. 나녹.
_____. 2010. 『유영모·함석헌의 철학: 생각하는 백성이라야 산다』. 나녹.
오산창립100주년기념사업회. 2005. 『유영모 선생과 함석헌 선생의 생명 사상 재조명』. 제2회 학술세미나 자료집.
오정숙. 2005. 『다석 유영모의 한국적 기독교』. 미스바.
이기상. 2003. 『다석과 함께 여는 우리말 철학』. 지식산업사.
이정배. 2009. 『없이 계신 하느님, 덜 없는 인간: 다석 신학의 얼과 틀 그리고 쓰임』. 모시는 사람들.
_____. 2011. 『빈탕한데 맞혀 놀이: 多夕으로 세상을 읽다』. 동연.
정양모. 2010. 『나는 다석을 이렇게 본다』. 두레.
정양모 외. 2011. 『하루를 일생처럼』. 두레.

2) 학술지

김영건. 2001. 「이 땅에서 '제소리'를 낸다는 것?: 『제소리』 書評」. ≪서평문화≫, 제44집.
김정호. 1996. 「다석 선생의 '하나'에 대하여」. ≪詩文學≫, 제299호.
김흥호. 1996. 「동양적으로 이해한 다석 유영모의 기독관」. ≪詩文學≫, 제299호.
박규홍. 2005. 「多夕 柳永模의 時調研究」. ≪時調學論叢≫, 제22집.
_____. 2006. 「다석 유영모 시조의 특질」. ≪時調學論叢≫, 제23집.
박명우. 2002. 「우리말로 학문한 사람: 다석 유영모」. ≪사이≫, 제1호.
박영호. 1996. 「多夕 柳永模 思想은 혼합신앙인가」. ≪詩文學≫, 제299호.
윤석빈. 2005. 「다석 유영모와 마르틴 부버의 관점에서 본 사이존재로서의 인간」. ≪東西哲學研究≫, 제38호.
이기상. 1999. 「"태양을 꺼라!" 다석 사상의 철학사적 의미」. ≪인문학연구≫, 제4권.
_____. 2001. 「다석 유영모에게서의 텅 빔과 성스러움」. ≪철학과현상학연구≫, 제16집.
_____. 2001. 「존재에서 성스러움에로! 21세기를 위한 대안적 사상모색: 하이데거의 철학과 유영모 사상에 대한 비교 연구」. ≪해석학연구≫, 제8집.
_____. 2003. 「多夕 유영모의 인간론, 사이를 나누는 살림지기」. ≪씨알의소리≫, 제

174호.

이영호. 2004. 「다석 유영모의 생애와 사상: '바른소리치김(정음교)'」. ≪현대종교≫, 제361호.

정양모. 1993. 「다석 유영모의 신앙」. ≪종교신학연구≫, 제6집.

최인식. 2004. 「다석 유영모의 영과 몸의 신학: '다석 어록'을 중심으로」. ≪神學과宣敎≫, 제30집.


3. 기타 참고 도서

김기석. 2005. 『南岡 李承薰』. 한국학술정보.

김용준. 2006. 『내가 본 함석헌』. 아카넷.

대종교총본사 엮음. 1992. 『삼일철학: 역해종경, 합편』. 대종교출판사.

램프레히트, 스털링(Sterling Lemprecht). 1963. 『서양철학사』. 김태길·윤명로 옮김. 을유문화사.

박선주. 1999. 『고인류학』. 대우학술총서 논저 445. 아르케.

박종홍. 1972. 『한국사상사』. 서문당.

박재순. 2003. 「한국적 생명이해와 생명신학의 모색」. ≪사이: 우리말로 학문하기 모임≫, 통권 제3호.

숭산문도회 엮음. 2001. 『世界一花: 산은 푸르고 물은 흘러간다』. 불교춘추사.

암스트롱, 카렌(Karen Armstrong). 2010. 『축의 시대: 종교의 탄생과 철학의 시작』. 정영목 옮김. 교양인.

우실하. 1998. 『전통문화의 구성 원리』. 소나무.

윌슨, 에드워드(Edward O. Wilson). 2005. 『통섭』. 최재천·장대익 옮김. 사이언스북스.

유병덕. 1985. 『한국 민중 종교 사상론』. 시인사.

이동환 역해. 2008. 『중용』. 현암사.

이상은 역주. 1993. 『正本新譯版 四書五經: 大學中庸』. 제1권. 삼성문화사.

이정호. 1990. 『訓民正音의 構造原理: 그 易學的 硏究』. 아세아문화사.

＿＿＿. 1996. 『원문대조 국역주해 정역』. 아세아문화사.

장일순. 2004. 『무위당 장일순의 노자이야기』. 삼인.

최남선. 1972.1.「불함문화론」.≪신동아≫.

함석헌. 1983.「우리 민속의 理想」.『뜻으로 본 한국역사』. 함석헌전집 1권. 한길사.

＿＿＿. 1984.『상식적인 믿음』. 함석헌전집 5권. 한길사.

＿＿＿. 1985.『씨올』. 함석헌전집 14권. 한길사.

홍성호. 2011.4.22. "홍성호 기자의 '말짱·글짱': 잃어버린 말 '하제' ". ≪한국경제≫.

Stead, G. Christopher. 1991. "Logos," *Theologishe Realenzyklopädie Band 21.* hg von Gerhard Müller. Walter de Gruyter·Berlin·New York.

Fiorenza, Elizabeth Schüssler. 1984. *In Memory of Her: A Feminist Theological Reconstruction of Christian Origins.* New York Crossroad.

Descartes, René. 1956. *Discourse on Method.* tr. by Laurence J. Lafleur Indianapolis.

글쓴이

## 박재순

서울대 철학과를 졸업하고 한신대에서 신학 박사학위를 받았다. 한국신학연구소 번역실장, 한신대 연구교수, 성공회대 겸임교수, ≪씨올의 소리≫ 편집위원, 씨올사상연구회 회장을 지냈고, 재단법인 씨올 상임이사, 씨올사상연구소 소장, 다석학회 이사로 일하고 있다. 지은 책으로 『나는 나답게 너는 너답게』, 『유영모, 함석헌의 생각 365』, 『함석헌의 철학과 사상』, 『씨올 사상』(문화관광부 우수교양도서), 『다석 유영모』(대한민국학술원 우수학술도서), 『민중 신학과 씨올 사상』, 『한국생명신학의 모색』, 『하나님 없이 하나님 앞에: 디트리히 본회퍼의 그리스도론적 하나님 이해』, 『예수운동과 밥상공동체』, 『모색: 씨올 철학과 공공 철학의 대화』(공저), 『생각하는 백성이라야 산다: 유영모 함석헌의 사상과 철학』(공저), 『씨올 생명평화』(공저), 『민족의 큰 사상가 함석헌』(공저), 『함석헌 사상을 찾아서』(공저)가 있으며, 옮긴 책으로 『조직신학』, 『사랑과 노동』, 『창세기』, 『마르코복음』, 『주님』(공역) 등이 있다.

한울 아카데미 1535

**다석 유영모의 철학과 사상**

ⓒ 박재순, 2013

지은이 | 박재순
펴낸이 | 김종수
펴낸곳 | 도서출판 한울
편집책임 | 조인순

초판 1쇄 인쇄 | 2013년 3월 20일
초판 1쇄 발행 | 2013년 3월 30일

주소 | 413-756 경기도 파주시 파주출판도시 광인사길 153(문발동 507-14)
      한울시소빌딩 3층
전화 | 031-955-0655
팩스 | 031-955-0656
홈페이지 | www.hanulbooks.co.kr
등록번호 | 제406-2003-000051호

Printed in Korea.
ISBN 978-89-460-5535-3 93150 (양장)

* 책값은 겉표지에 표시되어 있습니다.